印尼爪哇7号

项目估值 和 投资实践

吴晓毅 编

中国电力出版社
CHINA ELECTRIC POWER PRESS

图书在版编目（CIP）数据

印尼爪哇 7 号项目估值和投资实践 / 吴晓毅编 . — 北京：中国电力出版社，2023.7
ISBN 978-7-5198-7765-1

Ⅰ . ①印…　Ⅱ . ①吴…　Ⅲ . ①能源经济—国际合作—项目管理—中国、印度尼西亚
Ⅳ . ① F426.2　② F434.262

中国国家版本馆 CIP 数据核字（2023）第 078951 号

出版发行：中国电力出版社
地　　　址：北京市东城区北京站西街 19 号（邮政编码 100005）
网　　　址：http：//www.cepp.sgcc.com.cn
责任编辑：娄雪芳（010–63412375）
责任校对：黄　蓓　马　宁
装帧设计：赵丽媛
责任印制：吴　迪

印　　刷：固安县铭成印刷有限公司
版　　次：2023 年 7 月第一版
印　　次：2023 年 7 月北京第一次印刷
开　　本：787 毫米 ×1092 毫米　16 开本
印　　张：16.5
字　　数：319 千字
印　　数：0001–1000 册
定　　价：85.00 元

前　言

习近平总书记在韩国首尔大学演讲时曾引用《文中子·礼乐篇》中一句经典的话，"唯以心相交，方能成其久远"。这句话用之于估值和投资实践也再合适不过，唯有与相关的环境、信息、人员以心相交，才能使价值模型"形神兼备"，也才能使投资具有持久的价值创造力。

本书围绕价值创造的理论与实践，以价值模型为载体，基于实践案例较为系统地总结了"走出去"项目的价值创造之路。伴随国家"走出去"战略和"一带一路"倡议的提出，具有中国特色的价值创造理念也以 EPC、EPC+F、BOOT、全产业链走出去等各种方式远涉重洋扎根于异国他乡。本书所采用的案例——国家能源集团印尼爪哇7 号 2×1050 MW 超超临界燃煤发电项目是中国在海外投资的第一个百万千瓦级发电项目，曾荣获中国国家优质工程金奖、中国电力优质工程奖（境外工程）、亚洲电力煤电项目金奖等诸多殊荣，被人民日报报道为大型国际国企示范项目、中国能源企业走出去标杆，被印尼国家电力公司赞誉为印尼与中国电力合作典范，其在实践价值创造的同时也为中国企业"下南洋"打造互利共赢的"利益共同体"和共同繁荣的"命运共同体"添上了浓墨重彩的一笔。

本书第一篇聚焦于"企业价值"问题，主要从价值的含义、价值创造方法、价值衡量方法、企业集团价值管理实践等方面进行了讨论。深刻理解价值创造理论，并深度融合企业行为发展规律，才能更高效地开展价值创造、更准确地衡量企业价值。

本书第二篇从财务建模和投资估值角度具体讨论了如何建立形神兼备的价值模型。海外项目开发是涵盖工程、技术、财务、税务、金融、市场、政治、法律、人文等诸多领域，并最终整合为一份具备政治可行性、技术可行性、经济可行性方案的一系列工作，对投资而言，上述各类信息的最终载体就是项目的价值模型，运用价值模型进行估值就是投资的终极问题，而要取得成功归根究底需来源于企业价值理念、专业人才的积累以及管理层决策艺术。以上所称价值模型是指融入了价值创造理念的财务模型，如果说财务模型的建模和数据处理过程是一门技术，那么结合了理念、人、环境等各方面信息并综合运用数据的估值和决策过程就是一门艺术。正是这种既聚焦于数据又不完全依赖于数据的方式，从技术和艺术两个维度打开了使价值模型"形神兼备"

的大门，构成了项目开发成功的重要基础。

本书第三篇结合爪哇 7 号项目开发、建设、运营实践，对价值模型进行了验证和总结。实践是检验项目开发是否成功的唯一标准，具体检验指标包括投资控制、建设工期、设备性能、经济效益、社会效益、风险控制等，不同阶段、不同角度所侧重的检验指标可能各不相同，但总的来说具备可持续价值创造能力的项目应该是成功项目的主要特征。

本书希望通过对价值和价值模型的讨论和验证，为读者完整还原项目估值和投资的前世今生，希望对其他类似项目的投资实践有所帮助。此外，本书在编写过程中对电价、投资、成本涉及商业秘密的数据进行了不同程度的处理，并非全部是项目实际数据，但处理后的数据仍在行业合理范围内，并不影响读者理解本书相关内容。

本书在写作过程中，得到了来自领导、同事以及爪哇 7 号项目公司多方面的指导和帮助，在此表示衷心的感谢！国家能源集团党组成员、副总经理暨爪哇 7 号项目投资决策人王树民博士在本书的写作思路、总体架构等方面进行了指导，项目前期开发团队的行业资深专家平恒先生、宋岩女士、陈晓红女士等在技术经济分析、估值分析方法等方面给予了很多启发，项目公司也为本书的写作提供了很多素材和帮助。

本书虽然进行了多轮校对和修订，历时一年多时间才得以完成，但是由于水平所限，不足之处肯定在所难免，热诚欢迎读者批评指正。

编者

2023 年 5 月

∥目　录∥

第一篇
价值理论与实践

　　理论的最大意义在于指导实践，实践的重要作用在于检验理论。本篇在阐述企业价值、价值创造理论的同时，也结合企业价值管理实践案例，对价值创造的理念、方法、手段作具体化论述，以便于读者更形象地理解价值理论，也为后续财务建模中论述的价值创造理念奠定基础。

第 1 章　从价值创造说起

　　价值创造是市场经济条件下，经济社会文明进步发展的动力，是将管理者、企业、社会三个层面有机联系在一起的纽带，是一切经济活动的初衷和目标，是企业科学发展的战略方针和文化导向，也是成功企业共同的价值观。"价值"在投资、并购、经营等经济活动中占有如此重要的地位，使得我们不得不持续慎重和深入思考什么是价值、怎么创造价值、怎么衡量价值等关于价值的根本性问题。当我们将这些思考融入投资、建模过程中时，投资项目就会具有蓬勃的生命力，价值模型也就会有自己的灵魂。

1.1　企业价值的含义

　　"企业价值"这一概念最早起源于美国的产权市场，随后被各界所广泛引用。但究竟什么是企业价值，理论和实务界仍众说纷纭，尚未形成统一的学术认识。本书所说的企业价值首先从"企业"这一特殊商品展开讨论，企业作为从事商业、工业、服务业和投资业等经济活动的实体，较一般商品具有盈利性、持续经营性、整体性等特点，其作为一个有机聚合体具有不断创造价值的能力，也就是说企业的本质在于能持续创造价值的价值。企业的这些特殊属性，决定了其价值的外延和源泉也有别于一般商品，理论界不同的经济学派也对其提出了各种不同的解释，主要包括：

　　（1）资产综合价值观。

　　这种观点认为企业价值是企业作为一个整体系统所表现的资产综合体的价值，是构建企业所耗费的全部资源的货币化表现，因此企业价值可以由企业各单项资产评估值加总得到，这也可以称为企业资产价值。但是企业资产价值与企业价值一般并不相等，通常对于正常经营的盈利企业，企业价值要高于企业资产价值，而对于经营不善的亏损企业，企业价值则要低于企业资产价值。

（2）劳动价值观。

从马克思劳动价值论的角度，企业价值是指凝结在企业这一特定商品上的无差别的人类劳动，其大小是由其社会必要劳动时间决定的。对于企业来说，它的产生和存在也凝结了无差别的人类劳动，但更为重要的是企业作为一个持续经营的整体内含了一系列的生产关系，拥有在未来继续凝结新的无差别人类劳动、创造新的商品价值的能力。对于一般商品，其价值在市场交易过程中就能体现出来，企业这一特殊商品与一般商品类似，也可以通过兼并、收购、改制、重组、破产等市场交易或类交易行为来体现出其价值。但是企业这一特殊商品又由于其交易的稀少性和个别性致使凝结在其中的社会必要劳动时间的计量异常复杂困难，难以建立社会必要劳动时间与货币量之间的联系与纽带。所以，用劳动价值论解释企业价值具有理论研究意义，但实际操作仍显困难。

（3）企业获利能力观。

从企业存在的目的来看，企业存在的价值就是盈利，并通过有效率的生产经营实现利润最大化。现代企业理论更多地把企业看作是投资人的契约集合，投资人把资金投入企业，委托企业通过组织各种生产经营活动实现资金的增值。投资人为企业提供资金，企业则不断地努力为投资人创造满意的回报，如果企业实现的收益低于投资人的预期，则投资人可能会出售股份、撤回资金，终止与企业的契约关系。新的投资人之所以愿意收购企业，是因为他们预期企业能产生投资收益，预期的投资收益率越高，其价值也就越大。由此可见，企业价值是由企业的未来获利能力决定的，未来获利能力的强弱决定了企业价值的大小，考虑未来获利资金的时间价值因素后，企业价值也就可以定义为企业未来各个时期所产生净现金流量的现值之和了。

此外，从效用价值论的观点看，效用是一个具有主观性的概念，同一个商品对于不同的人具有不同的效用，同一个企业对于不同的投资人也具有不同的预期效用。对于投资人来说，与其具有较强互补性或协同效应的目标企业的效用会较高，投资人愿意为此支付的收购价款也会相对较高，此时表现的企业价值也较大。

（4）机会成本观。

该观点认为，公司可以自由选择自身所控制资源的使用方式，这种选择权使得公司的价值由两种因素决定，即当继续经营获得的预期收益现值大于公司改变现有净资产用途所获得的价值时，公司将会选择继续经营，这时公司的价值等于未来预期收益的现值；当继续经营获得的预期收益小于公司改变现有净资产用途所获得的价值时，公司将改变现有净资产的用途，这时公司的价值等于公司净资产的机会成本。

这种观点本质上与企业获利能力观是一致的，但提出了一个新的维度来考察企业价值。这种观点的运用在并购实践中是比较普遍的。

（5）期权价值观。

网络经济高新技术经济兴起以来，企业的形态及其价值创造方式较传统企业有了新的变化，从而使人们对企业价值有了创新性的认识，出现了一种建立在期权定价理论基础上的企业价值观点，即企业价值是现有的各种经营业务所产生的未来现金流量的现值之和，以及企业基于潜在创新能力、战略决策能力所拥有的新的获利机会的价值，即企业价值是企业现有基础上的获利能力价值和潜在的获利机会价值之和。期权价值观把企业所拥有的机会价值纳入到了企业总价值中，扩展了企业价值的内涵，为我们更加准确把握企业价值提供了更宽广的视野。综上所述，我们可以认为企业价值是企业这一特定资产预期经营成果的综合体现，其价值由未来获利能力决定，包括了现有基础上的获利能力价值和潜在的获利机会价值之和，且通常通过货币来衡量，其表现形式为交易价格，如图1-1所示。

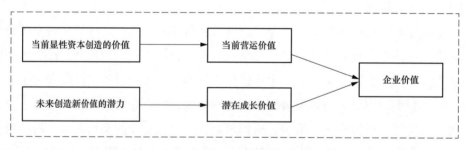

图1-1　价值的源泉

1.2　价值创造的逻辑

现代企业经营的目标是企业价值最大化，要实现这一目标首先必须清楚价值的创造逻辑。

一些常见的似乎可用于判断价值的财务指标，比如净利润大于0、净现金流大于0、收入增长、资产增长，是否就代表企业正在创造价值呢？答案显然是否定的。对于投资人来说，其向企业投入的资本是有成本的，所以价值创造的判断标准应该是新增收益是否超过了所投入资本的成本，或者说是剩余劳动所创造的剩余价值才是价值创造，因此实现企业价值最大化的途径就是寻找出一切可以提高资源利用效率和改善财务能力的因素，不断提高经营效率和获利能力，不断降低企业经营风险，尽可能多地增加剩余价值，获得资本成本之外的价值增值。

对投资人而言其投资价值的实现形式包括投资持有期间获取投资收益（持有价值）

和转让投资时获取的资本利得（转让价值）两部分，如图 1-2 所示。

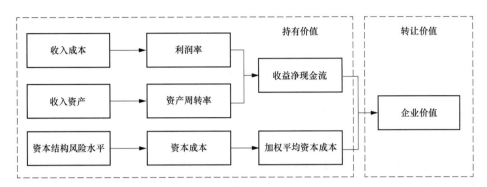

图 1-2 价值创造的逻辑

持有价值和转让价值虽然表现为两种价值形式，但其本质上都是包含未来成长价值在内的资产未来收益能力的体现，因此要创造价值必须增加资产收益能力、降低收益实现的风险，也就是说企业价值是由收益和获得收益的风险两大因素驱动的，具体来说要增加企业价值即：

（1）减少资本投入。

在保持预期经营效果稳定的前提下，提高资产使用效率，减少所投入的资本数量，增加价值。例如通过技术方案优化降低投资，通过提高存货周转率、应收账款周转率降低营运资本投入，通过建立资金池减少企业集团的沉淀资金等。

（2）增加净现金流。

在保持投资、风险稳定的前提下，增加收入、降低成本，促进现金净流入，增加价值。例如通过创造并维持优势地位，拥有或控制优势资源，抓住瞬息即逝的机会等手段提高市场占有率，通过节能降耗、改善管理等措施降低生产成本。

净现金流也有数量和质量之说，在数量一定的情况下，好的现金流分布、增速等质量特征也会产生价值增值。

（3）降低资产风险。

在保持资本投入、净现金流稳定的前提下，降低资产经营风险，从而降低资本成本，增加价值。例如通过市场多样化、降低对主要客户的依存度降低市场风险，通过与原料供应商签订长期供应合同降低采购风险等。

随着我国市场经济的发展完善，基于收益和风险的价值管理理念逐渐深入到了企业的日常经营管理活动中，指导和影响着企业的投资决策、经营决策、内部控制等企业管理的方方面面，不断夯实着企业价值创造的基础。并且，越来越多的企业正将"人"这一实现价值创造的关键要素融入管理理念之中，积极挖掘"人"在价值创造活动中的主观能动性。

1.3 企业价值驱动因素

企业价值驱动因素是对企业价值变动产生作用的因子，准确识别价值变动因子、消除非增值作业是价值创造的重要路径。从理论和实践界关于价值驱动因素的探索历史，可以粗略地将企业价值的驱动因素分为财务类价值驱动因素和非财务类价值驱动因素。

1.3.1 财务类企业价值驱动因素

财务类企业价值驱动因素主要反映在企业运行绩效上，以企业营运能力、偿债能力以及盈利能力为核心，代表性的指标主要有销售利润率、资产收益率、资产负债率、周转率以及税负、资本结构、折现率、融资策略、股利政策等。财务类的企业价值驱动因素一般通过企业价值评估、逐步细分来分析各个因素对企业价值的影响。在早期，关于价值驱动因素的研究更多的是集中在企业财务层面财务指标的挖掘。比较著名的有：

美国经济学家艾尔文·费雪（Irving Fisher）在 20 世纪初提出，决定资本价值的本质是未来收益的现值，只有在未来现金流的现值大于其投资成本时项目才是可行的，费雪的这一论述奠定了现代企业估值理论的基础。为解决折现率的计算问题，理论界又提出了加权平均资本成本（WACC）、资本资产定价模型（CAPM）等模型。

美国西北大学的拉帕波特（Alfred Rapport）在 20 世纪 80 年代提出了自由现金流（FCFF）的概念，即企业产生的、在满足了再投资需求之后剩余的、不影响公司持续发展前提下的、可供企业资本供应者/各种利益要求人（股东、债权人）分配的现金；在 1986 年提出的价值评估模型中，将企业价值基本动因分为宏观层面的行业环境因素，企业操作层面的销售增长率、现金利润、现金税、固定资产支出和营运资本支出五项因素，以及折现率也就是基于风险和资本结构的投资所要求的回报率。

麦肯锡公司的汤姆·科普兰（Tom Copeland）、蒂姆·科勒（Tim Koller）和杰克·默林（Jack Murrin）等于 1990 年在《公司价值的衡量和管理》[1]一书中从实践层面提出了现金流量折现模型，即通过将所有未来现金流量用一个能反映这些现金流量内在风险水平的折现率折现来衡量价值，也就是说价值的两大价值驱动因素是企业未来现金流量和企业加权平均资本成本，价值管理主要对这两项因素进行预测和控制。其后，又进一步将现金流量分解为收入增长率（Revenue Growth）和投资回报率（Return on Invested Capital，ROIC）这两个驱动因素，其核心推论是不能增加现金流的活动都不能创造价值，企业的主要工作是以大于资本成本的投资回报率来创造现金流。

上述几项研究成果，基本构成了现代价值创造和估值理论的基础，在此基础上的不断深入挖掘研究，形成了发现财务类企业价值驱动因素的重要方法。

---

[1] 该书原名为《Valuation: Measuring and Managing the Value of Companies》，目前已更新至 2015 年出版的第 6 版。

1.3.2 非财务类企业价值驱动因素

非财务类的企业价值驱动因素主要是对影响财务指标的因素进一步挖掘，随着关于价值驱动因素的研究逐渐深入，其涉及的领域也越来越广，包括宏观环境、行业环境、企业战略、企业文化、管理理念、治理结构、人力资源、激励机制、决策的执行力、社会责任等。非财务类的企业价值驱动因素在不同的企业、行业、国家表现出的重要性各不相同，在微观层面具有"独特性"。具体来说，比较有代表性的有：

Kotter 和 Heskett 在 1992 年通过对众多企业数据咨询采集进行了实证研究，研究发现企业领导层管理理念与企业价值创造间存在着密切的联系，企业领导的管理理念在制定企业策略、日常管理过程中都起到了源头作用，也对企业核心竞争力的发挥有重要影响，进而影响到了企业价值的创造。

Knight（2002）认为，企业价值驱动因素还应包括产品开发、生产、输出、人力管理等决策实行的推动机制，价值驱动因素存在于企业管理的各个领域。

James Wallace 和 Barbara Lougee（2008）对企业社会责任履行情况进行了研究，撰写了《企业社会责任（CSR）趋势》一文，发现具有社会责任优势的企业进行投资得到的回报更高，社会责任对企业价值有很大影响，也是企业价值驱动因素之一。

孙建平（2010）从利益相关者的角度探讨了企业价值增值的形成过程和分享方式，认为企业价值增值来源于价值链上分享的价值增值，企业可以实施价值链管理，改善价值链上各企业间的关系，通过业务流程再造、剔除不增值流程、增加产品附加值来提高企业自身收入，从而进行企业价值增值。

刘吉成（2018）等还通过价值驱动因素的邻接矩阵 [HF1] 和解释结构模型，采用定量方法甄选风电产业价值驱动因素，其根据案例分析得出：

（1）影响风电产业价值增值的最直接因素是风电场开发商融资能力及渠道、风电场运行小时数、风电场财税减免政策、储能技术、风电本地消纳能力、远距离高压输电能力 6 个因素；

（2）风电场装机容量及运行小时数是风电产业价值链上风电运营商衡量其价值增值能力的主要因素，主要受风电场工程施工质量、风电场运行维护能力、风电的间歇性及不稳定性、优良风资源场地的可获得性这些因素的影响；

（3）关键部件生产能力数量、特殊条件下零部件生产能力及数量、原材料价格波动情况、国内企业零部件供货能力及风电设备供应与需求的平衡直接影响着风电场的运行维护能力；

（4）人才的数量及素质与风电保障性收购政策及实施是风电产业价值增值最基础的因素，是最深层次的影响。

从上述案例中可见，对非财务类价值驱动因素的研究涉猎十分广泛，总体来看主要侧重的是基于某个情景或案例的对某项或某几项重要非财务因素的研究，具有较强的特殊性和针对性，不可否认的是非财务类价值驱动因素在驱动企业价值中常常具有重要甚至是决定性的地位。

1.3.3 价值驱动因素分析案例

为促进价值理念落地实施，以火力发电企业为例，根据行业特点、工艺特点，将价值驱动因素予以细化、量化，进而融入全面预算管理、项目经济评价管理等企业经营管理活动之中，建立了电站项目价值模型，如图1-3所示。通过对驱动因素的量化建模分析识别关键驱动因素、开展深入分析、提出优化改善建议，并最终提升企业价值。

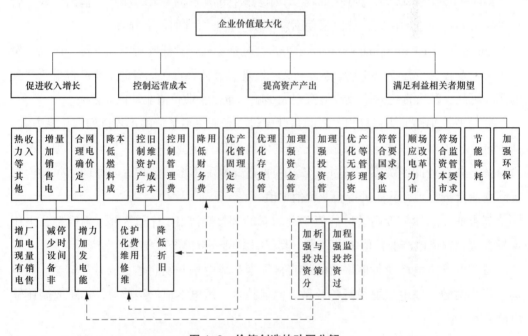

图1-3 价值创造的动因分解

运用价值模型可以为公司经营预测、资金配置等提供专业支持。从财务模型角度来说，当价值创造理念融入投资、运营的财务建模过程中时，评价对象就会具有蓬勃的生命力，财务模型也会升华为价值模型。因此，卓越的价值管理模型不仅是财务建模技巧的熟练运用，更是将价值创造逻辑、价值模型与财务模型的完美融合。

第2章 价值的衡量方法

价值管理理念从理论走向实践的一个重要手段就是通过适当的方法使价值可以被衡量，进而以量化的方式促进资源配置优化、作业改善等价值增加行为。本章将介绍目前主要的价值衡量方法、估值指标以及相应的 Excel 实现方法。

2.1 主要估值方法

现代主要的估值方法是基于第 1 章提到的现金流、风险、折现率这一现代企业估值理论而发展起来的，经过不断的完善、变革逐渐形成了收益法、市场法、成本法、期权法等估值方法。

估值方法从大类上还可以分为绝对估值方法和相对估值方法。对于并购项目来说，绝对估值法主要是以收益法为代表的现金流折现定价模型以及期权法等；相对估值法又称可比公司法，是以可比公司的价值衡量目标公司的价值，常用的方法有 PE、PB、PEG、EV/EBITDA 等，并购项目的估值结果一般表现为企业价值或股权价值。对于绿地项目来说，其投资决策过程从广义上来说也可以认为是一个估值过程，以现金流折现为基础计算净现值、内部收益率等估值指标，通过净现值是否大于零、预期收益率是否能够达到期望值、投资回收期是否合理等判断项目是否可行，例如 BOT 电站投标项目建立财务模型进行估值的最终目的就是评估满足期望内部收益率情况下的投标报价——电价。

2.1.1 收益法

收益法指是指将项目未来预期收益按照资本成本率折现确定评估对象价值的评估方法，属于绝对估值方法，常用的具体方法包括股利贴现模型（Dividend Discount Model）、公司自由现金流模型（Free Cash Flow for the Firm Model）、剩余收益模型（Residual Income Valuation Model，RIM）等。采用收益法的基础是企业未来预期收益具有可预测性，能完整体现企业的整体价值，其评估结论具有较好的可靠性和说服力的优点。

收益法根据项目未来收益曲线的不同变化趋势，在具体应用上可分为单期收益法和多期收益法，分别用于衡量稳定永续项目和非稳定永续项目的价值：

第一，单期收益法，也就是戈登股利贴现模型，即把项目具有代表性的一期收益，通过永续年金折合现值的方法计算估值。计算公式为：

$$PV = \frac{d_0 (1+g)}{r-g}, \text{ 假设 } |g| < r$$

式中：

PV——企业价值；

d_0——第 1 期的收益或股利；

g——收益或股利增长率；

r——折现率。

单期收益法依赖于收益可以保持稳定、增长是可持续的等关键假设，关键假设的偏差，会导致估值结果大幅失真。例如在股票市场和资本市场尚不完善的情况下，公司的股利政策和价值可能没有必然联系，亏损公司主动支付股利而盈利公司反而不支付股利的现象并不少见，此时以股利作为永续基础就变得并不可靠。

第二，多期收益法，也就是自由现金流模型，即通过预测项目未来各期现金流，并将其贴现的估值方法。多期收益法弥补了单期收益法在收益稳定性要求方面的存在不足，可以直接在估值中反映更多变量的影响，而且收益进入稳定期后还可以使用单期收益法作为补充。计算公式为：

$$PV = \frac{d_1}{(1+r)^1} + \frac{d_2}{(1+r)^2} + \cdots + \frac{d_n}{(1+r)^n} + \frac{d_n(1+g)}{r-g} / (1+r)^n$$

收益法因其可以方便、直观地对影响价值的因素进行量化，因此是项目投资、并购交易中使用最为广泛到的估值方法。但是收益法在实际应用中也存在很多技术难点：

一是，预期现金流预测中经常具有很多不确定因素，例如未来市场需求难以准确预测，产品和原材料价格处于波动状态等。

二是，收益法难以反映经营战略变化的结果，企业面临的市场环境瞬息万变，因此企业不得不调整经营战略来适应不断变化的市场，这在互联网等高科技企业中表现得格外明显，其创新能力、战略抉择等因素难以在估值中合理反映。

三是，传统的折现率度量方法有时存在偏离实际情况的风险。虽然过去数十年理论界发展出了资本资产定价模型（Capital Asset Pricing Model，CAPM）、加权平均资本成本（Weighted Average Cost of Capital，WACC）等方法用于计量资本成本，但该理论框架正在遭遇实际情况的挑战，例如 β 参数是否真的可以将项目所有风险反映在折现率中尚值得商榷，风险越高→折现率越高→价值越低这一传统的理论逻辑关系在面对互联网等发展不确定性较大但发展潜力巨大的非传统行业时，按常规推导出的较高的折现率可能会导致价值被低估等。

虽然价值是由预期业绩而不是由历史业绩决定的，但在实践中收益法的使用仍与企业历史业绩紧密联系。这是由于未来不确定因素的影响使预期业绩往往难以严格按照预期实现，因此投资人一方面会以历史业绩作为衡量经营者能力、判断预期业绩的重要基础，另一方面会通过历史业绩与预期业绩差异的对比分析，不断修正业绩预期，从而使价值发生变化。

2.1.2　市场法

市场法又称为相对估值法（Comparative Valuation），是通过比较估值对象与类似资产的异同，然后对类似资产的市场价格进行调整，从而确定估值对象价值的一种估值方法，它是一种简单、直观的方法，在并购估值、股票交易中被广泛使用。市场法常见的具体应用包括可比公司法、可比交易法、企业价值倍数（EV/EBITDA）、市盈率（PE）、市净率（PB）等。

应用市场法进行估值可分三个步骤：市场调查，选择可比资产；因素比较，调整可比价格；选择指标，进行价值评估。

步骤一：市场调查，选择可比资产。搜集可比资产的交易信息，包括可比资产背景信息、交易价格、交易时间、关键影响因素等，并通过尽可能多的渠道验证所获得信息的准确性，这是正确应用市场法的基础。一般来说，选择可比资产时应注意：

（1）可比资产与估值对象必须是相同或同类资产；

（2）可比资产与估值对象之间必须存在可比因素，如地理位置、设施条件、资产用途等；

（3）可比资产与估值对象尽量处于同一时间线，为计算出可比资产因出售时间不同而导致的价格差异，须进行时间价值调整，有时还必须选择两个以上的参照物才能确定评估对象的价值。

步骤二：因素比较，调整可比资产价格。应用市场法进行估值时，应把估值对象与可比资产的各种关键价值影响因素逐一进行比较，包括实体特征、地理特征、经济特征、销售时间、销售价格、交易背景等。根据与可比资产的比较，分项调整各因素间的差异，进而确定评估对象的价值。

例如相同区域内的两个电站，电力市场、装机容量、能效水平基本相当，但由于燃料运输条件的差异，A 电站燃料价格为 500 元/t，B 电站燃料价格为 470 元/t，则需就燃料价格差异对收益的影响进行调整；再如各方面状况基本相同但交易时间相距 5 年的两个电站，A 电站在 5 年前的交易价格为 10 亿元，则在评估 B 电站价值时还需考虑 5 年来的资金时间价值、市场供需形势变化等因素。

步骤三：选择指标，进行价值评估。在认真比较各因素并调整差异的基础上，综合确定评估对象的价值。

使用市场法时，要注意误用市场法的风险。市场法是基于可比公司，其理论基础为替代原则，但正如"人不能两次踏进同一条河流"，与估值对象完全相同的资产在实践中是无法找到的，因此使用市场法之前必须先清楚了解估值对象与可比资产的相似程度，并对可比资产价格进行调整，从而使估值更为可靠。因此与价值调整有关的信息能否获取是决定市场法能否应用的关键，具体来说，影响市场法可靠性的因素主要有：

（1）可比资产信息的获取。包括获取大量可比资产的交易价格信息，获取影响可比资产价格的关键细节信息等。但获取此类信息尤其是关键细节信息往往十分困难，一方面可能类似资产交易的市场可能并不活跃，另一方面交易的细节信息一般为不公开信息而难以获取。

（2）对可比资产的价格调整。包括对规模差异、市场环境差异、控制权差异、能效差异、客户集中度差异等的调整。基于定量信息和定性信息进行的可比价格调整，是主观判断和客观计量相结合的过程，其中主观判断需依赖于丰富的市场经验和专业能力，而且不同的人也会产生不同的判断结果，因此在实践中要做到理想中的合理判断通常是十分困难的。

此外，使用市场法和收益法进行企业价值评估时，还需要注意被评估对象历史财务报表的编制基础，以及非经常性收入和支出、非经营性资产和负债、溢余资产及其相关的收入和支出等特殊事项，评估人员需要在对各特殊事项进行分析或单独评估的基础上，调整收益法和市场法的估值结果。

2.1.3 成本法

成本法是指以被估值对象在估值基准日的资产负债表为基础，合理评估表内及表外各项资产、负债的价值，从而确定估值对象价值的评估方法，其理论基础是任何一个理性人对某项资产的支付价格不会高于重置或购买相同用途资产的价格。其主要方法为重置成本法，即以在估值基准日重新建造一个与估值对象相同的企业或独立获利实体所需的投资额作为判断整体资产价值的依据。成本法适用于商誉影响较小的重资产企业、亏损企业等一些特殊情况。

2.1.4 其他方法

随着科技的进步和经济的发展，很多微观行业和企业经济活动的不确定性逐步增强，这种增强的不确定性不仅体现在很多新兴产业之中，也体现在被新兴产业冲击的传统行业之中，例如近年来经常见诸媒体的高科技领域和互联网领域的"独角兽"企业即是其中的典型代表。面对新的不确定环境，传统估值方法的弊端或者说"无能为力"逐渐凸显。

为解决不确定性问题，国内外学者在估值过程中引入了很多金融和数学的方法，例如用于解决选择权价值问题的 Black-Scholes 实物期权法、Binomial tree 实物期权法，互联网企业估值的 Metcalfe's law 方法，基于相对性指标的 DEA 数据包络方法，以及 Monte Carlo 方法、回归分析、决策树分析等辅助分析方法。这些金融和数学方法，一般具有较强的针对性，适用于特定条件甚至特定时期的估值，例如以活跃用户数理论为基础的 Metcalfe's Law 方法即要求估值对象具有典型的互联网行业特征。

虽然理论和实务领域对于估值方法的研究较多，但是由于估值过程的复杂性和未来预期的不确定性，估值仍然是投资界面临的一个重点和难点问题，这在跨国投资项目估值以及非上市公司估值中表现得尤为明显。同时，大量的估值实践也表明，同一项目采用不同估值方法得到的估值结果有时也相去甚远，这也常常动摇投资者对传统估值方法的信心。

总而言之，各种估值方法并无绝对的好坏优劣之分，"适合才是硬道理"，在选取估值方法之前应先仔细评估项目背景、价值驱动要素、估值资源获取的难易程度等因素，做到对症下药。

2.2 主要估值指标

在项目投资中广泛使用的用于衡量价值的指标有净现值（NPV）、内部收益率（IRR）、投资回收期、资本成本、年金等，其中净现值、内部收益率、资本成本指标在价值衡量过程中具有十分突出的重要地位，准确理解和应用这些指标是价值评估的关键，因此本节将使用较多篇幅对其"前世今生"进行深入探讨。

在讨论这些估值指标之前，我们必须清楚，价值衡量过程是对一系列指标综合运用和分析的过程，任何单一指标在衡量价值、评估项目时都有其局限性。

2.2.1 净现值（*NPV*）

净现值（Net Present Value，*NPV*）的概念源于资金的时间价值，是所有估值工作的核心指标之一。

2.2.1.1 现值和净现值的概念

介绍净现值前，我们先看看现值的概念。现值（Present Value，*PV*）是将一组未来预期现金流折算到今天的价值。*PV* 的计算如式（2-1）所示。

$$PV = \sum_{t=1}^{N} \frac{CF_t}{(1+r)^t} \qquad (2-1)$$

式中：

CF_t——第 t 期的现金流入额；

t——项目期间；

N——项目期间总数；

r——折现率。

净现值是将一组未来预期现金流入折算到今天，并减去期初现金流出后的价值，即现值减去期初现金流出。*NPV* 的计算如式（2-2）所示。

$$NPV = CF_0 + \sum_{t=1}^{N} \frac{CF_t}{(1+r)^t} \qquad (2-2)$$

其中，CF_0 为期初现金流出额，代表了现金流出是发生在"今天"这一时点，因此对"今天"的现金流不需要进行折现，这也是现值与净现值指标的主要区别。图 2-1 用图例展示了 *NPV* 的折现过程，图中假设期初 CF_0 现金流出 100 万元，CF_1 至 CF_5 每期现金流入 30 万元，折现率为 10%。如果不考虑 CF_0，则图 2-1 也可以解释为 *PV* 的折现过程。

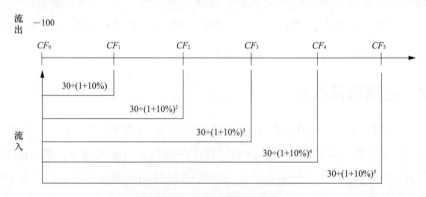

图 2-1 NPV 折现示意图

NPV 是评价项目优劣的指标之一，在既定的折现率下，如果 NPV>0 则项目具备初步可行性，如果 NPV<0 则项目不具备可行性。但 NPV 无法反映投资效率，因为某项目 NPV 的绝对额较大，可能是由于项目收益能力很强，也可能仅仅是由于项目规模很大使得 NPV 的绝对额也显得相对较大，而非投资收益率较高。

折现率是决定 NPV 金额的主要因素之一。从经济学角度看，在完全竞争市场中，因为市场处于充分竞争和信息对称，所有市场参与者的期望报酬率趋于一致，所有项目的 NPV 都应该等于 0。但现实市场中，由于各市场主体在管理能力、技术能力、资讯获取、资金成本、收益期望等方面都会存在差异，所以各市场主体面对的折现率也相应存在差异，即使同一个项目对于不同的市场主体（投资人）来说 NPV 也可能是不一样的。折现率的推导方法我们将在后续资本成本的章节作进一步详细讨论。

2.2.1.2 计算净现值的函数方法

Excel 软件内置了 NPV 和 XNPV 两个函数用于计算净现值，NPV 函数是计算净现值的基本用法，XNPV 函数则是弥补了 NPV 函数在时间处理上的不足。

（1）NPV 函数的语法。

由于 PV 函数的功能在 NPV 函数中基本都能实现，因此本节主要介绍 NPV 函数的应用。NPV 函数的语法为：

$$NPV（rate，value1，[value2]，\cdots）$$

其中：

Rate：必需，代表项目期间的折现率。

Value1，value2，…：必需，为一组现金流的引用。

NPV 函数默认所有现金流出以相等的时间间隔发生在每期期末，所以第一笔现金流 CF_1 也将被折现，其计算逻辑如式（2-3）所示。

$$NPV = \sum_{t=1}^{N} \frac{CF_t}{(1+r)^t} \qquad (2-3)$$

进一步对比式（2-3）和式（2-2）后，我们会发现，正确使用 NPV 函数的方法，是第一笔现金流出作为 CF_0 不参与 NPV 函数的运算，将 CF_1 及以后的现金流使用 NPV 函数折现至 CF_0 时点。表 2-1 中的 D10 单元格展示了 NPV 函数的正确用法，而如 F10 单元格所示的错误用法在实践中非常普遍，需引起注意。

表 2-1   NPV 函数的使用示例

序号	A	B	C	D	E	F	G
1	折现率 (r)		10.00%				

续表

序号	A	B	C	D	E	F	G
2	现金流	期间 (t)	金额	正确折现	D 列公式	错误折现	F 列公式
3	CF_0	0	-100	-100.00	=C3	-90.91	=C3/(1+$C$1)^(B3+1)
4	CF_1	1	30	27.27	=C4/(1+$C$1)^B4	24.79	=C4/(1+$C$1)^(B4+1)
5	CF_2	2	30	24.79	=C5/(1+$C$1)^B5	22.54	=C5/(1+$C$1)^(B5+1)
6	CF_3	3	30	22.54	=C6/(1+$C$1)^B6	20.49	=C6/(1+$C$1)^(B6+1)
7	CF_4	4	30	20.49	=C7/(1+$C$1)^B7	18.63	=C7/(1+$C$1)^(B7+1)
8	CF_5	5	30	18.63	=C8/(1+$C$1)^B8	16.93	=C8/(1+$C$1)^(B8+1)
9	折现过程合计			13.73	=D3+SUM(D4:D8)	12.48	=F3+SUM(F4:F8)
10	使用 NPV 函数			13.72	=C3+NPV(C1,C4:C8)	12.48	=NPV(C1,C3:C8)

（2）XNPV 函数。

在实际项目投资中，基本不存在每年的现金流出和流入都在同一天发生的情况，为此 Excel 开发了 XNPV 函数，以精确至"天"的方式计算净现值，解决了 NPV 函数在时间精度方面的不足。XNPV 函数语法为：

$$XNPV（rate，values，dates）$$

式中：

rate——必需，项目期间的折现率；

values——必需，为一组现金流的引用；

dates——必需，与现金流对应的一组日期的引用。

XNPV 函数计算逻辑如式（2-4）所示，虽然 XNPV 函数从数学结构上与 NPV 函数一样没有 CF_0，但其计算逻辑实际上已经将第一个时点作为 CF_0 了，即当 t=1 时，CF_1 即为 NPV 函数中的 CF_0。

$$XNPV = \sum_{t=1}^{N} \frac{CF_t}{(1+r)^{\frac{(d_t-d_1)}{365}}} \tag{2-4}$$

其中：

d_t——第 t 个现金流发生日期；

d_1——第 1 个现金流发生日期。

表 2-2 案例展示了 XNPV 函数在考虑了精确的时间因素后的计算结果与 NPV 函数

计算结果的差异。差异的原因在于，*NPV* 函数方法在计算时实际上假定了 CF_0 在 2019 年 12 月 31 日流出。

表 2–2　　　　　　　　　　　　*XNPV* 和 *NPV* 函数的使用对比

序号	A	B	C	D
1		折现率	10%	
2	现金流	年份	现金流金额	公式
3	CF_0	2019 年 8 月 1 日	–100	
4	CF_1	2020 年 12 月 31 日	30	
5	CF_2	2021 年 12 月 31 日	30	
6	CF_3	2022 年 12 月 31 日	30	
7	CF_4	2023 年 12 月 31 日	30	
8	CF_5	2024 年 12 月 31 日	30	
9	净现值（*NPV* 函数）		13.72	= C3+*NPV*(C1,C4:C8)
10	净现值（*XNPV* 函数）		9.27	= *XNPV*(C1,C3:C8,B3:B8)

2.2.2　内部收益率（*IRR*）

内部收益率（Internal Rate of Return，*IRR*），又称内含报酬率，顾名思义就是一组现金流内部所蕴含的报酬率，也是资金流入现值总额与资金流出现值总额相等、净现值等于零时的折现率。

2.2.2.1　对内部收益率的再认识

内部收益率可能是使用最为频繁的财务指标了，但我们对其认识大多可能还停留在"净现值等于零时的折现率"这一概念上，总体来说这种认识仍然是非常抽象的，也是一直令很多人疑惑丛生的。下面我们从几个角度进一步讨论内部收益率的含义，希望可以为读者答疑解惑。

（1）*IRR* 是 *NPV* 等于 0 时的特殊折现率。

内部收益率是未来现金流入的折现值与当前现金流出值相等时，即净现值等于零时的折现率，即式（2–5）中的 r 值。

$$NPV = CF_0 + \sum_{t=1}^{N} \frac{CF_t}{(1+r)^t} = 0 \qquad （2–5）$$

举例来说，如表 2–3 所示，某项目期初投入资金 100 万元，第 1~5 年每年回收资金 30 万元，以 15.24% 的折现率将各期现金流进行折现，此时现值合计为 0（F9 单元格），该折现率即为内部收益率。

表 2-3 内部收益率示例

序号	A	B	C	D	E	F	G
1	折现率 (r)		15.24%				
2	现金流	期间 (t)	折现系数	C 列公式	金额	现值	F 列公式
3	CF_0	0	1.00	=1/(1+$C$1)^B3	−100.00	−100.00	=C3*E3
4	CF_1	1	0.87	=1/(1+$C$1)^B4	30.00	26.03	=C4*E4
5	CF_2	2	0.75	=1/(1+$C$1)^B5	30.00	22.59	=C5*E5
6	CF_3	3	0.65	=1/(1+$C$1)^B6	30.00	19.60	=C6*E6
7	CF_4	4	0.57	=1/(1+$C$1)^B7	30.00	17.01	=C7*E7
8	CF_5	5	0.49	=1/(1+$C$1)^B8	30.00	14.76	=C8*E8
9	合计				50.00	0.00	=SUM(F3:F8)

那么，该如何计算得出这个 15.24% 的特殊折现率呢？

IRR 的计算逻辑为插值法，也叫内插法，即通过计算不同折现率下的净现值，运用相似三角形原理推导出 *IRR* 目标解。图 2-2 以表 2-3 的数据为例，计算了折现率为 12%~18% 情形下的净现值，并绘制成曲线。

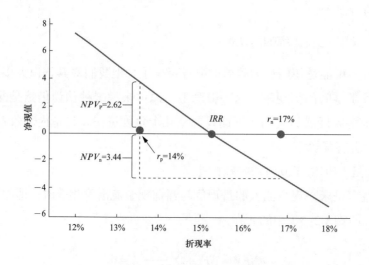

图 2-2 利用插值法计算 *IRR*

运用相似三角形原理，可得计算 IRR 等式，如式（2-6）所示。

$$\frac{NPV_z}{NPV_p - NPV_n} = \frac{IRR - r_p}{r_n - r_p} \qquad (2\text{-}6)$$

其中：NPV_p 和 NPV_n 分别代表根据假设的 r_p 和 r_n 折现率计算出的大于零和小于零的净现值。

将式（2-6）简化后，可得 IRR 计算公式如下：

$$IRR = r_p + \left[\frac{NPV_p}{NPV_p - NPV_n} \times (r_n - r_p) \right]$$
$$= 14\% + \left[\frac{2.62}{2.62 + 3.44} \times (17\% - 14\%) \right] = 15.30\% \qquad (2\text{-}7)$$

插值法的计算结果 15.30% 与前述 15.24% 的内部收益率间存在的差异，是由于插值法的计算原理决定了其计算结果只是逼近 IRR 准确解的近似值。本节后续内容将继续介绍 Excel 函数、单变量求解等可以更快捷准确计算 IRR 的自动化方法。

（2）IRR 是隐含了再投资假设的复利概念。

内部收益率的计算逻辑中包含一个再投资假设，即将每期收到的现金流以与内部收益率相同的收益率进行再投资，即内部收益率是一个"利滚利"的复利概念。

下面继续以表 2-3 的数据为例推演复利过程，表 2-4 以内部收益率 15.24% 作为每期现金流入的再投资收益率，持续计算至第 5 期末，共计 203.23 万元。此时，与期初相比，5 年累计投资收益率为 103.23%，折算成年化收益率为 15.24%，亦等于内部收益率。

表 2-4　　　　　　　　　　　内部收益率的复利过程

序号	A	B	C	D	E	F
1	折现率 (r)		15.24%			
2	现金流	期间 (t)	金额	流出现值	流入终值	公式
3	CF_0	0	-100	-100.00		
4	CF_1	1	30		52.91	=C4*(1+$C$1)^($B$8-B4)
5	CF_2	2	30		45.91	=C5*(1+$C$1)^($B$8-B5)
6	CF_3	3	30		39.84	=C6*(1+$C$1)^($B$8-B6)
7	CF_4	4	30		34.57	=C7*(1+$C$1)^($B$8-B7)

序号	A	B	C	D	E	F
8	CF$_5$	5	30		30.00	=C8*(1+$C$1)^($B$8−B8)
9	合计			−100.00	203.23	=SUM(E3:E8)
10	5年累计投资收益率				103.23%	=E9/(−D9)−1
11	内部收益率／年化收益率				15.24%	=(E9/(−D9))^(1/B8)−1

从中我们可能会发现，将每期现金流入均以15.24%的收益率持续再投资可能并不现实。例如某项目每年向股东分红30万元，但我们并不能保证股东获得分红后能将这30万元以至少15.24%的收益率马上投资于新项目，这种风险一方面是由于寻找符合收益率要求的新投资项目存在困难，另一方面是在时间层面收到分红与投资新项目两者之间很难做到无缝衔接。

所以，简单用 IRR 方式计算内部收益率，存在高估或低估收益率的风险，特别是高估的风险。如何解决这个问题，我们将稍后在本节的 MIRR 函数运用中继续讨论。

（3）IRR 是还本付息中的实际利率。

如果采用实际利率法对每期的现金流入进行本息分离，即将每期现金流入拆分为收回本金和取得利息，则所使用的实际利率就是内部收益率。实际上，我们进行项目投资并取得投资收益的过程与本息分离的原理是一样的。如表2-5所示，每期利息（G列）为剩余本金与内部收益率的乘积，扣除利息以外的其他回收部分则视为本金收回（E列）。

表2-5　　　　　　　　　　　IRR 的本息分离示例

序号	A	B	C	D	E	F	G	H
1	内部收益率		15.24%	=IRR(C3:C8)				
2	现金流	期间(t)	总金额	本金余额	本金	E列公式	利息	G列公式
3	CF$_0$	0	−100	−100.00				
4	CF$_1$	1	30	−85.24	14.76	=C4−G4	15.24	=−D3*$C$1
5	CF$_2$	2	30	−68.23	17.01	=C5−G5	12.99	=−D4*$C$1
6	CF$_3$	3	30	−48.62	19.60	=C6−G6	10.40	=−D5*$C$1
7	CF$_4$	4	30	−26.03	22.59	=C7−G7	7.41	=−D6*$C$1

续表

序号	A	B	C	D	E	F	G	H
8	CF$_5$	5	30	0.00	26.03	=C8−G8	3.97	=−D7*$C$1
9	合计		50.00		100.00	=SUM(E3:E8)	50.00	=SUM(G3:G8)

在项目投资实践中，我们可能经常会困惑于内部收益率与净资产收益率有何关系？特别是当我们发现虽然本息分离得出的各期利息总额与净利润总额相同，但内部收益率与净资产收益率却相去甚远的时候。假设表 2-5 描述的是一个资产经营租赁项目，期初资产购置支出即资金流出 100 万元，资产使用年限为 5 年，每年租赁收入即资金流入 30 万元，每年折旧额为 20 万元，无财务杠杆，无其他成本和税费，可得出该项目每年净利润为 10 万元（30 万 ~20 万元）。当每年仅对项目实现的净利润进行分配时，该项目每年的净资产收益率为 10%（10 万元 /100 万元），此时该项目的内部收益率高于净资产收益率 5.24 个百分点。结合前述"本息分离"原理，我们会发现，虽然该项目在会计报表中体现的总的净利润为 50 万元（10 万元 ×5 年），在本息分离下计算得出的总利息收入也为 50 万元（如 G9 单元格所示），但计算内部收益率时所用的分母为每年剩余的本金余额（如 D 列所示，5 年平均为 66 万元），而计算净资产收益率时的分母始终为净资产 100 万元，因此得出的内部收益率大于净资产收益率。这种现象究其根源，是这两个指标内在假设的基础不一致，内部收益率指标实际上是基于收付实现制下的现金流假设，净资产收益率指标是权责发生制下的会计利润及其利润分配假设，而会计报表中因累计折旧形成的沉淀资金也未能实现复利，见表 2-6。

表 2-6　　　　　　　　　　　内部收益率与净资产收益率对比

序号	A	B	C
1	期间 (t)	收付实现制假设下的计量	权责发生制假设下的计量
2	0	−100	−100
3	1	30	10
4	2	30	10
5	3	30	10
6	4	30	10
7	5	30	110
8	IRR	15.24%	10.00%

（4）IRR 代表项目承受风险的能力。

内在收益率可以用于衡量项目承受风险的最大能力，其代表的风险范围包括获取市场无风险收益率的风险、通货膨胀风险、投资的流动性风险、投资的经营风险等，包含预期风险的期望报酬率也就是资本成本。

因此，只有当 IRR 大于资本成本时项目才是可行的，此时 [资本成本，IRR] 的区间代表了项目的价值创造区间，在这个区间内项目 NPV>0。

（5）IRR 无法用于比较不同规模的项目。

IRR 作为一个比率指标，无法反映项目的规模因素，因此如果将 IRR 用作不同项目间的优劣比较是不合适的。因此在进行各项目方案的比选时，必须将 IRR 与 NPV、投资回收期等指标结合起来考虑。

2.2.2.2 计算内部收益率的函数方法

Excel 的函数库中有 IRR、XIRR、MIRR 等多个可用于计算内部收益率的函数，每个函数各有其优点和缺陷，下面我们逐一说明。

IRR 函数：

IRR 函数是计算内部收益率的基本用法，其语法为：

$$IRR（values, [guess]）$$

其中：

values——必需。为一组现金流的引用，必须包含至少一个正值和一个负值。如果数组中包含文本、逻辑值或空白单元格，这些数值将被忽略。

guess——可选。对 IRR 函数计算结果的估计值。IRR 函数从 guess 值开始迭代计算，直至其精度小于 0.00001%。如果迭代 20 次仍未找到结果，则返回错误值 #NUM!。如果省略 guess，则默认为 10%。

在 Excel 中，IRR 函数的计算逻辑为：

$$\sum_{t=1}^{N} \frac{CF_t}{(1+r)^t} = 0 \qquad\qquad （2-8）$$

分析 IRR 函数的计算逻辑可以发现，其在计算精度和准确性方面都存在一些不足：

第一，现金流均假设在期末发生。对比式（2-8）与式（2-5），我们会发现式（2-8）中缺少了代表期初现金流出的"CF_0"，这意味着 IRR 函数是默认是从每一期的期末开始计算的，即从 CF_1 即第一期期末开始计算的，因此 IRR 函数并非严格意义上的内部收益率计算方法。虽然如此，由于 IRR 函数的计算结果为一个相对比率，所以上述问题并不实际影响 IRR 函数的计算结果的正确性。IRR 函数的期间问题如图 2-3 所示。

式（2-5）

式（2-8）

图 2-3　IRR 函数的期间问题

第二，无法反映不规律时间轴下的现金流。与 NPV 函数一样，IRR 函数对现金流时间点的假设是在"期末"，且每一期均呈等距离间隔。这也意味着，如果以年为单位进行财务建模，则不论实际现金流是发生在 1 月、6 月或者 10 月，IRR 函数在运算时都会假设该现金流发生在 12 月 31 日（或另行定义的"期末"），即 IRR 函数无法准确考虑时间因素。

第三，存在多个解的问题。如式（2-8）所示，IRR 函数为一元 N 次方程，因此理论上 IRR 函数最多有 N 个解。根据笛卡尔符号法则，函数正解的数量等于一组现金流中正/负号的变化次数，而负解由于没有经济意义我们可以不予讨论。例如表 2-7 所示，B 列现金流出现了两次"正负"符号的变化，则 IRR 最多可能出现两个解。如果用从 0% 开始递增的折现率进行测试，我们会发现在 5%~10% 和 30%~35% 之间分别存在一个让净现值等于 0 的 IRR 的解。使用 IRR 函数的 guess 参数，可以帮助我们直接求得不同区间的解。

表 2-7　　　　　　　　　　　　IRR 函数多个解的问题

序号	A	B	C	D	E	F
1	年份	现金流		折现率	净现值	
2	2019 年 4 月 20 日	−100		0%	−10.0	
3	2020 年 12 月 31 日	70		5%	−0.6	第 1 个 IRR 解
4	2021 年 12 月 31 日	70		10%	3.6	
5	2022 年 12 月 31 日	70		15%	4.7	
6	2023 年 12 月 31 日	70		20%	4.0	
7	2024 年 12 月 31 日	−190		25%	2.4	
8	内部收益率 1	5.51%		30%	0.4	第 2 个 IRR 解
9		=IRR(B2:B7,5%)		35%	−1.9	

续表

序号	A	B	C	D	E	F
10	内部收益率 2	30.80%		40%	−4.2	
11		=IRR(B2:B7,30%)		45%	−6.4	

为更直观地反映 *IRR* 函数多个解的陷阱，我们可以将表 2-7 的 D-F 列绘制成净现值与折现率的关系如图 2-4 所示。

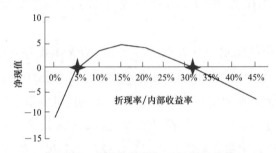

图 2-4　净现值曲线与 *IRR* 的多个解

由于 *IRR* 指标为项目评价的主要指标之一，而任何投资项目的现金流均有可能出现多次符号变化，因此在项目评价过程中对 *IRR* 函数多个解的问题进行识别和处理是十分必要的。

IRR 函数如果发生多个正解的问题，虽然每个解都符合 *IRR* 的数学定义，但每个解又同时都失去了经济意义。解决 *IRR* 函数多个解的问题，可以通过调整项目现金流方法，即将部分正的现金流向后调整，以减少正 / 负号发生变化的次数。*IRR* 多个解问题的解决方法，将在本节后续 *MIRR* 函数的应用中讨论。

（1）*XIRR* 函数——对时间问题的修正。

鉴于 *IRR* 函数在时间处理上的不足，Excel 软件又开发了 *XIRR* 函数，其语法为：

$$XIRR（values, dates, [guess]）$$

其中：

values：必需。为与 dates 中的支付时间相对应的一组现金流，必须包含至少一个正值和一个负值。

dates：必需。与现金流支付相对应的一组日期，日期可按任何顺序排列。

guess：可选。对 *XIRR* 函数计算结果的估计值。

Excel 的 *XIRR* 函数以精确至"天"的方式计算 *IRR*，解决了 *IRR* 函数在时间精度方面的问题，其计算逻辑见式（2-9）：

$$\sum_{t=1}^{N}\frac{CF_t}{(1+r)^{\frac{(d_t-d_1)}{365}}}=0 \qquad (2-9)$$

我们使用 *XIRR* 函数对表 2-3 的案例进行重新计算，得出新的内部收益率为 13.09%，内部收益率的下降即因为 *XIRR* 函数考虑了 2019 年 8 月 1 日至 2019 年 12 月 31 日 100 万元资金的时间价值，见表 2-8。

表 2-8　　　　　　　　　　　　　　*XIRR* 与 *IRR* 函数对比

序号	A	B	C
1	年份	现金流	公式
2	2019 年 8 月 1 日	-100	
3	2020 年 12 月 31 日	30	
4	2021 年 12 月 31 日	30	
5	2022 年 12 月 31 日	30	
6	2023 年 12 月 31 日	30	
7	2024 年 12 月 31 日	30	
8	*IRR* 函数	15.24%	=*IRR*(B2:B7)
9	*XIRR* 函数	13.09%	=*XIRR*(B2:B7, A2:A7)

（2）*MIRR* 函数——对多个解和复利问题的修正。

MIRR 函数是 Excel 2016 及以后版本中出现的函数，用于解决再投资收益率的问题，其语法如下：

MIRR（values, finance_rate, reinvest_rate）

其中：

values：必需。为一组现金流的引用，必须包含至少一个正值和一个负值。如果数组或引用参数包含文本、逻辑值或空白单元格，则这些值将被忽略；但包含零值的单元格将计算在内。

finance_rate：必需。使用该组现金流的资本成本。

reinvest_rate：必需。每期现金流入再投资的收益率。

MIRR 函数作为计算内部收益率的方法之一，修正了 *IRR* 函数存在的多个解问题和再投资收益率不合理的问题，使内部收益率的计算更趋合理。其中，多个解的问题，*MIRR* 函数是通过将项目所有正的现金流折算至期末，将所有负的现金流折算至期初，使正负号只变化一次，进而保证 *IRR* 正解的唯一性；再投资收益率不合理问题，*MIRR*

函数是通过引入新的再投资收益率和资本成本率解决。*MIRR* 函数的具体计算逻辑如下：

$$MIRR = \sqrt[n]{\frac{FV[\text{reinvest\_rate}, values(\textit{正现金流})]}{-PV[\text{finance\_rate}, values(\textit{负现金流})]}} - 1 \qquad （2-10）$$

如表 2-9 所示，假设流出现金的成本为 8%，流入现金再投资收益率为 10%，分别对正现金流和负现金流进行终值（*FV*）和现值（*PV*）计算，得出年化收益率为 9.28%（C10 单元格），与 *MIRR* 函数计算值（C11 单元格）一致。

表 2-9 　　　　　　　　　　　　　　　　　*MIRR* 函数应用示例

序号	A	B	C	D	E	F
1	期间	现金流	资本成本率	8%	再投资收益率	10%
2			FV（正现金流）	左侧公式	PV（负现金流）	左侧公式
3	0	−100			−100	=B3/(1+D$1)^A3
4	1	70	102	=B4*(1+F$1)^(A$8−A4)		
5	2	70	93	=B5*(1+F$1)^(A$8−A5)		
6	3	70	85	=B6*(1+F$1)^(A$8−A6)		
7	4	70	77	=B7*(1+F$1)^(A$8−A7)		
8	5	−190			−129	=B8/(1+D$1)^A8
9	合计		357	=SUM(C3:C8)	−229	=SUM(E3:E8)
10	MIRR 演算过程		9.28%	=(C9/(−E9))^(1/A8)−1		
11	MIRR 函数应用		9.28%	=MIRR(B3:B8, D1, F1)		

2.2.3　年金（PMT）

年金（Payment，PMT）是指等额、定期发生的一组收支，例如分期付款、等额本息还款、发放养老金等。按照收付时点的不同，年金可分为后付年金、先付年金、递延年金和永续年金四种。其中：

（1）后付年金：也称普通年金，是每期期末流入或流出的年金；

（2）先付年金：每期期初流入或流出的年金；

（3）递延年金：若干期以后发生的每期期末流入或流出的年金；

（4）永续年金：无限期连续流入或流出的年金。

实际上，先付年金、递延年金、永续年金可以认为是后付年金在收付时点上的各种变形。

在估值中，常见的年金问题主要是现值折年金和永续年金，其中永续年金会在永续现金流估值模型中被应用。

2.2.3.1　现值折年金问题

现值折年金是指基于既定利率及等额分期付款方式，计算每期年金付款额。可用于计算现值折年金的 Excel 函数如下：

PMT（rate，nper，pv，[fv]，[type]），用于计算每期等额的本息合计数。

PPMT（rate，per，nper，pv，[fv]，[type]），用于计算每期本金金额。

IPMT（rate，per，nper，pv，[fv]，[type]），用于计算每期利息金额。

其中：

rate：必需。各期利率。

per：必需。指定期数，该值必须在 1 到 nper 范围内。

nper：必需。年金的付款总期数。

pv：必需。现值即一系列未来付款当前值的总和。

[fv]：可选。未来值或在最后一次付款后希望得到的现金余额。如果省略 fv，则假定其值为 0，即贷款的未来值是 0。

[type]：可选。数字 0 或 1，用以指定各期的付款时间是在期初还是期末。如果省略或为 0 代表期末，如果为 1 代表期初。

现值折年金方法在财务模型制定贷款还本付息计划、实现数据平准化等方面可能会有应用。例如为投资项目创建等额本息偿还贷款的情景，具体步骤如下：

步骤一：确定期数。假设该项目还款期为 13.5 年，每半年还款一次，因此共计 27 个还款期。

步骤二：确定每期利率。假设年利率为 5.00%，则半年利率为 2.50%。

步骤三：计算每期还本付息的年金。用 PMT 函数计算每期还本付息总额为 7403 万美元，用 PPMT 和 IPMT 函数还分别计算出每期的还本和付息金额。等额本息还款计划示例见表 2-10。

表 2-10　　　　　　　　　　等额本息还款计划示例

序号	A	B	C	D	E
1	初始本金	144100		还款期数	27
2	年利率	5.00%		半年利率	2.50%
3	还款期	本金金额	还本（PPMT）	付息（IPMT）	合计（PMT）

续表

序号	A	B	C	D	E
4	0	144100			
5	1	140299	−3801	−3603	−7403
6	2	136403	−3896	−3507	−7403
29	25	14270	−6875	−529	−7403
30	26	7223	−7047	−357	−7403
31	27	0	−7223	−181	−7403
32	合计	0	−144100	−55792	−199892
33	C29 单元格公式 =PPMT($E$2，A29,$E$1,$B$1)				
34	D29 单元格公式 =IPMT($E$2，A29,$E$1,$B$1)				
35	E29 单元格公式 =PMT($E$2，$A$31,$B$1)				

再如，计算平准化价格。假设投资项目的电价可以按照加快投资回收机制在 25 年特许经营期内可以按照"前期高、后期低"的分布分阶梯设置，分为第 1~5 年、6~13 年、14~25 年三个不同的价格阶梯，见表 2-11。由于不同的投资策略可能会划分不同的价格阶梯，不同的项目的价格阶梯也可能不一致，因此为便于比较，需要将各类电价机制通过平准化方法折算为统一的可比口径，平准化过程即是一个年金化的过程。为达到这一"削峰填谷"的平准化结果，其过程可分为两步：

步骤一：求现值。即按照招标人统一假设的折现率，首先将各个阶段所有电价折算为现值之和。虽然求取的现值在数学意义上具有可比性，但仍不具备足够的经济意义，也不符合人们的思维习惯，因此需要继续将电价现值折算为年金——度电价格。

步骤二：现值折年金。继续按照统一假设的折现率，将得到的现值之和折算为年金，以此重现电价（即美分 /kWh）的概念。平准化电价计算示例见表 2-11。

表 2-11　　　　　　　　　平准化电价计算示例

序号	A	B	C
1	折现率假定：	10%	
2	期数	A 电价（美元 /kWh）	B 列公式

序号	A	B	C
3	1	2.2697	
4	…	2.2697	
7	5	2.2697	
8	6	1.5888	
9	…	1.5888	
15	13	1.5888	
16	14	1.3618	
17	…	1.3618	
27	25	1.3618	
28	步骤一：求现值	16.5547	=NPV(B1,B3:B27)
29	步骤二：现值折年金	1.8238	=PMT(B1,A27,-B28)

2.2.3.2　永续年金现值问题

永续年金常见于估值过程中，例如对于没有终止期的成熟公司的估值，计算优先股股息价值等。永续年金又分为无增长的永续年金和有增长的永续年金。

（1）无增长的永续年金现值。

永续年金现值本质上属于求项目现值的问题，通过对现值公式的数学推演，当期限 N 趋于无穷大时，可得：

$$\text{无增长的永续年金现值} = \frac{C}{r} \qquad (2-11)$$

式中：

C——每期年金；

r——折现率。

（2）有增长的永续年金现值。

有增长的永续年金是无增长的永续年金的变形，即在无增长的永续年金基础上，给予每期年金以一个既定增速增长。同样通过对现值公式的数学推演，当期限 N 趋于无穷大时，可得：

$$\text{有增长的永续年金现值} = \frac{C}{r-g}，假设 \left| \frac{1+g}{1+r} \right| < 1 \qquad (2-12)$$

式中：g——增长率。

有增长的永续年金计算方法，也经常被用到项目永续价值的计算中。在使用中需特别注意的，一是 g 对价值计算的影响，项目的回报将会以这个增长率永远持续下去，所以一个不现实的增长率会极大扭曲价值；二是 g 是名义增长水平，即 g 是包含了通货膨胀因素的增长，所以多数情况下增长率一般不会低于长期通货膨胀率，从另一个角度也可以认为增长率低于通货膨胀率的项目从长期看也是难以永续存在的。

2.2.4　投资回收期（Pt）

投资回收期（Payback Period）是以项目收益回收项目投资所需要的时间，一般以年为单位。投资回收期计算的时间起点分为从项目投产之日起计算和从投资开始之日起计算两种，在使用时应予以注明。

从资金的时间价值角度，投资回收期可分为静态投资回收期和动态投资回收期。静态投资回收期指是在不考虑资金时间价值的情况下，以项目的净收益回收其全部投资所需要的时间。动态投资回收期是在考虑资金时间价值的情况下，把各期的净现金流量折成现值后，再计算投资回收期，即达到净现金流量累计现值等于零时的时间。

2.2.4.1　投资回收期指标评析

投资回收期具有计算简单、直观的优点，可用于评估项目的抗风险能力，并在一定程度上反映项目效益的优劣，一般来说投资回收期超过基准投资回收期的项目才具有可行性。但投资回收期也存在一些问题，需要在使用中注意，下面结合案例对静态和动态投资回收期计算进行具体分析。

假设投资项目建设期 4 年，运营期 25 年，假设基准折现率为 8%，分别按照开工时点和投产时点，计算静态投资回收期（D 列）和动态投资回收期（F 列）。投资回收期的计算关键在于如何判断累计现金流"由负转正"的时间段，我们可以通过添加辅助计算行等多种方法来实现这一判断，此处主要介绍如何直接使用函数来计算投资回收期，见表 2-12。

表 2-12　　　　　　　　　　　　　投资回收期计算示例

序号	A	B	C	D	E	F
1	基准折现率	8%				
2	期数		静态投资回收期		动态投资回收期	

续表

序号	A	B	C	D	E	F
3	自开工起	自投产起	净现金流	净现金流累计	净现金流现值	净现金流现值累计
4	1	-4	-25561	-25561	-23668	-23668
5	2	-3	-45841	-71402	-39301	-62969
6	3	-2	-48899	-120301	-38818	-101787
7	4	-1	-64245	-184546	-47222	-149009
8	5	1	28973	-155574	19718	-129291
9	6	2	33587	-121987	21166	-108125
10	7	3	33261	-88725	19408	-88717
11	8	4	32264	-56462	17431	-71286
12	9	5	31774	-24688	15895	-55391
13	10	6	22863	-1825	10590	-44802
14	11	7	22331	20506	9578	-35224
15	12	8	23066	43572	9160	-26064
16	13	9	23146	66718	8511	-17554
17	14	10	23024	89741	7839	-9715
18	15	11	20576	110317	6486	-3229
19	16	12	18960	129277	5534	2306
20	17	13	19173	148450	5182	7487
21	18	14	18043	166493	4515	12003
31	28	24	13357	323555	1548	38798
32	29	25	20843	344397	2237	41035
33	累计现金流转为正数的前一期			10		15
34	投资回收期（自投产）			6.08		11.59
35	投资回收期（自开工）			10.08		15.59
36	D34 公式：=TREND(OFFSET(B3:B4,D33,), 0FFSET(D3:D4,D33,), D33)					
37	D35 公式：=TREND(OFFSET(A3:A4,D33,), 0FFSET(D3:D4,D33,), D33)					

其中，用于计算投资回收期的 TREND（known_y's, known_x's, new_x's, const）函数，是通过返回一条线性回归拟合线（$y=ax+b$）的值来计算投资回收期，计算原理与本章第 2.2.2 内部收益率（IRR）章节所述的插值法类似。

基于上述案例，作进一步分析可见：

第一，静态投资回收期没有考虑资金的时间价值，将各期的现金流赋予了同样的时间权重。当考虑资金时间价值后，如表 2–12 所示，动态投资回收期较静态投资回收期增加了 5.5 年。

第二，投资回收期没有考虑回收期之后现金流量对项目的贡献，不能全面反映项目的真实效益，也难以用于不同方案的比选。如表 2–12 所示，按照静态投资回收期计算，该项目在完成投资回收后剩余 18.92 年的收益即被排除在投资回收期指标之外。

第三，投资回收期没有考虑现金流波动的影响。例如该项目由于 A 电价的阶梯设置，各年净现金流呈逐期下降趋势，与各期现金流平均分布的项目比，这意味着前者的投资回收质量更优。

第四，投资回收期的标准确定主观性较大。投资回收期的评价往往是与基准投资回收期进行比较，而基准投资回收期的一般是根据行业惯例、主观判断而来，缺乏足够的客观性。

2.2.4.2　基于久期理论改进的投资回收期

久期也称持续期，是指未来各期现金流现值占总现值的比例乘以各期现金流的时间年限的总和，是支付时间的加权平均数，一般用于债券的风险度量。从久期定义我们发现久期概念可以用于解决投资回收期之后的项目收益评价问题以及现金流的波动问题。具体应用步骤如下：

步骤一：计算各期现金流入的现值总和 PV_N。

$$PV_N = \sum_{t=1}^{N} \frac{CF_t}{(1+r)^t}$$

步骤二：计算现金流入的久期 D。

$$D = \sum_{t=1}^{N} \left(\frac{CF_t}{PV_N} \times t \right)$$

步骤三：计算单位现值的久期因子 F。

$$F = \frac{D}{PV_N}$$

步骤四：计算调整后的投资回收期 RPP。

$$RPP = F \times CF_0$$

沿用表 2-12 案例数据，如表 2-13 中按阶梯电价分布的情景 1 所示，按上述步骤计算可得现金流入的久期 D 为 7.64 年，调整后的投资回收期 RPP 为 5.99 年。

现假设情景 2 的现金流入以随机方式分布，但项目内部收益率仍与情景 1 保持一致，我们可以通过久期考察情景 2 现金流入的质量。经计算，现金流入的久期 D 为 9.45 年，调整后的投资回收期 RPP 为 7.06 年，可见虽然两个情景的内部收益率一致，但情景 2 的现金流分布的质量明显劣于情景 1，即情景 2 的风险更大。

表 2-13　　　　　　　　　　　　　　　基于久期的投资回收期

序号	A	B	C	D	E	F	G
1	折现率	8%					
2		情景 1			情景 2		
3	期数	净现金流	现值	权数	净现金流	现值	权数
4	−4	−25561	−32200		−23237	−29272	
5	−3	−45841	−53469		−41674	−48608	
6	−2	−48899	−52811		−44454	−48010	
7	−1	−64245	−64245		−58405	−58405	
8	1	28973	26826	10.4%	25156	23293	9.4%
9	2	33587	28795	11.1%	31333	26863	10.9%
10	3	33261	26404	10.2%	10953	8694	3.5%
11	4	32264	23715	9.2%	22404	16468	6.7%
12	5	31774	21625	8.4%	20097	13678	5.5%
13	6	22863	14407	5.6%	25922	16336	6.6%
14	7	22331	13030	5.0%	20311	11851	4,8%
15	8	23066	12462	4.8%	33103	17885	7.3%
16	9	23146	11579	4.5%	23290	11651	4.7%
17	10	23024	10664	4.1%	10021	4642	1.9%
18	11	20576	8825	3.4%	16138	6921	2.8%
19	12	18960	7529	2.9%	21406	8501	3.4%
20	13	19173	7050	2.7%	15738	5787	2.3%

续表

序号	A	B	C	D	E	F	G
21	14	18043	6143	2.4%	25593	8713	3.5%
31	24	13357	2106	0.8%	39804	6277	2.5%
32	25	20843	3043	1.2%	20689	3021	1.2%
33	现金流入的久期（自投产，年）			7.64			9.45
34	修正后的投资回收期（自投产，年）			5.99			7.06
35	D8 公式：			=–PV($B$1, A8, B8) / NPV ($B$1, $B$8:$B$32)			
36	D33 公式：			=SUMPRODUCT(D8:D32, A8:A32)			
37	D34 公式：			=–D33 / NPV (B1, B8:B32)* SUM(C4:C7)			

2.2.5 加权平均资本成本（WACC）

资本成本是投资资本的机会成本，也就是取得资本使用权的代价，这种成本不是实际支付的成本，而是将资本用于一个项目的投资所放弃的其他投资机会的收益，资本成本广泛应用于投资决策、筹资决策、营运资本管理、企业价值评估和业绩评价等领域。在进行投资决策时，项目资本成本可作为项目取舍的评价基准；在价值评估中，资本成本是现金流折现法中的折现率。

由于企业经营所需资金通常都来自负债和股本，所以在计算企业价值时的折现率应该体现负债和权益成本的加权平均资本成本。加权平均资本成本（Weighted Average Cost of Capital，WACC）反映了企业债务和股权的综合成本，是投资者的期望报酬率，是资本的机会成本，也是估值过程中的折现率。因此，合理计量资本成本是十分必要的，在实务中其计量过程也是较为复杂的。

企业的资本一般由负债和权益组成，因此计量 WACC 要先从了解负债和权益开始，二者不同的风险特性决定了其资本成本的差异。债务和股权特性比较见表 2-14。

表 2-14　　　　　　　　　　　　　债务和股权特性比较

关键点	负债	权益
控制权	无控制权	有控制权
清偿顺序	优先受偿	劣于债务 [HF2] 受偿
收益风险	利息较为确定	利润具有不确定性

关键点	负债	权益
本金风险	一般有担保，风险较小	无担保，风险自担
税务影响	利息可税前列支	利润需缴纳所得税
使用期限	有期限	无期限或期限较长

可见，合理计量 WACC 的主要考虑因素包括：

（1）债务和股权风险的计量，即风险价格；

（2）债务和股权的配置比例，即财务杠杆。

2.2.5.1　股权资本成本的推导方法

在企业和项目中，债权资本成本通常是显性的，会有一系列合同、协议进行明确约定，而股权资本成本通常是隐性的，无法直接获取。为评估股权资本成本，美国学者夏普（William Sharpe）、林特尔（John Lintner）、特里诺（Jack Treynor）和莫辛（Jan Mossin）等人于 1964 年在资产组合理论和资本市场理论的基础上发展出了资本资产定价模型（Capital Asset Pricing Model，CAPM），其主要是研究证券市场中资产的预期收益率与风险资产之间的关系，以及均衡价格是如何形成的，它构成了现代金融市场价格理论的支柱，在投资决策和公司理财领域广泛应用。

资本资产定价模型理论认为全部风险分为系统风险和非系统风险，其中系统性风险指市场中无法通过分散投资来消除的风险，比如经济危机、战争等；非系统性风险是属于个别投资的自有风险，投资者可以通过变更投资组合来消除的。因此，基于投资组合理论，特定资产的预期报酬率就是调整后的市场总体报酬率，调整系数即 β，资本资产定价模型如式（2–13）所示。

$$R_e = R_f + \beta \times (R_m - R_f) \qquad (2\text{–}13)$$

式中：

R_e——资本的预期报酬率，也是市场必要报酬率；

R_f——无风险报酬率，即无违约风险的报酬率，通常用国债收益率表示；

R_m——市场平均报酬率；

$R_m - R_f$——风险溢价，代表高于无风险利率的风险报酬率；

β——代表特定资产相对于市场系统性风险的敏感度，在数学意义上是一项资产与系统性风险的协方差除以市场的方差。$\beta > 1$ 代表该资产风险大于市场平均风险；反之，$\beta < 1$ 代表该资产风险小于市场平均风险；$\beta = 1$ 代表该资产风险与市场平均风险相同。

资本资产定价模型理论是基于完全竞争市场、理性人、信息充分、无交易成本等假设，且在计量非上市公司资产时存在缺陷。为克服这些局限性，在实践应用中又在标准资本资产定价模型中增加了修正因子，常见的修正后的资本资产定价模型如下：

$$R_e = R_f + \beta \times (R_m - R_f) + SCP + SCRP \qquad (2\text{-}14)$$

式中：

SCP——企业规模风险溢价，反映投资于小型企业所增加的风险，例如小型企业的抗风险能力、融资能力等一般劣于大型企业；

$SCRP$——特定企业风险溢价，反映特定企业所处内外部环境所带来的风险，比如管理能力、品牌价值、特定市场环境、客户集中度等。

需要注意的是，如果 SCP 和 $SCRP$ 已经体现在了 β 值之中，为避免重复计算，可将 β 值设为 1；如果在进行项目未来现金流预测时，已经将一些项目的特定风险考虑在现金流之中，为避免重复计算，应该相应下调特定企业风险溢价水平。

表 2-15 对修正后的资本资产定价模型的应用进行了示例。

表 2-15　　　　　　　　　　修正后的资本资产定价模型计算示例

序号	A	B	C
1	项目	取值	公式
2	无风险报酬率（R_f）	4.50%	
3	资产的 β 系数	0.50	
4	目标资本结构（D/E）	0.70	
5	税率	0.25	
6	权益的 β 系数	0.76	=B3*（1+B4*（1-B5））
7	市场风险溢价（$R_m - R_f$）	5.50%	
8	规模溢价（SCP）	3.48%	
9	特定企业溢价（$SCRP$）	2.00%	
10	权益资本成本	14.17%	=B2+B6*（B7）+B8+B9

2.2.5.2　加权平均资本成本和资本结构

加权平均资本成本是按照各类资本占总资本的权重加权平均计算资本成本的方法，其中资本来源包括普通股、优先股、长期和短期带息负债等。考虑债务利息的税盾效应后，WACC 计算公式为：

$$WACC = \frac{E}{V} R_e + \frac{D}{V} R_d (1-t)$$

式中：

E——普通股、优先权等股权市场价值；

D——带息负债市场价值；

V——企业价值，为 E 和 D 之和；

R_d——带息负债资本成本；

t——所得税率。

从 WACC 公式参数"E"和"D"的定义可见，用于计算加权平均资本成本的权数，并非简单取自企业资产负债表所示账面价值的资本结构，而是基于企业市场价值的资本结构。我们在考察企业的投入资本时，会发现资本的衡量方式有账面价值、市场价值、内在价值、重置价值、清算价值等各种概念，总的来说，为保证估值的客观性，应采用体现公允价值的资本计量方式，而不是采用体现历史成本的资本计量方式。在计算加权平均资本成本时，虽然从理论上来说负债也应该按照市场价值计算，但在实践中由于负债的账面价值和市场价值间的差异往往并不重大，所以一般来说可以认为负债的账面价值是公允、合理的；但权益的账面价值可能远远无法体现其真实价值，所以如果直接采用资产负债表中的资本结构将导致估值结果的扭曲。

从 WACC 公式逻辑可见，由于股权资本成本一般高于债务资本成本，因此企业在保持负债成本和权益成本不变或有限度变化的情况下，可以通过降低负债成本、增加债权资本比重使 WACC 下降，进而提升股权价值。从财务模型实践角度来说，不同的财务杠杆或许会导致不同的股权价值，但在理论层面关于资本结构与价值的关系具有很多近似或针锋相对的不同看法，而且各有其理论价值。例如古典阶段的净收益理论认为企业可以通过增加负债来提高财务杠杆，以实现降低平均资本成本、提高企业价值的目的；折衷理论 [HF3] 认为，负债的增加可以降低加权平均资本成本，但负债的增加是有限度的，超过就会造成企业风险增加企业价值降低；MM 理论认为，决定企业价值的因素是企业实际控制的全部资产，与资本结构的关系不大。

但在实践层面，关于资本结构与价值的问题反而变得较为简单。首先，由于债务利息对利润具有企业所得税税盾效应，可以增加净现金流入，因此适当增加负债可以提升企业价值和股权价值；其次，对特定项目而言，在一定范围内增加负债权重，一般不会如理论所述导致债务风险与债务成本发生完全线性相关的变化，因此适当增加负债可以有效降低加权平均资本成本；最后，特别是对于并购项目来说，虽然可以认为被收购企业现有资本结构不会影响企业价值，因为具有融资能力的收购企业可以在收购后对资本结构进行调整或被收购企业可以根据自身资产情况进行资本结构调整，但每个单体公司自身资产状况可以实现什么样的资本结构在一定程度上是有其内在性的，也就是说每个项目内在的财务杠杆能力应该体现在股权价值之中。总的来说，我们可以认为资本结构对权益价值具有影响，但这种影响是在一定限度范围内的，一旦达到最佳资本结构，继续调整负债反而会导致 WACC 上升，这也就是最优资本结构的问题。

需要注意的是，资本结构体现的财务杠杆效应可能是正向效应也可能是负向效应，在实践中要避免滥用财务杠杆，防止出现负向效应。下面，我们借助杜邦财务分析方法就财务杠杆的效应问题进行理论推导，假设不存在非经营性损益、金融损益、不区分带息负债和无息负债，则：

$$净资产收益率 = \frac{息前税后利润 - 税后利息费用}{净资产}$$

$$= \frac{息前税后利润}{净资产} - \frac{税后利息费用}{净资产}$$

$$= \frac{息前税后利润}{总资产} \times \frac{总资产}{净资产} - \frac{税后利息费用}{总负债} \times \frac{总负债}{净资产}$$

$$= \frac{息前税后利润}{总资产} \times (1 + \frac{总负债}{净资产}) - \frac{税后利息费用}{总负债} \times \frac{总负债}{净资产}$$

$$= 总资产报酬率 + (总资产报酬率 - 税后利息率) \times 财务杠杆$$

根据上述公式，净资产收益率的高低取决于总资产报酬率、税后利息率和财务杠杆三个因素，而只有当总资产报酬率大于税后利息率时，增加财务杠杆才能获取正向效应。这也是在项目财务评价体系中先评估融资前内部收益率（也就是项目内部收益率）后评估融资后内部收益率的原因所在，因为只有当融资前内部收益率大于利息率时，评估融资后内部收益率才是有意义的。

第 3 章 企业实践中的价值创造体系

价值创造理论和价值衡量方法的应用离不开企业实践，只有深入了解企业的主要业务的内在逻辑、经济事项的发展规律、基于企业特质的成长潜力才能更高效地开展价值创造、更准确地衡量企业价值。

诚如第 1.3 企业价值驱动因素章节所述，企业价值驱动因素不仅包括财务类指标，还包括各种与企业价值有着直接或间接关系的非财务类指标，也就是说企业的一切行为都是经济行为，都有增值和灭损价值的可能性，企业的每一项行为都具备价值创造的潜力和进行价值挖掘的必要性。因此，企业在价值创造实践中需要从经济活动的各个视角出发，将抽象的理论、方法、公式分解为具体的流程、动因、作业等，并通过一系列具体行为的优化来实现抽象的总体目标。

3.1 企业全流程价值创造实践

以原国家能源集团国华电力公司（注：2021 年 4 月经集团内资产重组，已与国电电力发展股份有限公司整合）发展历史为例，其以价值创造为核心，以"创业、创新、创造价值"的理念，以"价值驱动因素"作为价值管理的出发点，以"价值评估"作为价值管理的方法，以"资产保值增值、管理品质提升、员工身心愉悦"作为衡量价值的标准，系统性地建立了涵盖安全生产、基本建设、发电营销、财务管理、环保减排等贯穿于企业管理各个环节的价值创造实践体系，通过价值创造的方法、手段和平台的建设，持续推进全要素全过程的价值创造。

3.1.1 安全生产创造价值

安全是开展所有价值创造活动的基础，良好的安全生产环境不仅是激发"人"这一最重要价值创造因素的重要保障，也是确保企业发展品质、价值品质的重要保障。正是认识到安全与价值的这一辩证关系，使得企业对于安全的概念不再是投入大于产出的局限和刻板认知，而使得安全成为企业价值创造的重要源泉。

其在建立伊始便提出"以安全生产为基础、以经济效益为中心、以市场开发为导向、以机制创新为动力"的经营方针（1999 年），NOSA 五星安健环管理体系（2001 年），其后又不断深化完善形成了"以人为本、生命至上，风险预控、守土有责，文化引领、主动安全"的安全生产方针和《安全风险预控管理体系》。

对于安全生产的重视和投入赢得了丰厚回报。在国家能源局组织的全国火电机组可靠性评比中，参赛机组金牌机组得奖率连续 3 年全国第一，机组等效可用系数（EAF）连续 8 年高于全国平均水平，安全可靠的机组为发"安全电、效益电、环保电"实现价值创造奠定了坚实基础，例如在国能印尼南苏电厂，得益于其机组 9 年无非停、1 号机组创连续运行 1438 天的吉尼斯世界纪录等远高于当地同行业的机组可靠性，过去 10 年累计多发电超过 2000 利用小时，实现超额净收益近 900 万美元。

3.1.2 基本建设创造价值

对于重资产行业来说，项目开发决策和基本建设水平的优劣是决定企业长期价值创造能力的主要因素之一，其开发周期长、沉没成本大以及技术密集型的特点决定了项目基本建设阶段是企业价值创造的重要关注点。

在火力发电厂建设中，电厂的选址和前期设计工作决定了电厂运行近 70% 的成本，牢牢抓住这个价值创造的主要矛盾，追求实现"电厂全寿命期内综合效益最大化"成为管理的主要目标。为实现这一目标，其在成立之初鉴于基建项目增多而自身资源储备不足的情况，首创"小业主、大咨询"基建管理模式和"六更一创"（即更安全、更可靠、更先进、更经济、更规范、更环保，创国际一流发电公司）的工程建设目标，充分利用社会资源和专业力量实施工程管理，并进一步形成了"基建为生产、生产为经营，基建今天的质量，就是生产明天的安全和效益"的理念（1999—2001 年），以电价倒推造价、以基建质量确保生产安全，倡导上一环节对下一环节负责，追求全寿命周期内效益最大化。

在创新的基建管理理念指引下，其努力实践基建管理方法创新，设计管理，不只是对设计规范负责，还要保证项目全寿命周期效益最大化；工程质量管理，不仅对验收规范负责，还要对项目投产后的长周期稳定、经济运行负责；进度管理，从现场施工进度管理延伸到项目准备阶段，延伸到各种资源的统筹协调上；投资控制，把"以定额为中心的事后算账",改为引入市场价格的全过程投资控制;设备采购,不单要履行采购程序,还要增加技术含量,提升设备整体性价比。得益于理念创新和方法创新,先后有十余个项目分获鲁班奖、国优金奖和银奖,机组单位千瓦造价水平以及投产后的机组可靠性、供电煤耗、售电单位固定成本等主要指标均处于国内先进水平。

3.1.3　市场营销创造价值

市场是企业价值理念的主要检验标准,是企业价值创造的重要环节,是价值变现的主要途径,面向市场的企业市场营销工作是企业内在价值的"放大器"。

面对电力市场,坚持"发电是我们的本质工作",坚持"立足于早、立足于抢",坚持"度电必争、价值创造"。从企业文化方面提出了"可靠、可调、规范、诚信,做电网不间断电源(UPS)"的客户服务理念(2004 年),从考评机制方面创新推出了市场占有率(电量比 / 容量比)这一衡量发电本职工作是否尽职的市场化评价指标(2002年),从组织机构方面先后在多省成立区域营销中心和区域售电公司,积极应对电力市场改革促进区域内电厂释放优秀产能。

从 2003 年至 2019 年,其市场占有率连续 17 年超过 100%,机组平均利用小时连续 17 年超过全国火电平均水平,年均高于全国平均水平 507 h,由此多发了电量 2200亿 kWh 增利超过 400 亿元。

3.1.4　财务管理创造价值

财务是企业资源调配的重要枢纽,也是价值监控的重要手段,随着企业市场化水平、市场金融化水平的不断提高,现代企业中的财务部门在创造企业价值、维护企业价值、提升企业价值方面正发挥着越来越不可替代的作用。

作为成长于 21 世纪的现代化企业,其十分重视发挥财务资源在价值创造中的作用,积极践行"成本领先"战略,发扬"干毛巾也要拧出水分"的精神,追根溯源、止于至善、创造价值。预算体系建设方面,在企业成立之初即开始实施全面预算管理体系和以"平衡计分卡"、经济增加值(EVA)为核心的绩效考评体系(1999—2002年),以价值创造为核心,以业务计划为基础,提出并逐步完善了"全面完整、现金贡献、零基预算、刚弹并重、全员参与、坚持诚信"的预算编审原则,致力于推进资源的合理配置、经营的持续改进和价值的稳步提升。价值管理手段方面,搭建了作业成本(ABC)管理平台(2006 年),贯彻"人人都是核算员、人人都是成本中心"的管理理念,强化成本动因管理,深入分析投入产出效果,对标对表,努力消除无增值、低增值作业,保证所有作业行为、经济行为都在创造价值;建设了电力项目投资的经济效益评价财务模型(2008 年),形成项目投资的事前战略性评估、事中过程性评价以及后评价体系;构建了会计日核算和月度滚动预测模型,实现"一日结算"(2014 年),

即每日 8 点前自动完成上一日日报表，每月 1 日 12 点前完成上一月财务报表编制。财务管理品质管控方面，实施了财务能力模型（FCM）管理体系（2005 年）起，设定了10 大方面 130 项子流程来确保价值创造活动合法合规。

财务能力成熟度评价模型（FCM）作为所有财务管理创造价值工作的重要抓手，值得在此作进一步详细阐述。FCM 起源于 CMM，CMM 是国际上流行的美国的软件过程能力成熟度模型（Capacity Maturity Model）的简称，是美国卡内基－梅隆大学软件工程研究院（SEI）为了满足美国联邦政府评估软件供应商能力的要求于 1991 年推出的评价体系。由于 CMM 作为企业某项业务能力的评价体系具有相当的全面性、合理性和先进性，因此自问世以来备受推崇，除了软件行业，其在人力资源管理能力评估等领域也取得日益广泛的借鉴和应用。为了进一步提升财务管理品质，逐渐实现由可控管理向规范管理、价值管理转型，2005 年协同德勤咨询公司借鉴 CMM 体系，开展了财务能力成熟度评价模型（Capacity Maturity Model for Financial Management，简称F-CMM）的设计。F-CMM 的设计吸收了 CMM 模型的成功经验，将企业的财务会计工作定义了 6 个成熟度级别、6 个财务会计工作关键过程域、10 项财务会计工作关键实务，以及 46 个财务会计工作流程、130 个财务会计工作子流程以及若干项财务会计活动，其中每个关键过程域及其关键实务都会根据企业当前的发展战略和管理重点提出评价标准，并赋予一定的分值和权重系数，然后将这些分值依次向有关的流程、子流程和业务活动进行分解，详见图 3-1 所示。FCM 评价体系充分考虑了国际和国内财务会计工作的先进经验和最佳实务，企业总部可以按照评价标准对下属单位的工作进行从低到高 6 个级别的科学、系统的考核评价，还可以根据企业的发展和管理的需要定期调整各个关键实务的权重系数和业务活动的评价标准，引导下属单位的价值创造活动，以适应发展需要。

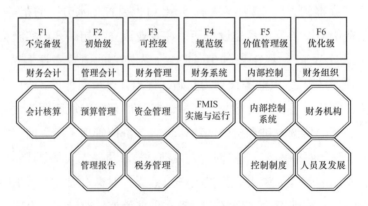

图 3-1 FCM 定义的成熟度级别、关键过程域和关键实务

以国际一流财经管理水平为标杆，立足企业发展战略，突出管理创新和信息化，

不断提高价值创造力、制度执行力、风险控制力、国际化管理能力,把价值管理贯穿于基建、生产和经营的全过程。通过长期管理实践,其实现了自 2001 年开始连续 18 年盈利,净资产收益率连续保持两位数水平,2019 年售电单位固定成本较 2005 年下降 30% 约合 6 亿元 / 年,践行了"做低成本的发电商"的愿景。

3.1.5 主动环保创造价值

习近平总书记指出"绿水青山就是金山银山""牢固树立保护生态环境就是保护生产力、改善生态环境就是发展生产力的理念",企业特别是国有企业的价值不仅仅体现在经济价值上,也应该体现在社会价值上,企业的经济价值和社会价值应相辅相成、相互促进。

坚持主动环保,按照"环保做加法、系统做减法"的原则进行项目顶层设计,将环保作为国企的担当,积极呵护祖国碧水蓝天。其在成立伊始即提出"四不一再"即烟囱不冒烟、厂房不漏气、废水零排放、噪声不扰民、灰渣再利用的环保目标(2000 年),后又进一步形成"建设以人为本、生态文明的环保企业"的目标(2014 年),创新实施了燃煤机组"近零排放工程"和"高品质绿色发电计划"。《神华"近零排放"燃煤机组问世,中国迎来"煤电清洁化"时代》新闻,也入选了新华社《经济参考报》评出的 2014 年"中国能源十大新闻",擦亮了煤电清洁高效的"绿色名片"。此后的 2015 年 3 月,国家发展改革委、国家能源局发布《关于改善电力运行调节促进清洁能源多发满发的指导意见》(发改运行〔2015〕518 号),提出"煤电机组进一步加大差别电量计划力度,确保高效节能环保机组的利用小时数明显高于其他煤电机组,并可以在一定期限内增加大气污染物排放浓度接近或达到燃气轮机组排放限值的燃煤发电机组利用小时数。"随后,各省陆续出台了近零排放燃煤机组的电量奖励和电价补贴等政策。

主动环保的创新实践,不仅实现了国内第一家石灰石—石膏湿法脱硫设施(2000年)、第一家新建的 60 万机组同步建设脱硫装置(2004 年)、第一家 SCR 脱硝催化装置(2005 年)、第一台脱硫无旁路机组(2007 年)、第一台新建近零排放机组(2014 年)等成绩,在环保鼓励政策出台的当年(2015 年)更增加环保电量 6 亿 kWh 增利 4.1 亿元,电量增加、环保电价增加以及排放量减少,既履行了企业的社会责任,也赢得了市场电量增加了企业利润,实现向高品质能源企业的跨越,助力实现生态文明。

3.1.6 创新驱动创造价值

在激烈的市场竞争中,唯创新者进,唯创新者强,唯创新者胜。抓创新就是抓发展,谋创新就是谋未来。坚持"所有能创造价值的活动都是创新",坚定地走"创业、创新、创造价值"之路是价值创造、企业发展的不竭动力。

全力推动技术和装备国产化、振兴民族工业,勇于尝试,先行先试,以诸多全国第一和业界首创实现科技引领，争当行业发展排头兵。其自成立以来召开四届科技大会，并坚持科技引领、创新驱动，在重点科技和信息化项目上持续加大投入，荣获国家科技进步奖二等奖 1 项、省级科技进步奖 5 项、中国电力科学技术奖 65 项、中国电力创新奖 20 项、国家能源科技进步奖 23 项，取得国家授权专利 1011 项，承担国家科技支撑计划、国家重点研发计划等 12 项。同时，积极推动国产化实践，实现国产 DCS、国产发电机励磁系统、国内首个燃煤烟气污染物控制中试平台等；自主研制并在沧东电厂成功投产万吨级低温多效海水淡化装置，与国外同类装置相比，造水比提高 22%，单位投资降低 28%，运行费用降低 13%，达国际先进、国内领先水平。

上述丰硕成果，证明了价值管理理念并非纸上谈兵的理论，而是在企业管理中有其实践可能的；证明了价值创造方法并非照本宣科的教条，而是与企业具体业务逻辑紧密结合的；证明了价值创造的手段并非墨守成规的经验，而是结合人与科技的发展与时俱进的。只有持续地"创业创新"才能不断地"创造价值"，只有真正把"员工身心愉悦"提升至与"资产保值增值""管理品质提升"同等重要位置才能激励"人"这一最宝贵资源发挥价值创造的能动性，以人为本、追求卓越、勇于创新应该是企业最大的价值准则。

3.2 "走出去"的价值创造案例

在全球经济一体化的今天，世界上各个区域的经济不再是相互隔绝，而是一个有机的整体，中国企业"走出去"成为中国参与经济全球化的重要组成部分，也是实践中央提出的关于建立人类利益共同体、命运共同体的重要组成部分。企业通过"走出去"不仅可以拓展企业的品牌和市场，拓宽企业集团价值创造的广度，更重要的在于可以培养国际化人才，吸收各国的优秀经验，促进国内企业的转型升级和高质量发展，不断深化企业集团的整体价值创造能力。

近 20 年来，国家能源集团在"一带一路"沿线的印度尼西亚、菲律宾、孟加拉国、越南、土耳其、南非以及希腊等国家积极尝试开发项目，不断拓展海外市场，打造国际化品牌。其中，印尼在进入 21 世纪以来由于政局趋稳，经济增速位居世界前列，电力供需总体偏紧，电站项目投资发展空间巨大，而且由印尼国家电力公司（PLN）主要通过国际公开招标选择电站开发商的项目开发方式总体上公开透明，相对于多数发展中国家其购电协议（PPA）风险分配较为合理，总体来说属于投资空间广阔、投资收益稳定、投资风险可控的电站项目投资目的地国，因此"深耕"印尼成为走出国门创造价值的重要支点。

在"走出去"的漫长历程中，国家能源集团印尼南苏项目、中爪哇项目、南苏 1 号项目、爪哇 7 号项目等在积累经验教训方面具有里程碑意义。其中 2008 年开发的南苏 2×150 MW 煤电一体化项目，在融资关闭、建设工期、机组可靠性、燃用高水分低热值褐煤等方面创造了多项印尼纪录，为印尼后续项目开发奠定了坚实基础；2011 年参与的中爪哇 2×1000 MW 项目投标，虽未中标，但该项目系第一次与诸多国际知名能源公司和中介顾问公司同台竞技，仍然收获颇丰；2015 年开发的印尼南苏 1 号 2×350 MW 项目是第一个参与国际公开招标并成功中标的海外项目；2015 年开发的印尼爪哇 7 号 2×1000 MW 项目是印尼目前单机容量最大的机组和中国首台出口海外的百万机组，也是中国和印尼两国国有企业合作的典范，具有指标项性意义，也是本书第二篇将重点阐述的内容。下面，就各个项目的基本情况和其中的经验教训作综述。

3.2.1　奠基之作—— 南苏项目

南苏项目即国华（印尼）南苏发电有限公司，位于印尼南苏门答腊省穆印县境内，是中国神华能源公司于 2008 年由 PLN 以直接指定开发商的形式投资开发的独立发电商（IPP）项目。该项目以签署为期 30 年购电协议（PPA）的 BOO 模式运营，包括 2×150 MW 的燃煤发电项目和为电厂配套建设的年产量 210 万 t 露天煤矿、100 km 送出线路，总投资 4.2 亿美元。该项目于 2009 年 7 月正式开工，2011 年 11 月工程竣工，已累计实现净利润超过 1 亿美元。

该项目的开发、建设、运营过程实现了九个第一，是印尼第一个比 PPA 合同工期提前发电的 IPP 电厂、印尼第一个真正的坑口电厂、印尼第一个燃用劣质褐煤并取得成功的电厂、印尼第一个采用煤干燥技术并取得成功的电厂、印尼第一个使用泵船取水技术并取得成功的电厂、中国第一个海外投资的煤电一体化 IPP 项目、创造印尼中国机组投产后连续运行最长周期的纪录等，实现连续 9 年无非停，1 号机组连续运行 1348 天创煤电机组连续运行世界纪录，历年平均等效可用系数 98.4%，并陆续获得了印尼"五佳电力公司""最佳 IPP 电厂奖""SMK3（安全职业健康管理）标准金色证书"以及亚洲电力"年度煤电项目银奖""年度独立发电企业（印尼区域）"等荣誉。

该项目的成功开发、建设、运营在为股东和社会创造价值的同时，也为后续拓展海外市场积累了大量的管理经验和人才储备，极大深化了对印尼当地社会环境、政治法律、人文风俗、能源市场的认识，是国家能源集团后续在印尼取得南苏 1 号煤电项目、爪哇 7 号煤电项目成功中标的重要基石，为国家能源集团乃至中国电力企业在印尼树立了清洁煤电品牌形象，擦亮了一带一路上的中国名片。

3.2.1.1　合理选择投资时机杜绝冒进

南苏项目从 2002 年列入两国政府备忘录到 2007 年与 PLN 签署 PPA 框架协议，本项目的前期筹划和投资机会的甄选历时 5 年。由于是首次走出去，在这 5 年中按照稳扎稳打、积极推进而不冒进的思路，在对印尼环境的认识逐渐加深、印尼投资环境逐渐趋好、印尼政府陆续推出一系列电力发展激励政策，项目逐渐成熟后项目开发工作才予以实质性推进。虽然该项目在后续建设运营过程中仍产生了很多意想不到的困难，但项目开发过程中的稳健也规避了很多潜在风险。

3.2.1.2　审慎选择和运用当地合作伙伴

在海外项目中，当地合作伙伴在文化背景融合、公共关系协调、本地资源调配等方面具有独特甚至不可替代的功能和优势，引入当地良好的合作伙伴有助于项目开发建设顺利、快速进行。国务院国资委在 2017 年发布的《中央企业境外投资监督管理办法》中，也要求中央企业境外投资项目应当积极引入国有资本投资、运营公司以及民间投资机构、当地投资者、国际投资机构入股，发挥各类投资者熟悉项目情况、具有较强投资风险管控能力和公关协调能力等优势，降低境外投资风险。

但也需要注意当地合作伙伴可能存在的两面性，即为海外项目开发提供便利的同时，也可能存在实力不足、利益诉求不合理、管理不规范等问题，影响项目开发品质和建设进程。在选择当地合作伙伴时，应当做好当地合作伙伴的背景调查工作，优先选择有实力、有信誉的当地公司。

3.2.1.3　及早重视对商业规则和谈判策略的研究

在中国国内由于长期半计划型的电力市场环境，电站项目开发常常存在重工程技术、轻商业策划的倾向，但对于境外电站项目来说，项目 PPA 电价定价机制、资金筹措、金融风险管理乃至于运维组织等对项目的影响可能远大于一般的工程技术问题，成为决定项目成败的最重要因素之一，因此在投资决策前应深入开展对商业规则的学习、研究，防范思维惯性和经验主义，制定好投资风险控制策略，从项目全生命周期的角度与合同相对方开展细致、深入的谈判，防范错估、错配等风险，为科学决策奠定了良好基础。

3.2.1.4　高度重视海外项目的外部条件落实

外部条件的落实是项目技术经济评价的基础，海外项目由于所在国环境、法律以及标准等情况和国内完全不同，外部条件落实尤为困难，也更加重要。南苏项目前期技术工作的经验表明，海外项目在启动之初必须切实落实项目基础条件，派专业人员指导、督促合作伙伴收资的同时，还需结合当地设计所需基础资料及时作出判断和验证，对于不能直接取得的资料需立即组织开展替代工作，特别是煤质、水样等对项目影响重大的资料，无论是否由当地公司提供，均需组织编制严格的取样方案，自行组织取样、委托国内权威机构进行化验；水文气象资料应在设计院人员全程参与指导和厂址确定后，立即组织进行比测工作，并在适当时机组织完成水工试验；对于地形图不符合要求的海外工程，参照国内的工程测量模式由设计院负责提出成果、工作所需配套资源由业主在当地落实，切实做好前期技术资料收集和核实工作。

3.2.1.5 以"组团出海"移植中国工程建设经验

南苏项目以"国家、荣誉、责任"的使命担当，坚持建设印尼优质电力工程、打造中国电力示范项目的原则，依托在中国国内积累的丰富基建经验以"组团出海"的形式选择参建单位，无论是参与本项目的设计、施工、监理、设备供货，还是其他的技术咨询服务单位，都是中国国内资质过硬、业绩优良、实力雄厚的企业，本项目的建设过程在业主的深度参与下整合了中国电力设计、中国机电设备制造、工程建设、技术咨询等领域的优质资源，形成了强强联合的建设梯队，避免了印尼第一个 1000 万 kW 电力发展计划中存在的由于 EPC 承包商质量良莠不齐导致项目建设质量不佳的情形，既促进了中国高技术含量设备和技术的出口，又凭借项目公司的集成优势，实现了对海外市场的开发和长期持有。

最终，南苏项目仅用时 24 个月就实现了 2 台机组的高标准投产发电，是印尼第一个比 PPA 合同工期提前投产的电站项目，并创造了印尼中国机组最长连续运行周期纪录。南苏项目工程建设模式的成功，与同时期印尼政府推进的第一批电力快速发展计划❶的工程质量形成了鲜明对比，因此印尼能源委员会将南苏项目列为示范工程，并向中国大使馆提出以中国神华为标准推荐进入印尼的电力队伍的建议。

3.2.1.6 尽早推进用工本地化进程

推进项目用工本地化不应仅仅是基于成本节约的考量，更重要的是帮助项目更快更好地融入当地环境。海外投资面临巨大的文化背景、法律法规的差异，中方员工在海外工作时不可避免地或多或少存在国内的思维定式，这种思维定式极易对一些海外业务产生误判，而中方员工往往是海外项目各个领域的主要管理者、决策者，这种误判可能会对企业短期经营甚至长远发展产生严重后果。因此，海外项目在初期即应加大对有工作经验的本地员工的聘用，鼓励本地员工参与到管理体系的制定中去，引导本地员工积极提出合理化建议，以开放、包容的心态加强与本地员工、本地机构的沟通，降低中方管理人员发生误判的可能性。

---

❶ 根据印尼《授权 PLN 加快建设燃煤电站》（2006 年第 71 号总统令以及于 2009/2011/2014 年的多次修订），印尼政府授权 PLN 在印尼的 42 处位置修建燃煤发电厂，包括 10 座在爪哇 – 巴厘修建的总装机容量为 7490 MW 的发电厂，以及 32 座在其他地区修建的总装机容量为 2769 MW 的发电厂。

3.2.2　蓄势待发——中爪哇项目

中爪哇 2×1000 MW 煤电项目是印尼政府及 PLN 指定的 10 个示范电厂项目之一，于 2009 年启动国际竞争性公开招标选择独立发电商（IPP）的程序，聘请了国际金融公司（IFC）作为牵头咨询公司协助 PLN 开展招标工作。该项目采用 BOOT 方式，由 PLN 与中标的 IPP 签订为期 25 年的购电合同。

2009 年 6 月，PLN 发布中爪哇项目招标资格预审通知，由于该项目在建设规模、技术先进性、政府担保、美元结算等方面的条件十分优良，吸引了包括中国神华在内的日本、英国、法国、韩国、美国、马来西亚等 20 多家国际知名企业参加了资格预审。受 2008 年国际金融危机影响，为实现以机电产品出口拉动本国经济的目的，投标各方的国家政府对本国投标人积极支持，尤其是日本企业显示出了志在必得的姿态，日本政府也积极协调印尼政府，竞争异常激烈。

2010 年 2 月，PLN 发布招标文件。与国内主要设备供应商、设计单位和施工单位就主机设备选型、设计方案、主要施工方案等进行反复磋商，在国际知名财务顾问、保险顾问、律师事务所等中介公司的全力配合下，历时 14 个月，于 2011 年 4 月按时递交投标文件。

2011 年 5 月，PLN 公布商务技术标结果，在四家最终递交标书的投标联合体中，仅"日本电力 – 伊藤忠联合体"的商务技术标通过评审，包括中国神华能源公司在内的其他三家联合体均未通过。经综合分析，总结本次竞标失败的原因除了日本政府在竞标中的积极作为外，当时中国电力企业在印尼的评价不佳（南苏项目此时尚未竣工投产），中国国内的百万机组也缺乏长期运行经验，导致印尼政府和 PLN 对中国企业建设其首台百万机组缺乏信心。

虽然未能中标中爪哇项目，但该项目作为第一次"走出去"与诸多国际知名能源公司和中介顾问公司同台竞技，仍然收获颇丰，大批员工进一步熟悉了海外项目的运作方式，积累了经验、丰富了知识、提高了能力、坚定了信心，同时也看到在一些方面存在的不足，为后续项目的成功奠定了更为坚实的基础。

3.2.2.1　海外项目仍应善用自身的管理经验和成果

中国经验在面对更加复杂的国际化环境时，仍是有其价值的，不应妄自菲薄。2 年的投标准备工作实践证明，即使面对强手如林的国际竞争对手，在中国国内积累的很多管理经验与管理成果即使在国际平台上仍然是成功而卓越的，而且在很多方面更有优势。

PLN 在中爪哇项目招标中聘请了国际金融公司（IFC）作为牵头咨询公司，招投标体系具有典型的欧美特征，项目特点既不同于国际 EPC 总承包项目也不同于中国国内电站招标项目。面对陌生的招投标体系和招标书要求，项目启动之初，设计人员有些不适应，惯性思维使得实际工作往往偏离招标书要求。面对这种情况，我方坚持自身"一个原则、四个标准"的管理理念，以设计原则为载体，通过集中讨论设计原则、确定主要技术标准和建设标准等，理顺了思路、统一了思想，达到了既响应招标文件、又实现了工程设想的效果，"引领设计"的理念在实践中得以体现。

3.2.2.2 挖掘作为大型发电集团的优势

全厂热耗是投标中非常重要的数据（它既是平准化电价计算的基础，又是今后电厂结算燃料费用的依据，同时还是机组性能的保证值）。汽轮机热耗是计算全厂热耗的基础，但汽轮机厂商按照国外工程习惯往往会提供留有裕度的保证值，使得全厂热耗明显高于国内水平。面对这一情况，通过与国内已投产的其他同类型电厂的供电煤耗、汽轮机热耗、汽轮机背压条件等对比分析，翔实的数据分析说明汽轮机厂商为本项目提出的汽轮机热耗相对于中国国内水平留有约 3 g/kWh 的额外裕度。

在这方面，大型发电集团的优势在于，能够有平台获取翔实的数据，能够进行系统的横向对比分析，为合理确定技术经济指标提供关键性的支持。

3.2.2.3 高度重视技术标准问题

中国公司在海外建设的电力项目，几乎都会遇到"标准"问题。通常情况下，在项目前期阶段有关各方会为标准问题反复争论，但到了项目实施阶段未达成一致的往往不了了之。究其原因，是中国体系的标准在国外的认可程度不高。

中爪哇项目招标方要求采用国际标准、印尼标准、印尼法律法规以及能够证明与国际标准等效的其他标准。在投标过程中，就标准等效性的证明方式，与 PLN、IFC 进行了讨论，在投标书中除响应招标书要求外，增加了中国的标准和规范，并说明采用中国标准规范制造、建造的设备和电厂，已经广泛应用于中国以外的国家和地区，包括印度尼西亚。投标书递交之后，PLN 先后两次要求对使用的标准进行澄清，问题主要集中于如何证明中国标准与国际标准之间的等效性。经过仔细研究和讨论，我方着重证明了包括印尼电厂的多个用户已经接受了所采用的 GB、JB、DL 等中国标准，从结果来看 PLN 接受了澄清意见。

总的来说，在海外项目前期阶段，投标人可以采用借助其他项目合同、实物标准等各种方式，设法取得招标方对中国标准的认可，避免使标准问题成为项目的瓶颈。

3.2.2.4 高度重视技术合作和技术引进问题

国际投标项目中，对于涉及技术合作和技术引进方面的问题，需要格外注意。例如在 PLN 的技术澄清问题中，就要求澄清锅炉厂商所提供的业绩是否是其自行研发，是否需要许可协议等。要深入了解所选用设备的技术合作的所有相关情况，不但要了解设备厂商中合作各方目前的状况，还要了解技术合作的背景和历史，了解各方在合作中的关系，并根据情况在投标文件中详细说明情况。

3.2.2.5 在投标阶段开展必要的勘测工作

投标阶段，在 2 个月的时间里对厂址区域打了 10 个 50 m 的钻探孔，同时对陆地、海底地形完成了符合深度要求的测量。勘测工作辨明了拟定厂址区域地质条件有无颠覆性因素，判断了地表处理方式及工期需求，并准确地把握了地基处理工程量，对比一些不重视前期勘测工作的投标人来说，降低了初始投资风险。例如越南的某中资企业 EPC 总承包工程，投标阶段由于未做勘测工作、采纳了招标数据，导致实际桩基工程量比投标工程量翻了 10 倍，而且影响工期两年。在后续的爪哇 7 号项目中，我方也是唯一一个在投标阶段对厂址区域开展勘测的投标人。

3.2.2.6 建立适应投标项目的投资估算方法

本项目基建投资估算采用"先国内水平、后国外水平"的投资估算框架和模块化的投资测算方法，这种测算方法整体结构比较稳定，不同阶段、版本之间的变化清晰，适用于投资估算参与人数多、保密等级高、投资变化频繁等特点的大型投标项目。尽管投标过程中设计方案多次变更、外部信息数据频繁更新，引起投资总额不断调整，但整个建设投资费用变化过程保持了完整、清晰。各编制单位（人）负责的模块估算确保了准确性，有利于项目各模块投资的分析和调整；同时，对主要投资不可控因素（如汇率、油价、不可预见风险系数等）进行了动态设置，有利于风险分析和费用合理预留。此外，还将投标工程量与国内已建成的同类型项目的施工图工程量进行了逐模块、逐项对比分析，通过对比发现问题，投资估算准确率有效提升。因此，从整个投标阶段来看，采用这种投资测算方式取得了成功，是科学、合理的。

3.2.2.7 加强对国际能源市场的跟踪研究

通过这次投标，也发现我方对国际项目其他竞争对手的商业策略、期望回报率、汇率利率等风险管理方法、基建投资水平、运维模式及成本水平等知之甚少，做不到知己知彼，这是未来走向激烈的国际市场，提高投标胜率和企业效益需要改进的一项重要工作内容。

3.2.2.8 让中介机构充分为我所用，缩短学习曲线

此次投标面对着全新的外部环境，大到印尼政治商务环境、担保政策、风险管理，小到具体的会计、税务处理实践，都与中国国内差别很大，需要全面学习，在这种条

件下，充分利用中介机构的专业知识，成了最佳选择。现代社会高度分工，电站建设、运营是国内电力公司的传统优势，但在国际商务、投融资领域还处于起步阶段。本项目投标实践也证明，在缺乏经验的情况下，通过聘请国际一流的投行、保险咨询公司、律师、税务咨询等中介机构，充分激发其专业能力，有计划地尽快实现知识转移，弥补投标人在相关领域的不足，不仅高水平完成了投标文件，还大幅提升了投标人的业务能力和国际化视野。

3.2.2.9　高度重视标书保密工作

本次投标涉及的标的额以及投标准备阶段所投入的人力物力均巨大，而且投标竞争十分激烈，因此投标保密等级要求较高。为防范泄密风险，项目整体层面的评估测算等关键工作都在中介顾问的技术支持下由投标人自主完成，并且信息设备以及信息的保存、传递、打印、封装等环节均进行了严格的保密管理，确保最终提交的价格标书万无一失。

3.2.3　旗开得胜——南苏 1 号项目

南苏 1 号项目即神华国华（印尼）天健美朗发电有限公司，位于印尼南苏门答腊省穆印县境内，是 2015 年通过参与 PLN 国际公开招标所中标取得的 IPP 项目。该项目采用 BOO 方式，中标方负责 2×300 MW（净上网容量）独立发电厂的项目投资、建设、拥有、运营，以及发电厂至电网接入点约 80 km 输电线路及相关设备设施的投资、建设。

南苏 1 号项目距离前述南苏项目距离 15 km，且与南苏项目当时正在推进的二期扩建项目容量相同、技术相近、工期相近，人力资源和设备资源上都可以互通有无，最为关键的是开发南苏 1 号项目所需的高水分低热值褐煤燃用技术已在南苏项目上累积了十分丰富的经验，在印尼电力市场中形成了领先的技术优势。发挥规模集约优势，将技术和管理中的优势转化为现实价值，培育海外业务新的价值增长点，成为参与竞标的重要原因。

2014 年 4 月，PLN 发布资格预审公告，吸引了来自中国、日本、韩国、西班牙、法国等多个国家的共 54 家企业购买了资格预审文件。资格预审阶段的竞争十分激烈，前后共历经了两次预审后 PLN 才最终宣布有 7 家联合体通过，其中韩国公司 2 家、西班牙公司 1 家、中国公司包括中国神华能源公司在内共 4 家。从当时情况看，中国神华能源公司距中爪哇项目投标失败仅过去 3 年，且中国、日本正处于印尼雅万高铁项目的激烈争夺战中，本次投标的潜在不可控因素仍然较多。

2015 年 6 月标书递交截止日，在 7 家通过资格预审的联合体中最终仅有包括中国神华能源公司在内的 2 家联合体顺利递交标书。2015 年 11 月 9 日，PLN 宣布中国神华国华电力公司 –LPE 联合体以技术、商务综合评分第一，中标南苏 1 号项目。

3.2.3.1 充分发挥企业的品牌影响力

南苏项目的建设管理培养和锻炼了一批了解印尼当地市场环境、懂得印尼法律法规和各种规则、能协调当地各种复杂关系、可以融合当地文化的人才队伍。更重要的是，南苏项目在融资关闭效率、建设工期控制、机组可靠性等方面表现出的卓越成绩，为 PLN 以及印尼相关政府部门重新树立了对中国电力企业的信心。

3.2.3.2 坚持科学先进的技术经济路线

IPP 项目招标最终是以报价最低的投标人为首选投标人，但这并不是简单的"拼价格"，技术路线的先进性、科学性会直接影响投资、运维成本并最终影响电价，而燃煤电厂的核心"煤"又是影响技术路线的决定因素。南苏 1 号项目没有局限于南苏项目的技术路线之上，而是基于南苏项目经验在煤干燥系统、超临界机组、风扇磨等问题上，开放思路、攻关创新。虽然竞争对手拟定合作煤矿的煤炭的含水量、含硫量均较优，但基于南苏项目褐煤燃烧经验开展的技术优化使投资估算更具经济性。

3.2.3.3 挖掘企业内在的管理优势

当时，国家能源集团在南苏地区拥有南苏项目及其正在推进的二期扩建项目，如果再中标南苏 1 号项目，则按照集约化管理模式，可在人力、物资等方面实现资源共享，大幅降低管理成本。

3.2.4 再奏凯歌——爪哇 7 号项目

爪哇 7 号项目即神华国华（印尼）爪哇发电有限公司，位于印尼万丹省 Serang 市的爪哇海沿岸，距印尼首都雅加达西北约 100 km，是中国神华能源公司于 2015 年通过参与 PLN 国际公开招标所中标取得的 IPP 项目。该项目采用 BOOT 方式，中标方负责 2×1050 MW 燃煤发电项目投资、建设、拥有、运营，项目计划总投资近 20 亿美元，年供电量约 150 亿 kWh，于 2016 年 10 月完成融资关闭，2020 年 9 月工程竣工。

爪哇 7 号项目是中国在海外投资的第一个百万机组 IPP 项目和印尼单机容量最大的机组，也是中印两国特大型国企合作项目。该项目成功地开发、建设、运营，是南苏项目、中爪哇项目、南苏 1 号项目等众多海外项目经验教训累积的成果。该项目以"如期建成具有中印（尼）文化特色，同行认可、长期盈利的国际一流燃煤发电示范电站"为总体目标，力争成为海外示范项目。

爪哇 7 号项目估值、投资以及经验教训相关情况将在本书第三篇作详细阐述，在此不再赘述。

第二篇
价值模型的设计与应用

　　价值模型是融入了价值管理理念的财务模型，一个令人满意的价值模型不仅需要拥有高超的财务建模技能，还需要对所评估的项目有深刻认识，能将所认识的项目特征、所理解的价值创造理念内化于财务模型之中。

价值模型或者说财务模型在我们日常工作、生活中的应用实际上十分广泛，在绿地投资、公司并购、项目融资、产品定价、战略规划、个人理财乃至于企业的精细化管理等方面都有重要作用，所以希望读者通过阅读本篇内容可以在拓展思路、方法方面有所收获。例如在工作中，很多从事财务管理、资本运营、投资发展等岗位的同事可能经常需要就某项投资、并购或改造项目是否经济可行提出意见和建议，也可能会经常收到被收购企业或咨询公司提交的关于项目预期的财务模型或可行性研究报告，我们要正确处理这些工作就需要对财务模型和估值的理论及实践有所了解。其实，不仅是在工作中，在生活中我们也经常遇见类似问题，比如个人住房按揭贷款采用什么样的贷款年限和还本付息方式就是一个与个人财富规划紧密联系的简单财务模型，可以说财务模型与我们很多人的工作和生活息息相关。

第一，对企业发展而言，财务建模是提升管理决策科学化水平的重要工具。通过财务建模可以将大量的财务数据和业务数据转化为更有价值的决策信息，在技术与经济间架起桥梁，决策者可以利用财务模型输出的结果进行分析和决策，提升决策的科学性和合理性。当财务评价对象被抽象为一个财务模型以后，我们就可以使用财务模型对评价对象的未来发展情况进行模拟，对潜在问题进行定量分析，这有助于我们更全面、准确地把握决策问题的特征、结构、重点，有助于我们深化对评价对象以及投资人、债权人等利益相关方利益诉求的认识。可见，财务建模的目的不是为了建模而建模，而是为了利用模型对问题加以抽象，从而更好地把握问题，特别是为更好地把握评价对象未来的发展和潜在的风险提供帮助。例如我们通过对拟投资项目的收入、成本、融资等情况进行建模，可以清楚计算预期投资收益以及未来不确定因素对投资成败的敏感性，从而指导我们的投资决策和风险管理工作。

第二，对个人工作而言，财务建模技能是财经人员职业转型的重要方向。在传统财务会计部门中财务人员的技能主要是会计和审计技能，但是不断完善的市场经济以及企业国际化、多元化、信息化、数据化的发展趋势，要求财务人员以及其他相关从业人员的技能也要与时俱进，而统计和建模能力等技能正是新形势下财务管理的重要支撑，也成为财务管理转型的主要方向之一。例如在新会计准则下，会计人员根据关于公允价值计量的会计准则记录账务时，可能就需要建立现金流量折现模型估计公允价值，此时会计人员就需要学习一些财务建模知识；再者，随着计算机技术的发展和自动化程度的提高，传统的依靠会计人员手工进行的会计核算业务正逐渐被机器所取代，这种技术革命也要求财务会计人员必须将工作重心向更高层级的分析、预测等决策支持工作转移。图是某国际知名财务咨询公司在总结当前财务会计发展基础上预测的财务管理技能转型升级方向。

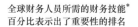

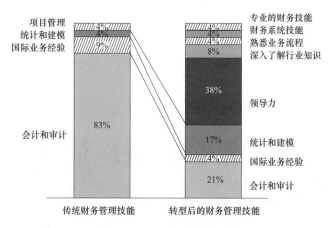

财务人员职能转型

第三，对个人生活而言，财务建模是培养我们的经济思维的重要方法。在当今社会，我们的个人生活已经在不知不觉中被金融化，了解财务建模知识有助于我们透过纷繁复杂的经济金融表象来发现和认识问题的实质，有助于更好地理解收益、风险、流动性、财务规划等问题。例如一些理财型保险，在投保若干年后看似高额的返利计划，运用财务模型计算后会发现其实际收益率可能仅仅在 3%~5% 之间，进一步分析可能还会发现在前期投保资金还存在流动性风险。

本篇将主要聚焦绿地投资项目——爪哇 7 号项目的财务建模，力争通过理论和案例的讲解让读者有所收获。本篇的主要内容包括建模基本理论知识，Excel 建模技能的应用，以及对实践中经常遇见的投资、融资、财税、分析评价等问题的延伸讨论，使读者对多种情况下价值模型的设计与应用有较为全面的了解和掌握，逐步为读者揭开价值模型的神秘面纱。

第 4 章

案例项目背景情况

印尼爪哇 7 号项目是国家能源集团近年来在海外实施的规模最大、技术最新的电站项目，是中国首台出口海外的百万机组，也是印尼首台投产的百万机组。

4.1 项目开发政策简述

2014 年印尼新一届政府提出了《印尼中期发展规划（2015—2019 年）》，计划新建 35 GW 装机容量，其中由 PLN 建设 15 GW，独立发电商（IPP）建设 20 GW，爪哇 7 号项目即是规划中的 IPP 项目之一。爪哇 7 号项目厂址位于印尼首都雅加达西北约 100 km 的爪哇海沿岸，厂址西距芝勒贡市约 6 km，东南距西冷市约 15 km，西北距孔雀港（默拉克港）约 13 km。该项目工程建设 2 × 1050 MW 超超临界燃煤发电机组，同步建设烟气海水脱硫设施，配套建设 2 个 14000 DWT 泊位专用煤码头，500 kV 送出线路各两回，计划总投资近 20 亿美元，建成后年供电量约 150 亿 kWh。该项目于 2015 年 12 月取得中标通知书，2016 年 10 月完成融资关闭，2019 年 12 月实现 1 号机组商业运行，2020 年 9 月工程竣工，2021 年 7 月实现全厂商业运行，设计寿命 40 年。印尼早期的电力安排是根据 1890 年荷兰法令进行的，该法令名为《印度尼西亚电气照明和电力传输的安装和使用》。该法令于 1985 年废止，同时印尼政府颁布了《电力事务法》（1985 年第 15 号），即"1985 年电力法"，标志着印尼正式进入了电力的现代化时代。1985 年电力法规定了一个由国有电力公司（即 PLN）组成的集中式电力管理体系，PLN 拥有输电、配电、售电的专项权力；根据该法律，允许私人投资发电企业，所生产的电力可以自用或出售给 PLN。从本质上讲，该模式允许私人投资发电企业作为独立发电商（IPP），并根据购电协议（PPA）将电力唯一出售给 PLN，PLN 作为电力的唯一购买者，成为整个价值链商业化的关键驱动力。

现行的印尼电力政策以 2009 年《电力法》（2009 年第 30 号）为基础，并辅助以政府法令《电力供应商业活动》（2012 年第 14 号，后经 2014 年第 23 号修订）、《电力跨境销售和购买》（2012 年第 42 号）、《电力支持性业务》（2012 年第 62 号）为具体实施细则。此外，还有针对电力子行业的法律和法规，例如《地热法》（2014 年第 21 号）、《坑口电站煤炭供应和定价》（2016 年第 9 号，后经 2016 年第 24 号修订）、《利用可再生能源发电》（2017 年第 50 号，后经 2018 年第 53 号、2020 年第 4 号修订）等，同时印尼财政部、工业部、林业部、国土部、公共事务部、环保部等也都出台了一系列关于电力行业的支持性法律。

根据上述法令，私人企业可通过 IPP 或 PPP 的方式参与电力项目开发，其中 IPP 的指定通常是通过竞争性招标方式进行，也可以通过直接比选方式或在某些情况下进行直接指定。爪哇 7 号项目即属于其中采用国际竞争性公开招标方式确定投资人的 IPP 项目。

4.2 项目招投标过程

2014 年 PLN 聘请了汇丰银行作为爪哇 7 号项目的牵头咨询公司开展招标工作，由中标人与 PLN 下属的 PJB 公司以 70%:30% 的股权比例以 BOOT 模式合作开展电站的设计、投资、建设、维护以及电站至电网接入点输电线路及码头等相关设备的投资和建设。投标人须通过资格预审、技术标、商务标三个阶段的审查，即对通过资格预审并成功递交标书的投标人，首先审查各投标人技术方案是否合格，然后从技术方案合格者中选择投标电价最低的投标人作为中标人。招投标过程如下。

4.2.1 资格预审阶段

爪哇 7 号项目是印尼政府于 2014 年开始积极推进的大型基础设施项目之一，地理环境优越，周边基础设施完善，无征地问题，项目规模和技术水平先进，预期的 PPA 条款合理，因此在项目资格预审阶段即吸引了大批投资者的关注，竞争十分激烈。

2014 年 4 月，国华电力公司代表母公司中国神华能源公司向 PLN 递交了投标意向函，开始参与项目招标资格预审程序。

2015 年 3 月，招标资格预审期结束，有来自中国、新加坡、泰国、马来西亚、日本、法国、韩国、泰国等 8 个国家共 36 家企业参加了资格预审，最终有 15 家联合体通过了审核，其中包括 5 家中国企业牵头的联合体。

4.2.2　投标准备阶段

2015 年 5 月，PLN 发布爪哇 7 号项目招标文件及购电协议（PPA）范本。该项目作为国际公开招标的 IPP 项目，PLN 在招标文件中预设了中标人需要遵守的诸多项目开发、建设、运营安排，主要包括：

（1）项目按照"建设 – 拥有 – 运营 – 移交"的 BOOT 模式开发。

（2）PLN 与项目公司签署为期 25 年的"照付不议"购售电合同（PPA）。

（3）PLN 全资子公司 PJB 公司将在项目公司持股 30%。

（4）中标人须与 PLN 全资子公司 PJB 合资组建项目运维公司。

（5）项目按照 EPC 总承包模式建设。

（6）项目所需土地由项目公司向 PLN 承租。

（7）项目收入中的 A（投资回收）电价采用美元计价印尼盾支付。

（8）PLN 表示不会为项目提供政府担保。

（9）项目公司应采用对 PLN 无追索权的融资方式。

（10）项目公司应在签署 PPA 合同后 6 个月内实现融资关闭。

（11）项目公司应在签署 PPA 合同后 54 个月内实现商业运行。

（12）项目规划的资本金内部收益率应 ≥ 12% 并向 PLN 提交财务模型。

与 PLN 以往的 IPP 招标项目相比，爪哇 7 号项目开始实施了印尼盾结算，融资支持更为有限，且融资关闭日和商业运行日要求更为苛刻，但总体上仍是兼顾了双方利益的较为合理的利益分配和风险分担体系。更为严苛的招标要求，一方面给投标准备工作增加了难度，要求投标人进行更为细致的工作安排和风险管理，但另一方面也为实力雄厚和经验丰富的投标人增加了发挥比较优势、获取超额收益的机会，相对提高了中标的胜算。

在初步分析招标文件未发现重大颠覆性事项后即启动了投标准备工作。投标准备阶段，按照招标文件要求和集团公司的工作部署，成立了由"一把手"挂帅的投标工作领导小组，并按照专业分工组成商务组、技术组、工程管理组、生产运行组、法律组、财务融资组、人事劳动保障组等 11 个专业组，调动了众多内外部资源，克服了诸多意想不到的困难，如期完成了商务技术标书和价格标书的编制工作以及澄清释疑、现场勘测等投标工作。其中，建设、融资等投标重要事项的策划包括。

4.2.2.1　EPC 模式策划

根据招标文件要求以及国际工程惯例，爪哇 7 号项目采用 EPC 模式建设，由浙江火电建设有限公司与山东电力工程咨询院有限公司组成的联合体作为 EPC 总承包商负责项目的设计、采购、施工、试验、调试等工作，EPC 之外的工作例如土地租赁、工程监理、生产准备等由项目公司组织实施。

在投标阶段,为激励合作的 EPC 总承包商投入充足的资源协助开展技术标书的准备工作,以及提出有竞争力的 EPC 总承包报价,采取了"利益共享、风险各担"的投标合作模式,即合作各方各自承担包括投标成本在内的项目风险,如果项目中标则共享合作成果,如果未中标则各自承担各自所发生的成本。这种合作模式有效调动了合作方的积极性,保证了工程技术工作的深度,并为合理的 EPC 报价奠定了基础。

4.2.2.2　融资模式策划

投标阶段,在综合考虑投资风险、母公司资信能力、融资成本竞争力、金融机构风控要求、招标方担保和追索条件等情况后,爪哇 7 项目具有良好的 PPA 保障,且工程建设没有征地、建设送出线路、煤炭运输道路等海外投资中常见的外部协调难题,项目实施风险较小且效益可靠,因此采用了基于股东融资和项目融资之间的"准项目融资"模式,寻求风险和效益的最大平衡。基本融资结构如图 4-1 所示。

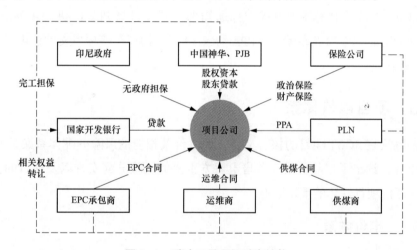

图 4-1　爪哇 7 号项目融资结构

其中:基建期由股东方为项目公司提供连带责任完工担保,同时 EPC 总承包方向项目公司提供完工担保;运营期以项目现金流为贷款偿还的主要保证,并购买中国出口信用保险公司的海外投资政治险产品,以及由股东方承担一年的政治险产品保费支付的有限担保责任。

此外,为进一步增加利息的税盾效应,爪哇 7 号项目将占总投资 10% 的权益资本以股东贷款形式投入,以此实现从融资银行看该项目总的权益资本比例达到 30%,但从财务杠杆角度实现了 80% 的债务融资比例,这也符合招标文件以及印尼税收政策中关于反资本稀释的相关要求。关于融资的进一步情况可参见第二篇"充实模型框架——融资模块"以及第三篇的相关章节。

2015 年 9 月投标截止，最终有 7 家联合体按时递交了标书，其中 6 家通过技术标审查，分别是：

（1）中国神华能源股份有限公司。

（2）申能股份有限公司 – 中国电力工程有限公司联合体。

（3）国投电力控股股份有限公司 – 新加坡永生能源投资有限公司联合体。

（4）华电国际电力股份有限公司。

（5）华能国际电力股份公司 – 中国技术进出口总公司 – 印尼 PT WIKA 联合体。

（6）泰国叻电 – 泰国万普电力 – 印尼印多矿业联合体。

4.2.3　评标开标阶段

2015 年 11 月，PLN 宣布了技术标审查合格的 6 家投标人的商务报价，中国神华以小幅领先第二名并大幅领先其他投标人的商务报价（因各投标人的商务报价属于非公开信息，所以此处不予列示）成功中标。

2015 年 12 月，中国神华取得中标通知书，并经过与 PLN 的进一步商务谈判后，在印尼总统见证下与 PLN 草签了《PPA 协议》《股东协议》等项目文件，正式取得爪哇 7 号项目开发权。

4.3　项目电价体系

PPA 协议是 BOOT 项目的核心文件，而电价及相应的风险分配体系又是 PPA 协议的核心内容，约定了产品价格、购售电双方主要的风险分配安排以及项目的价值创造方式，是评价项目好坏的重要标准。

4.3.1　电价体系

根据爪哇 7 号项目 PPA 协议，该项目的所有产出——电能必须唯一出售给 PLN，其与 PLN 之间的电价结算机制直接决定了项目的盈利能力。与很多 PPP 项目类似，爪哇 7 号项目签订的 PPA 采用了固定的容量价格和变动的电量价格相结合的价格机制，在电力行业也称为"两部制电价"模式，较好地将机组备用能力、机组运行效率、机组实际产出与电费收入水平相结合，具有照付不议、煤电联动、兼顾效率的特点，是一种能够比较真实地反映成本构成和各方利益的相对合理的电价制度。具体而言，爪哇 7 号项目的电价组成包括用以回收投资和固定运维成本的容量电价（A 电价和 B 电价）和用以回收燃料消耗和变动运维成本的电量电价（C 电价和 D 电价）。其中：

（1）容量电价——A 电价。即投资回收电价，包含还本付息、收回资本金、取得投资收益、缴纳所得税等资本性项目，具有照付不议特点，单位为美元 /kW/ 年。即：

$$A 电费 = A 电价 \times 可用容量 \times 可用系数$$

其中：

1）当实际可用系数 >86% 时，超过 86% 部分的实发电量可获得 A 电价 50% 的奖励；

2）当实际可用系数 <86% 时，对不足部分不予结算 A 电价，并对不足部分加计 A 电价 86% 的罚款；

3）可用容量即保证的机组最低供电能力，按照 PPA 约定为 1982 MW；

4）A 电价按照投资人的投标报价，一经确定，在整个项目寿命周期内即保持不变。

（2）容量电价——B 电价。即回收固定运维成本电价，包括修理费用、人工成本、保险费用、除所得税以外的税费、行政办公类费用等，也具有照付不议特点，单位为美元 /kW/ 年。即：

$$B 电费 = B 电价 \times 可用容量 \times 可用系数$$

其中：

1）当实际可用系数 >86% 时，超出部分无额外 B 电价补偿。

2）当实际可用系数 <86% 时，对不足部分不予结算，也无罚款。

3）B 电价以投资人的投标报价作为基期基准价格，每年根据印尼、美国的 CPI、PPI 调整，其中以美元计价、印尼盾支付的部分还将进行汇率调整。

（3）能量电价——C 电价。即燃煤成本补偿电价，仅包括燃煤，不含燃油，单位为美元 /kWh。其中：

$$C 电费 = \frac{PPA 约定售电能耗}{PPA 约定煤炭热值} \times 实际煤价 \times 实际售电量$$

C 电价以投资人投标时承诺的售电热耗和所耗煤炭的热值为能效基准，能效基准在整个项目期内保持不变，煤炭价格根据实际采购价格浮动。

（4）能量电价——D 电价。即变动运营成本补偿电价，包括运行材料费、水费、灰渣处置费等，单位为美元 /kWh。其中：

$$D 电费 = D 电价 \times 实际售电量$$

D 电价以投资人的投标报价作为基期基准价格，每年根据印尼、美国的 CPI、PPI 调整，其中以美元计价、印尼盾支付的部分还将进行汇率调整。

（5）实际可用系数（Actual Availability Factor，AFa）

PPA 约定各年计划可用系数均为 86%，即机组扣除设备检修、意外停机等影响后，其各年的备用能力须至少达到设计能力的 86%。按照照付不议机制，实际可用系数的计算标准为机组"能达到"何种产能水平而非"实际达到"什么产能水平。即：

1）当实际售电量 <86% 时

$$AFa= \frac{实际利用小时 + 视同可调度利用小时}{日历小时}$$

但此情形下，AFa 最大不超过 86%。

2）当实际售电量 >86% 时

$$AFa= \frac{实际利用小时}{日历小时}$$

此情形下，AFa 可超过 86%。

4.3.2　币种安排

电价体系中币种的安排主要是基于电站投资和运营成本支出的国别特点，通过收入与支出币种的匹配，减少汇率风险敞口，从而降低投资和运营的汇率风险。PPA 电价体系的币种安排包括计价币种和支付币种两方面，其中计价币种是指电价与何种货币汇率挂钩，支付币种是指电费以何种货币实际支付。

该项目中，A 电价的全部以及 B、D 电价的 50% 采用美元计价、印尼盾支付，C 电价的全部以及 B、D 电价的 50% 采用印尼盾计价、印尼盾支付。其中，以美元计价、印尼盾支付部分的实际电费结算以投标日印尼盾兑美元汇率作为基期，以实际结算期印尼盾兑美元汇率对基期汇率进行调整。具体如图 4-2 所示。

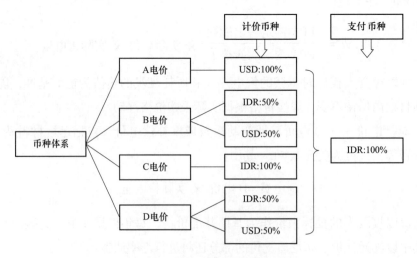

图 4-2　爪哇 7 号电价币种结构

根据印尼中央银行 2015 年第 17 号法令《关于在印尼境内使用印尼盾为交易币种

的义务》（17/3/PBI/2015），自 2015 年 7 月 1 日起所有在印尼境内发生的交易（特别豁免情况除外）均应使用印尼盾作为结算币种。后续 2017 年印尼能源和矿产部又发布了《电力销售和购买基本原则》（2017 年第 10 号，后经 2017 年第 49 号、2018 年第 10 号修订），除非获得印尼央行的豁免，电费支付必须使用印尼盾，如果电价以美元计价则汇率应参照雅加达银行间即期美元汇率（JISDOR）。因此，爪哇 7 号项目全面采用印尼盾支付的币种安排，实际上在 2015 年的印尼央行法令实施之后、2017 年能源和矿产部法令公布之前即已实施。

全面实施印尼盾电费支付体系，是印尼 IPP 项目开发历史上的一个重大变化，迫使 IPP 项目投资人不得不开始关注和承担日常运营中印尼盾资金沉淀带来的汇率风险、通胀风险。

此外，应收账款周转方面，PLN 应在收到售电方开具的发票后 30 日内付款，即考虑电量确认、发票开具等时间后，实际电费结算周期约 40 日。

4.4　项目主要节点

2014 年开始，国华电力公司代表母公司中国神华启动爪哇 7 号项目的开发，项目主要节点如下：

（1）2014 年 4 月 29 日，提交投标意向函。

（2）2015 年 4 月 27 日，通过投标资格预审。

（3）2015 年 12 月 10 日，取得预中标通知书。

（4）2016 年 1 月 13 日，项目公司在印尼注册成立。

（5）2016 年 4 月 7 日，PPA 协议生效。

（6）2016 年 7 月 6 日，签署 EPC 合同。

（7）2016 年 9 月 29 日，完成融资关闭。

（8）2017 年 6 月 30 日，主厂房浇注第一罐混凝土，工程正式开工。

（9）2019 年 9 月 6 日，一号机组整套启动并网成功。

（10）2019 年 12 月 13 日，第一台机组转商业运行（COD）。

（11）2020 年 9 月 23 日，二号机组通过 168 h 试运行。

（12）2021 年 7 月 8 日，二号机组转商业运行（COD）。

（13）2045 年 12 月 31 日（预计），机组开展最后一次大修，准备移交 PLN。

（14）2046 年 7 月 8 日（预计），25 年特权经营期结束，项目移交 PLN。

第 5 章

搭建价值模型框架

如何描绘设计蓝图、编制工作计划是我们开展任何工作之前都需要思考的，开展财务建模工作也不例外。清晰完整的财务模型设计蓝图是使财务模型"形神兼备"的重要基础，本章内容将通过评估项目背景信息，开展业务建模和财务建模来讨论如何搭建令人满意的财务模型基本框架。

5.1 了解所评估的项目

所有的项目都处于这样或那样的大环境之中，外部环境的普遍性和项目自身的特殊性共同构成了影响项目实现预期目标的主要因素，因此在开展建模和估值工作前有必要通过 SWOT 等方法对项目各个层面的内外部环境进行全面了解，包括对有利于发展的机会、不利于发展的威胁、自身的核心竞争力、资源配备潜力等各个方面，并妥善评估其在财务模型中的作用机制和对估值结果的影响。

5.1.1 宏观环境的影响

宏观环境是项目经营的外部条件，包括国别政治稳定性、法律健全程度、经济发展状况、自然资源禀赋、社会基础设施水平、外籍劳工政策、社会人文环境等，政治环境决定了投资目的地能否进入，法律环境决定了投资权益能否保障，经济环境决定了预期收益能否实现。其中，处于核心位置的经济环境包括了国民经济增速、通货膨胀水平、利率水平、外汇政策、税收环境、国际收支、居民收入水平等。宏观环境会对项目产生深刻影响，这种影响将直接或间接体现在财务模型计算机制、收入成本的估算等方面，例如：

（1）国别风险溢价，是投资者要求的额外收益或溢价，以补偿与在国内市场进行投资相比，在国外进行投资带来的更高风险。按照风险收益理论，投资高风险国家和地区时应在期望收益率中考虑更高的国别风险溢价。

（2）政治风险管理，政治风险包括在东道国发生的征收、汇兑限制、战争及政治暴乱、违约等 [1]，东道国的政治风险水平和投资人的风险承受偏好决定项目的政治风险管理策略，投资于高政治风险地区时可能会通过投保相关保险转移风险，而投资于低政治风险地区时可能会选择风险自担策略。例如为对冲海外投资的政治风险，可以购买了保险公司的海外投资政治险产品，并在财务模型中建立了保险费用计算规则。

（3）监管腐败问题，如果东道国存在的较为普遍的监管腐败问题，那么项目应适当考虑由此增加的经营成本和效率损失。

（4）汇率管理政策，东道国汇率的稳定性直接影响项目汇率风险管理策略以及项目融资币种、结算币种结构的安排。例如东道国外汇管制政策下可能无法开展资金池作业，从而导致项目结存资金无法高效运用，投资项目需要制定特殊的现金流管理策略。

（5）通货膨胀水平，包括消费品、资本品的通胀水平，或者母国、东道国各地区、各行业的通胀水平等。在预测项目未来经营状况时需判断收入增速、成本增速与通胀率是否匹配，东道国发布的通胀指标的口径与项目经济特性是否匹配等问题，如果欠匹配则需在模型中设计相应机制以计算和管理风险敞口。

（6）劳工政策环境，包括东道国对外籍劳工的使用限制，可能会影响项目用工结构、人工成本结构乃至于项目工效、工期等；东道国某些地区或行业是否有强势的工会组织；劳工工资水平增速与通货膨胀率可能存在较大差异，从而造成成本风险敞口；例如中国的社会平均工资水平增速在相当长一段时间高于经济增速和消费者物价指数的增长，此时如果收入增长无法挂钩工资水平增长，则在财务模型中应该为人工成本设立专门的增长机制。

（7）社会人文环境，东道国社会人文发展水平作为"软实力"，可能会对当地劳工素质、企业用工的稳定性和组织形态、企业社会责任、项目发展潜力等产生深远影响，并直接或间接地体现在项目投资评价之中。

（8）自然资源禀赋、交通运输条件等，项目外部条件对采购成本会有较大影响，比如当所在地区可能并不生产某些重要原料，或缺少某些重要矿产的储量，或者没有适合大件设备运输的社会道路时，项目需考虑由此增加的采购成本。

---

[1] 系参照中国出口信用保险公司海外投资保险项下的政治风险定义。

5.1.2 行业生态的影响

行业生态是行业相关的上游供应商、本行业企业、下游采购商或消费者以及其他利益相关方相互作用下形成的一种经济关系，它是行业内企业在内外部环境、同业竞争关系、市场供求关系、行业技术特点等多种因素影响下自然而然形成的。行业领军企业或行业监管方往往是行业"游戏规则"的建立者，其他大多数企业是现有行业生态的被动接受者，需要在既有"游戏规则"下谋生存、谋发展，所以对企业进行估值及财务建模时，需要站在行业背景中去考虑企业的投资和经营策略，而不仅仅是按照一般的商业逻辑考虑问题。

以竞争性电力市场中电站项目的行业竞争力为例，由于发电行业具有技术密集型、资本密集型的特点，随着社会技术水平的不断发展，电站最重要的技术指标——发电效率将呈持续上升趋势，而已建成电站的技术升级改造成本又十分高昂，所以从长期看新建电站项目在电力市场中的竞争力由先进水平向下持续衰退是必然趋势。

又如，在当前国内市场环境中考察汽车制造项目时，则需要关注广告营销投入对企业运营成本及销售增长的影响，因为分析师在分析行业生态时发现 2017 年国内上市公司广告费排行榜的前 10 位中汽车制造企业即占据 3 席。

再如，评估处于发展期的高科技项目时，会发现同类企业很少向投资人分配股利，而且企业研发投入比例远高于一般企业。

因此，各种行业生态都应反映在估值方法的选择、融资模式的策划、收入增长的预期、运营成本的估算等之中。

5.1.3 项目自身的特点

项目自身的特点是项目相对于行业普遍情况的特殊性，是构成项目竞争劣势或核心竞争力的重要来源。环境的复杂性、行业的多样性使得每一个项目都有其自身特点，而项目的具体特点千奇百怪，无法一概而论，下面我们从爪哇 7 号项目投资视角切入做一些讨论。

项目盈利模式的特点。爪哇 7 号项目作为 PLN 国际公开招标的 BOOT 项目，投资人与 PLN 签订了具有"照付不议"条款的购售电协议，项目投产后的市场需求、销售价格等风险均由 PLN 承担，因此项目公司实现预期收益的主要保障做好设备维护和运维成本控制，从估值角度来说这种模式的 BOOT 项目是典型的 DCF 方法应用情景。但如果电站项目处于竞争性电力市场环境中，上游煤炭市场和下游电力市场均呈高度市场化，那么上下游市场的不确定性就会变成影响预期收益的核心因素，建模和估值的重点也就变成不确定性的评估以及风险分析了。

项目的协同效应。爪哇 7 号项目与国家能源集团在印尼的其他项目乃至中国国内巨大的电力管理平台在经营、管理上具有协同效应，人力资源的整合共享、管理经验的沟通交流促进了项目管理效率和风险抵御能力的提升，降低了管理成本。随着管理协同的进一步深化，还可以在资金管理上开展统一调度，提升资金的整体运作效率，这些协同效应反映到估值中，就形成了有别于单一投资人和新进投资人的竞争优势。

项目的技术特点。爪哇 7 号项目地处印尼爪哇海沿岸，与其他大部分电站相比需进行大面积沼泽硬化、码头建设、海水淡化工程建设等额外作业，工程建设难度和施工风险远高于一般项目，为此需预留更多的项目建设风险准备金。但另一方面，国家能源集团作为国内大型能源企业，恰好具有相关工程经验，并具备强大的工程统筹、资源调度、技术优化能力，所以复杂的工程施工条件对于国家能源集团来说又转化成了在竞标中相对于其他投标人的竞争优势。

5.2　搭建业务模型框架

要建立好的财务模型不仅需要全面了解项目背景，还需要进一步对项目的生产经营业务做深入分析，并将所理解的业务逻辑内化于财务模型之中。也就是说，建模前要将投资项目从各个维度解构为流程信息，再将流程信息转化为财务模型语言，这个过程的精髓十分类似于台湾台塑企业的"三化管理"，即制度流程化、流程表单化、表单信息化。

了解项目的过程，就是逐步构建业务模型的过程。所谓的业务模型是指对项目的生命周期特点、产品工艺、生产经营的组织、上下游供应链和价值链、所面临的内外部环境、价值创造的主要驱动因素等进行的勾勒，构建业务模型有助于财务模型的初学者增强对项目的理解，在构建财务模型以及制定公司战略、交易架构、投资、融资、税务管理策略等方面更加有的放矢。下面，将从横向和纵向两个角度讨论业务模型。

5.2.1　业务模型的纵向建模

纵向建模主要是从项目全寿命周期角度，描绘项目从开发、成长、成熟到衰退的完整发展历程，纵向建模可以帮助我们更好地规划财务模型的全局架构。一个典型绿地项目业务模型的纵向建模示例如图 5-1 所示。

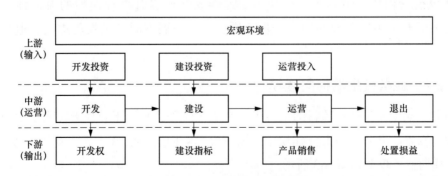

图 5-1　纵向业务模型架构示例

我们以爪哇 7 号项目为例，将全寿命周期内影响项目收益能力和风险水平的要素，充实到纵向业务模型的框架之中如图 5-2 所示。

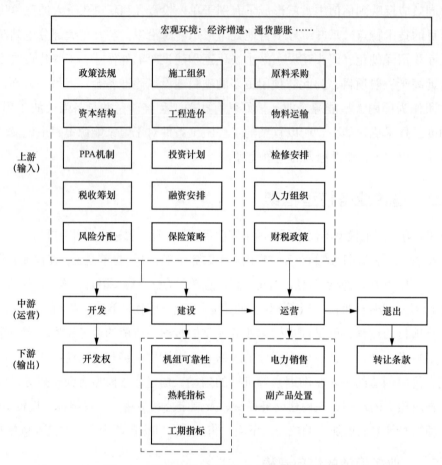

图 5-2　爪哇 7 号项目纵向业务模型架构示例

根据纵向业务模型，我们可以清晰地识别项目的各个不同阶段以及各个阶段的主要因素和主要特征，从而更好地为财务模型设计相应的模块，比如开发投资模块、建设投资模块、生产运营模块等。这样既便于提升财务模型的灵活性、可读性，也便于开展不同阶段的项目分析工作，比如开展不同阶段投资进入、退出的分析。

5.2.2　业务模型的横向建模

横向建模主要是描述项目的运行机制和工艺流程，有助于建模者深入了解收入和成本驱动因素，并防止在财务建模中遗漏重要影响因素。以爪哇 7 号项目为例，一个简单的横向业务模型如图 5-3 所示。

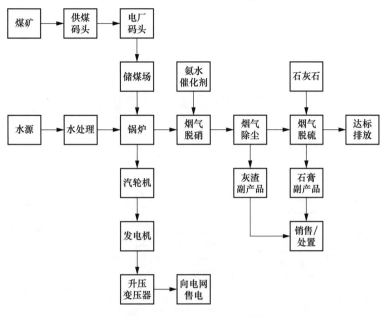

图 5-3 横向业务模型架构示例

图 5-3 反映了以煤炭作为燃料生产电能的燃煤电站主要工艺流程，包括图 5-3 左上部分的煤炭采购和运输过程，左中部分的用水过程，中下部分的发电和售电过程，右部的污染物排放及副产品处置过程。在更进一步的实践中，从满足建模和估值需求角度来看，图 5-3 所展示的电站生产工艺流程仍会进一步细化，例如用水过程中，水源还涉及取用江河湖水的水资源费、动力费以及发电水耗指标等内容，水处理过程亦会涉及处理原水所需的化学药品耗费等内容，此处限于篇幅不再展开。有了对业务内容和流程的全面掌握，接下来的工作就是将其逐项落实在财务模型之中。

检验业务模型是否完备的一个方法就是"穿行测试"。穿行测试是注册会计师了解被审计单位业务流程及其相关控制时经常使用的审计程序，用于追踪交易在财务报告信息系统中的处理过程，即在正常运行条件下，将初始数据输入内控流程，穿越全流程和所有关键环节，把运行结果与设计要求对比，以发现内控流程缺陷的方法。在业务模型检验中，可以参照该方法，请熟悉工艺流程的专业技术人员从源头开始进行生产过程模拟，检查业务模型的各个环节是否构成了生产最终产品所必需的各个环节。

5.3 搭建财务模型框架

与业务建模一样，财务建模前也需要对财务模型的框架从宏观上进行盘点。建模者对财务模型的第一印象，可能会是结构关系复杂、公式勾稽繁琐，阅读和理解财务模型可能是一项艰苦的工作。初学建模的人员要建立对财务模型的总体概念，必须对繁杂的表象抽丝剥茧,探索财务模型运作的内在机制。从模型运作机制上来说,财务模型是根据不同的建模目的和条件,将假设参数转换为估值结果的运算过程,其架构可分为假设输入、中间运算、结果输出三部分,如图 5-4 所示。

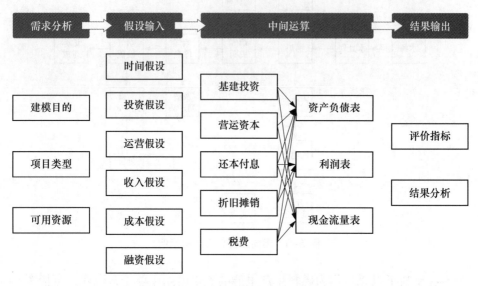

图 5-4 财务模型基本架构

5.3.1 需求分析

(1)建模目的。

着手建立财务模型前,首先需要明确财务模型的用途,例如用于绿地投资、公司并购、项目融资或者是产品定价、战略规划等,不同的目的对应于不同的模型框架。例如绿地投资侧重于收益率指标的评估,而并购项目更侧重于企业价值指标的评估。

(2)项目类型。

项目类型包括项目的内在属性和外在属性两个维度,内在属性主要指项目的技术特性,比如火力发电项目、风力发电项目、光伏发电项目等;外在属性主要是项目所处的环境特点,比如完全竞争性市场、不完全竞争市场等。项目类型决定了项目的运行机制,例如完全竞争市场中的火力发电项目,其电力产品竞价上网应基于变动生产成本,而对于完全竞争市场中的风力发电项目其电力产品竞价上网应基于所处市场规则中的"地板价",不同的项目类型最终决定了不同的财务模型设计逻辑。

(3)可用资源。

财务建模前还应分析或获取的数据信息资源,包括技术指标、市场预测、投融资参数等,可获得信息的翔实程度决定了财务模型的精确度和参数使用方式。例如当无法获取可靠的产品市场价格预测信息时，则设计财务模型时应采用不依靠产品市场价格预测的评估方法，或者在财务模型中增加相应的风险分析模块。

5.3.2　假设输入

（1）时间假设。

时间假设即模型时间轴，代表财务模型的时间维度，其从广度上可以反映项目从开始到结束的完整生命周期，从深度上可以反映月度、季度、年度的预期财务状况。关于时间假设的进一步讨论，可详见第 6.2 设计时间轴章节。

（2）投资假设。

投资假设所考虑的内容包括基建期的项目总投资，运营期的资本性支出等内容。关于投资假设的进一步讨论，可详见第 8.1 项目总投资的估算和第 8.2 运营期资本性支出章节。

（3）运营假设。

运营假设是反映项目特点的指标设置，包括项目产能、能耗等工艺参数，宏观经济指标的影响等。其中，关于宏观经济指标影响的进一步讨论，可详见第 7.2 运维成本建模。

1）收入假设。

收入假设是根据项目的工艺流程、市场特征假设的收入计算参数，例如市场占有率、产品分类、产品价格等。关于收入假设的进一步讨论，可详见第 7.1 收入。

2）成本假设。

成本假设是根据项目的工艺流程、管理模式假设成本计算参数，例如人工成本、修理费用、原材料等的单耗或年支出总额。关于成本假设的进一步讨论，可详见第 7.2 运维成本。

3）融资假设。

融资假设包括资金来源和资金使用条件两部分，例如债权资金的比重和注入方式，以及债务的期限、利率、安排费、承诺费等。关于融资假设的进一步讨论，可详见第 9 章 充实模型框架——融资。

5.3.3　中间运算

（1）基建投资。

基建投资主要计量基建期的资金运作情况，包括各期利息、承诺费、安排费等财务成本的计算等。关于基建投资的进一步讨论，可详见第 9 章 充实模型框架——融资中关于融资费用计算的相关章节。

（2）营运资本。

营运资本主要是计量企业在生产经营中长期占用和用于周转的永久性流动资金，例如预付原材料款项、员工工资，以及半成品、制成品、备品备件库存占用的资金等。关于营运资本的进一步讨论，可详见第 8.1.4 流动资金章节。

（3）还本付息。

还本付息主要是计量项目投产后运营基建的本金偿还、财务成本，而基建期发生的财务成本一般在上述"基建投资"表单中计量。关于还本付息的进一步讨论，可详见第 9 章 充实模型框架——融资的相关章节。

（4）折旧摊销。

折旧摊销主要是将资产价值在使用寿命内进行系统分摊的过程，需要考虑的因素包括资产原价、预计使用寿命、预计净残值、折旧摊销方法等。关于还本付息的进一步讨论，可详见第 8.3 资产折旧。

（5）财税机制。

财税机制主要是项目生产经营过程中的各类流转税、财产税、所得税，以及在公积金政策、股息分配政策等的计算。关于财税的进一步讨论，可详见第 10 章充实模型框架——财税模块。

（6）资产负债表。

资产负债表反映估值对象在各期期末的财务状况，其数据来源于现金流量表、利润表、营运资本、折旧摊销等各个表单，通过搭建资产负债表可以考察资产和负债、权益的平衡关系，反映"钱从哪里来，到哪里去"，资产负债表还可作为校验模型准确性的工具。关于资产负债表的进一步讨论，可详见第 11.3 资产负债表。

（7）利润表。

利润表根据收入、成本假设计算整理后得到，其基本逻辑与企业财务报表类似，但为了便于开展估值分析往往会对财务模型中的利润表格式进行优化调整。关于利润表的进一步讨论，可详见第 11.1 利润表。

（8）现金流量表。

现金流量表根据收入、成本、融资假设以及账期假设计算整理后得到，其基本逻辑与企业财务报表类似。但如果在现金流量表中加入现金流瀑布假设，则资金流动顺序应服从该假设。关于现金流量表的进一步讨论，可详见第 11.2 现金流量表。

5.3.4　结果输出

（1）评价指标。

评价指标一般包括融资前后、所得税前后等情景下的内部收益率、净现值、投资回收期等，根据估值需要还可包括企业价值倍数等其他指标。关于评价指标的进一步讨论，可详见第 2.2 主要估值指标以及第 11.4 评价指标表。

（2）结果分析。

结果分析的对象是评价指标，包括敏感性分析、盈亏平衡分析、财务指标分析等内容。关于估值结果的进一步讨论，可详见第 12 章运用价值模型—— 风险评估与分析。

第6章 | 充实模型框架
—— 全局模块

从本章开始将进入财务模型的建模操作阶段，我们以一张空白的 Excel 工作表为起点，在接下来几章中逐步完成财务模型各个模块的搭建。建模的起点是先勾勒出一个财务模型基本框架，类似于数据库的底层架构，然后在此框架基础上不断添砖加瓦、充实完善。所谓的模型框架即是贯穿于财务模型各个模块的设计，主要包括模型假设参数体系和时间轴的设计等。

6.1 规划假设参数表

实施财务建模的第一个步骤是规划模型假设参数表，设计其基本内容框架、排列方式等，然后在未来各个模块的建模过程中逐步完善。假设参数的设计思路与各模块的搭建息息相关并且相辅相成，良好的参数定义方式可以大大降低建模的技术难度，并提高估值分析工作的便捷性。总的来说，假设参数的设计应遵循"位置集中、分类合理、定义清晰、使用方便、调整灵活"原则。

第一，"位置集中"是指在建立假设参数表时，要将模型所需的所有参数分类汇总于 1~2 张参数假设表之中。养成将模型参数集中放置的习惯十分重要，要避免参数的输入区域分散于模型的各个角落，而导致用户在修改模型结构、调整参数的过程中遗漏重要信息或顾此失彼的问题。

第二，"分类合理"是指参数的分类符合一般商业惯例，将同类参数放置于同一区域，并以相同或类似的规则排列，使用户在阅读、查找、修改时可快速定位。参数的分类方式因项目情况和建模目的而异，以爪哇 7 号项目为例，模型参数假设可分为以下类别，见表 6-1。

表 6-1　　　　　　　　　　　　　　参数分类示例

序号	大类	爪哇 7 号项目参数示例
1	时间假设	模型基准日、融资关闭日、商业运行日……
2	技术指标	净容量、可用系数、热耗……
3	基建投资	静态投资、投资进度……
4	融资条件	资金结构、利率、期限、还款方式……
5	市场预测	销售电价、煤价、利用小时……
6	运维成本	固定成本、变动成本、运营期资本投入……
7	财税政策	税率、周转次数、折旧方法……
8	宏观指标	CPI、PPI、折现系数、汇率……
9	其他假设	折现率……

第三，"定义清晰"是指参数的名称以及数据表述规范、易于理解，不规范的定义不仅会让模型的其他用户产生困惑，甚至会在长时间后困扰建模者自身。例如模型中为基建投资设置了借款 A 和借款 B 两类贷款来源，对应设置了"借款 A 比例"和"借款 B 比例"，不清晰的简单定义可能会让模型的其他用户困惑于"借款 A 比例"是指借款 A 与总借款的比例，还是借款 A 与总投资的比例。要实现"定义清晰"的目标，一方面可通过规范化参数名称来实现，另一方面还可以借助 Excel 批注功能或建立备注列、说明页等方式来辅助实现。

第四，"使用方便"是指要便于对参数进行引用、修改、分析、统计。假设参数的用途是作为输入条件被模型其他模块引用，因此有规律的参数罗列方式将极大地方便被引用。例如通过将电站项目的变动成本明细参数按顺序排列，则在其他模块在引用假设参数时，设置好第一项引用后，即可通过公式拖拽快速实现对其他项的引用，大幅提高建模效率以及未来修改的效率；再如按照"材料单耗 × 材料单价 × 发电量"逻辑计算的材料费，为增强模型可读性，可将材料单耗和材料单价均放置于运维成本—— 变动成本处，而非机械地分别将"材料单耗"放置于技术指标栏、将"材料单价"放置于市场预测指标栏中，这需要在实践中灵活掌握。表 6-2 示例为电站项目变动成本参数假设表，示例中运营期时间轴的维度为月度。

表 6-2　　　　　　　　　　　　　　电站变动成本参数假设示例

序号	A	B	C	D	E	F	G	H	I	J
1	变动成本	开始月	结束月	单耗 kg/kWh,%	单价 美元/t	度电耗费 美元/kWh	年耗费 美元		基准年	通胀率
2	石灰石	1	60	0.0350	40.00				2016	0.00%
3	石灰石	61	300	0.0350	45.00				2021	2.50%
4	氨水	1	300		170.00	0.0004			2016	2.50%
5	其他材料	1	300				18.00		2016	2.50%
6	水费	1	300	0.8200	0.10				2016	3.00%
7	灰渣处置	37	300	8.00%	10.00				2016	2.50%
8	[待启用]									
9	[待启用]									

其中，B~C 列表示参数的生效期间，例如表中第 2 行的石灰石参数表示其仅适用于运营期的第 1~60 个月，第 3 行的石灰石参数设置适用于运营期的第 61~300 个月，该判断功能可通过以下函数实现：

AND（运营期≥开始月，运营期≤结束月）

D~G 列表示参数的各个组成部分，包括了成本项目的量价关系、量价耗关系、年度总量关系等形式；I 列和 J 列表示价格水平的基准年份以及未来年增长率预计，如果未来增长率呈不规则趋势，也可以通过与时间轴各个期间分别挂钩的方式设置增长率。

为便于通过拖拽公式快速完成参数引用，应尽量保持引用表与被引用表的参数排列方式一致，如引用表中采用连续纵向排列，则表 6-2 中的各项变动成本假设参数项目也应为连续纵向排列，如果排列方式不一致，那么引用公式设置将变得十分复杂且容易出错。

第五，"调整灵活"是指参数表的设置要便于增减参数、修改模型。例如表 6-2 示例的第 8~9 行，在变动运维成本变量区域预设了两个 [待启用] 栏，当需要增加变动运维成本项目时可以直接启用预留项目即可，而不需要对模型进行任何额外修改。

此外，假设参数不仅仅意味着是通常认为的价格、产量、能耗指标之类的变量，也可能是一些商业、技术和法律规则。例如美国 2017 年底颁布的就业和减税法案规定，对于在 2026 年底之前建成投产项目的固定资产，可以享受比例不等的一次性折旧的税收优惠，建模中我们可以将一次性折旧优惠规则纳入参数假设表，并通过公式判断财务模型中的项目投产时间适用哪个等级的税务折旧优惠比例，如表 6-3 所示。

表 6-3　　　　　　　　　　　　　　税收规则参数示例

A	B
是否使用折旧税收优惠	1
各年限前投产项目允许的最大一次性税务折旧比例	
2022 年 12 月 31 日	100.00%
2023 年 12 月 31 日	80.00%
2024 年 12 月 31 日	60.00%
2025 年 12 月 31 日	40.00%
2026 年 12 月 31 日	20.00%

6.2　设计时间轴

6.2.1　时间轴的业务特征

模型时间轴即财务模型的时间维度，反映了项目从开始到结束的完整生命周期。在开始设计时间轴之前，我们先来了解项目在各个时间段的业务特征，进而根据具体项目类型合理设计时间轴的长度和细度。以下以爪哇 7 号项目这一典型的绿地项目为例进行说明。

图 6-1　项目时间轴的关键节点

如图 6-1 所示，绿地项目投资一般包括开发期、建设期、运营期、终止期四个阶段。在财务模型意义上，上述四个阶段根据现金流特点，又可分为若干个关键节点：

（1）开发开始日：即首次了解到投资机会并投入财务资源启动项目开发工作的日期，也是模型时间轴的起点，该阶段投入的资金一般为自有资金或相关供应商的垫款。在很多项目中，开发期由于时间较短或费用较少，在建模时往往被忽略处理，但如果项目的开发期持续时间较长，并在开发阶段即投入大量资金，对项目收益的影响较为显著，则需在建模时作单独计量。

（2）融资关闭日：即融资协议已签署、各项提款的先决条件已具备，可以进行首次提款的日期，该日期代表项目已具备开工建设的必要资源。融资关闭意味着项目资本结构将发生调整，融资关闭日以后与财务杠杆相关的提取贷款以及支付贷款安排费、承诺费、利息等事项的计算机制都将启用，资本金的注入方式和注入节奏也可能会开始受到约束。融资关闭经常还意味着项目寿命期内规模最为宏大的资金流动将开始发生，直至基建期或宽限期结束。为更加准确计量这些重大资金流动，建模时一般会按月度或按季度设计该阶段的时间轴。

（3）试运行日：即项目具备试运行条件，进入调试期的日期。项目试运行日发生时或发生前一段时间，项目需开始投入原材料、存货等流动资金；项目试运行期间产生的损益，会用于冲抵基建投资或者计入营业收入，并开始计算所得税等相关税收；项目试运行期间产生的现金流，可能会开始受到偿债准备金账户政策的约束。如果项目试运行的时间较长或影响金额较大，则应该在模型中纳入试运行期间的设计，并采用较为细致的计量维度。

（4）商业运行日：即项目实现物理竣工，进入运营期。例如爪哇7号项目将自商业运行日开始计算25年BOOT的期限，收入的照付不议机制开始启动，项目公司与EPC承包商、PLN、贷款银行、运维承包商间的权利义务关系也都将发生重大变化。

（5）宽限期结束日：即提款额度和本金偿还的豁免终止，项目开始进入贷款的还本付息期。在建模中关注宽限期结束日的意义在于，以该日期为标志，贷款相关业务的计算规则将发生转变，即由借款转变为还款。

（6）贷款到期日：即预计最后一笔本金和利息的偿还日，该日期以后贷款业务计算规则将停止执行。由于绿地项目的建模一般仍处于项目开发期，尚未签署贷款协议，所以财务模型中的贷款期限一般根据项目预计现金流情况、融资策略、与融资银行的初步谈判等研究确定。

（7）项目终止日：即项目终止、模型结束的日期。对于有寿命期的项目，例如BOOT项目，终止日即为约定的转让日或清算日；对于无寿命期、可永续经营的项目，终止日为项目现金流进入稳定状态，具备永续预测基础的日期。

除绿地项目外，并购项目、后评价项目等的财务建模可参照上述主要节点进行时间轴设计。

6.2.2　设计时间轴的长度和细度

时间轴的设计考量，包括长度（例如10年、20年、30年）和细度（例如月、季、半年、年）两个方面，合理的设计可大大提升模型的可读性、灵活性、准确性。

（1）时间轴的长度。

根据上节讨论的项目全寿命周期过程，财务模型的时间轴长度的计算公式可表示为：

$$时间轴的长度 = 开发期 + 建设期 + 运营期 + 裕度$$

模型时间轴的长度是由项目开发和建设期限、资产的预计使用寿命（包括经济寿命和物理寿命）、项目进入稳定永续运营的时间等因素综合决定。为增加模型的可扩展性和灵活性，在预估的轴长度基础上，还可以考虑为项目的各个阶段预留一定的时间轴裕度，例如在常规 4 年基本建设期的基础上，将模型可允许的最长建设期延长至 8 年，以备可能出现的建设期延期或进行敏感性测试之用。

（2）时间轴的细度。

从增强财务模型的准确性、灵活性角度，以月度为基础的时间轴具有显著优势，基本可以满足任何情况下的精细化计算需求；但从直观性、可读性以及与其他项目或历史数据的可比性等角度看，以年度为基础的时间轴应该更为适合。因此，良好的财务模型时间轴细度必然是综合考虑上述因素，平衡、兼顾各方面需求后的结果，一般在项目期的前期即开发期、建设期以及稳定运营之前，由于项目波动性较大，更适合以月度、季度等较细致的方式计量；在项目中后期即稳定运营后，可以以季度或年度等更大的时间细度计量，因为如果继续采用月度计量将导致模型运算效率大幅下降。

虽然在财务模型中可以同时设计和使用月度、季度、年度等多种时间轴细度，但为了便于阅读和分析，通常仍会将以月度、季度计量的表单在新的页面转换为以年度计量的表单，其主要转换方法有：

一是，以资产负债表为代表的期末余额类数据的转换。此时可以使用 SUMIFS 函数进行查找汇总，例如要从以月度计量的资产负债表中抽取年末余额，构建以年为单位的资产负债表。

= SUMIFS（月度表某科目行，月度表时间轴行，年度表的某个期间）

可以实现相同功能的函数或函数组合有很多，但使用前应综合考虑其灵活性。例如虽然 HLOOKUP 函数也能实现相同功能，但一般不推荐使用，因为 HLOOKUP 函数在被引用表单新插入行时将导致引用错误。

二是，以现金流量表为代表的年度合计类数据的转换。此时我们仍然可以使用万能的 SUMIFS 函数，例如要从以月度计量的现金流量表中抽取 1~12 月发生额的总和，用于构建以年为单位的现金流量表。

= SUMIFS（月度表某科目行，月度表时间轴行，"<= &"年度表本年年末时间，月度表时间轴行，"> &"年度表上年年末时间）

三是，以能耗指标为代表的单位指标类数据的转换。对于可以通过简单算术平均计算得到的单位指标数据，可以使用 AVERAGEIF 函数或 AVERAGEIFS 函数；对于需要通过加权平均方法计算的单位指标数据，可以使用 SUMPRODUCT 函数计算，也可以通过"单位耗量 = 材料总耗量 / 产品总产出"的方式通过年度表中已汇总科目的数据计算得到。例如，使用 SUMPRODUCT 函数方法一步将月度能耗指标折算为年度能耗指标。

= SUMPRODUCT [月度表单耗行，月度表产量行，（月度表时间轴行 > 年度表上年年末时间）× 1，（月度表时间轴行 <= 年度表本年年末时间）× 1] / 当年总产出

由上可见，虽然使用 SUMPRODUCT 函数可以实现年度能耗指标的求取，但过程十分烦琐，一般并不推荐使用，通过"材料总耗量 / 产品总产出"的方式分多步求取年度表中的能耗指标将更为简洁直观。其中需要注意的是，在 Excel 中运用除法运算时，为避免公式中当分母为零时产生的"#DIV/0!"计算错误，可以使用 IFERROR 函数将错误值指定为 0。

此外，如果在一张表中同时存在月度、季度、年度等期间设置，在计算评价指标时可以使用纳入了时间因素的 XIRR 函数、XNPV 函数等。

6.2.3 时间轴的设计示例

以爪哇 7 号项目为例，时间轴长度方面，预计开发期 2 年、建设期 4 年、运营期 25 年，项目总年限共 31 年（2015~2045 年），考虑裕度后模型时间轴总长度设计为 41 年（2015~2055 年）。

时间轴细度方面，由于该项目为资本密集型的重资产项目，开发期和建设期涉及的资金近 20 亿美元，为实现更为准确的计量，设计的开发建设期时间轴细度为月度；运营期由于该项目采用"照付不议"机制，各项运营指标均较为稳定，因此设计的运营期时间轴细度为年度。表 6-4 具体例示了爪哇 7 号项目开发期和基建期时间轴设置。

表 6-4　　　　　　　　　　开发期和基建期时间轴示例

序号	B	C	S	T	U	V
1	期间	单位	2016 年 10 月	2016 年 11 月	2016 年 12 月	2017 年 1 月
2	年份	YYYY	2016	2016	2016	2017
3	开发期	0/1	1	1	0	0
4	建设期	0/1	0	0	1	1

在财务建模过程中，为增加模型的时间轴设计和调整的灵活性，可采用以下 Excel

函数设置时间轴：

（1）设置模型期间—— EOMONTH 函数。

EOMONTH（基准日期，间隔月数）函数，可返回指定间隔月度最后一天的日期，例如 2016 年 11 月 30 日。通过调整间隔月数，可方便地将模型期间设置为月度、季度、半年度或年度，例如表 6-4 以月度为单位设置时间轴，则 T1 单元格可设置为"=EOMONTH（S1，1）"，以此向右类推；当需要将时间轴细度调整为季度时，则只需将其中的"间隔月数"参数调整为 3 即可。

使用 EDATE（基准日期，间隔月数）函数也可以实现类似效果，其返回的间隔月度的"日"与基准日期相同，例如返回 2016 年 11 月 25 日，但该种日期形式不便于计算当月全月天数、小时数等运营期可能会使用的参数，也不便于基于月度期间的单元格查找引用，因此除非项目有特殊要求，一般不使用 EDATE 函数。

（2）判断期间属性—— IF/AND 函数。

如表 6-4 所示，为判断期间是否是开发期、基建期还是运营期等，需要对期间属性进行判断和标识，例如 2016 年 10 月为开发期，表示为"1"，否则为"0"。进行期间属性判断的公式方法很多，例如"0/1"法：

开发期 = IF（期间 < 融资关闭日，1，0）

开发期 =（期间 < 融资关闭日）×1

基建期 = AND（期间 >= 融资关闭日，期间 < 商业运行日）×1

另一种表示期间属性的方法，是将所有期间属性次第以不同的数字标识，例如表 6-5，可以使用"1"代表开发期和基建期，"2"代表基建期，"3"代表基建和商业运行并行期，"4"代表商业运行期，"5"代表最后一个商业运行期，"6"代表项目期结束后的备用期间。如果使用 MS OFFICE 2016 之前的 Excel 版本进行上述判断，无论是使用 IF 函数还是 AND 函数，过程都将十分复杂、烦琐，并且极易出错，公式难以修改；但 OFFICE 2019 和 OFFICE 365 以后的 Excel 版本推出了 IFS（判断条件 1，返回值 1，判断条件 2，返回值 2，……）函数，解决了 IF 函数的多层嵌套问题，可以使上述期间属性的判断过程变得更为简洁、直观。

表 6-5　　　　　　　　　　　期间属性判断示例

序号	B	G	H	I	J	K	AH	AI	AJ
3	项目	2017	2018	2019	2020	2021	2044	2045	2046
8	期间属性判断	1	1	2	3	4	4	5	6

第 7 章

充实模型框架
—— 收入成本模块

本章所称收入是指项目运营过程中的所有的经济利益流入，成本指项目运维成本，包括营业成本、销售费用、管理费用、营业税金（除所得税外的税金）等，资本成本、财务成本等非日常运维成本将在其他章节阐述。估值最重要的工作之一就是进行收入、成本以及资本性支出的预测，并在此基础获得融资前税前现金流。做好收入和成本预测的基础是以项目所经营的业务为出发点，根据业务特性完整、准确地识别收入和成本的驱动因素。

7.1 收入建模

收入预测是根据同类项目过去的销售情况，结合市场调查和已签订的长期销售合约，对预测期产品销售收入所进行的预计和测算。要做好收入预测，首先是做好产量、销量、结构、价格等历史资料搜集，企业市场竞争力调查，内外部环境的变化趋势预判等相关基础工作，然后在此基础上识别收入动因，在收入动因基础上层层汇总形成收入预测机制。收入的计算以量价关系为基础，以生产性企业为例，一个简单的收入动因机制如图 7-1 所示。

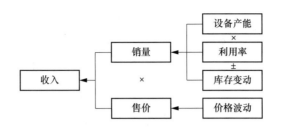

图 7-1　收入动因机制示例

进一步以爪哇 7 号项目为例进行收入动因分析，如图 7-2 所示，其销售收入组成主要包括 PPA 协议范围内的容量收入、能量收入，以及 PPA 协议范围外的灰渣副产品收入，其中：

（1）容量收入。

按照 PPA 协议中的电价计算机制，容量收入为"照付不议"收入，由净上网容量（第 21 行）、可用系数（第 22~23 行）、容量电价（第 29~31 行）三个因素决定。进一步分析，可用系数与检修计划、非计划停运率相关，净上网容量、可用系数与项目的设计和建设质量以及后期的运维水平乃至于运维成本投入水平相关，容量电价与项目投资规模、期望收益率的高低相关。

（2）能量收入。

按照 PPA 协议中的电价计算机制，能量收入为煤电联动、电量驱动的收入，由售电量（第 26 行）和能量电价（第 32~34 行）两个因素决定。进一步分析，售电量受电网调度策略以及当地经济发展水平、发电行业整体规模、项目能耗水平竞争力等影响，能量电价主要受煤价、CPI 等波动的影响。

（3）灰渣收入。

灰渣是发电过程中煤炭燃烧后产生的副产品，可用于生产水泥、修筑公路等用途，其销量取决于经济运输距离内由基础设施、建筑工程及其施工工艺决定的市场消纳能力以及相关环保政策等，并受制于电站本身的灰渣产能（灰渣产量由煤炭消耗量和煤炭灰分决定，而煤炭消耗量又由发电量决定）；灰渣售价由市场供求关系、灰渣品质、灰渣处置策略等决定。在爪哇 7 号投标阶段，经市场调研该项目所处的西爪哇地区经济发展活跃，基础设施仍有较大提升空间，虽然当时印尼相关环保法规将灰渣归类为 B3 类有毒有害废弃物，需进行无害处置，但从长远看灰渣仍有广阔的循环再利用前景，因此预计项目投产后随着工艺的改进、法规的修订，部分灰渣可以实现低成本处置甚至对外销售。从实践看，2020 印尼政府修改法令将灰渣移出 B3 类后，为未来循环再利用创造了广阔空间。

完成收入动因分析后，便可开始着手收入计算机制建模了。

首先，将收入动因以适当方式予以量化。例如计算可用系数涉及的机组检修计划、非计划停运率，可参考同类项目机组的检修、非计划停运的历史数据以及根据本项目运营策略所做的优化调整，将其量化为以"小时"表示的信息，然后按照"可用系数 =（日历小时 – 计划检修小时 – 非计划停运小时）/ 日历小时"的动因关系建立可用系数计算机制，见表 7–1，受篇幅所限并未展示该计算过程。

其次，为收入动因建立关系。例如"售电量 = 净上网容量 × 负荷率 × 年小时数""灰渣销售数量 = 原煤耗用量 × 出灰率 × 外销率""电量收入 = 售电量 × 售电单价 ×（1+CPI）"。

最后，汇总各类收入得出总销售收入。

表 7–1　　　　　　　　　　　　　收入计算示例

序号	B	C	Q	R	S	T	U	V
1	项目 / 年份	单位	2020	2021	2022	2023	2024	2025
2			并行期	1	2	3	4	5
13	收入增长系数 – 美国 CPI，2.2%		1.09	1.11	1.14	1.16	1.19	1.22
14	收入增长系数 – 印尼 ICPI，4.5%		1.19	1.25	1.30	1.36	1.42	1.49
20								
21	净上网容量	MW	1404	1982	1982	1982	1982	1982
22	可用系数 – 保证值	%	86	86	86	86	86	86
23	可用系数 – 预测值	%	86	86	86	86	86	86
26	**售电量**	GWh	10606	14932	14932	14932	14973	14932
27								
28	**售电单价**	c$/kWh	4.98	4.99	5.01	5.0259	5.0440	4.7792
29	电价 A	c$/kWh	2.2697	2.2697	2.2697	2.2697	2.2697	1.9860
30	电价 B–F	c$/kWh	0.1767	0.1806	0.1846	0.1886	0.1928	0.1970
31	电价 B–L	c$/kWh	0.2348	0.2453	0.2564	0.2697	0.2800	0.2926
32	电价 C	c$/kWh	2.2425	2.2425	2.2425	2.2425	2.2425	2.2425
33	电价 D–F	c$/kWh	0.0240	0.0245	0.0251	0.0256	0.0262	0.0268
34	电价 D–L	c$/kWh	0.0275	0.0288	0.0301	0.0314	0.0328	0.0343

续表

序号	B	C	Q	R	S	T	U	V
35								
36	**灰渣销售数量**	万 t	3.3	5.8	7.0	7.0	7.0	7.0
37	原煤耗用量	万 t	554	780	780	780	782	780
38	出灰率	%	3.0	3.0	3.0	3.0	3.0	3.0
39	外销率	%	20	25	30	30	30	30
40	灰渣销售单价	美元/t	1	1	1	1	1	1
41								
42	**销售收入合计**	万美元	52691	74537	74790	75051	75417	71368
43	容量收入 –A	万美元	24006	33891	33891	33891	33891	29654
44	容量收入 –B–F	万美元	1869	2697	2756	2817	2879	2942
45	容量收入 –B–L	万美元	2483	3663	3828	4000	4180	4369
46	容量收入 –C	万美元	23783	33484	33484	33484	33576	33484
47	容量收入 –D–F	万美元	255	366	374	383	392	400
48	容量收入 –D–L	万美元	292	430	449	469	492	512
49	灰渣收入	万美元	3	6	7	7	7	7

对于爪哇 7 号项目这样的 BOOT 项目来说，收入预测可以基于 PPA 合同和投标报价以确定性较高的方式来完成。如果我们所要预测的项目是直接参与市场竞争的不确定性较大的项目，则合理预测收入将较为困难，需更多借助专业的市场顾问力量，并通过设立安全边际、敏感性分析等方法评估收入预测风险。

7.2 运维成本建模

成本是生产和销售一定种类与数量产品所耗费的资源用货币计量的经济价值，根据中华人民共和国财政部发布的《一般企业财务报表格式》，企业成本可分为营业成本、税金及附加、销售费用、管理费用、研发费用、财务费用等类别。由于财务建模的目标是预测经营成果、计算估值指标，为便于计算以现金流为基础的融资前、融资后口径的各类财务指标以及开展财务分析，财务模型通常会按照"付现成本与非付现成本""融资成本与非融资成本""变动成本与固定成本""经常性成本与非经常性成本"等标准对《一般企业财务报表格式》中的成本进行重分类。由于后续有专门章节讨论资本成本、融资成本等内容，因此本节所讨论的成本主要是指运维成本，即与生产、经营、销售相关的付现成本。

要做好成本预测，与收入预测一样，首先是做好同类项目历史成本资料搜集，以及项目工艺流程分析、市场情况调研等工作，然后在此基础上识别成本动因。在对成本预测思路做进一步深入梳理后，我们会发现财务模型中的成本建构和预测方法与作业成本法有很多相同、相通之处，即以"产品消耗作业，作业消耗资源"的思想构建动因成本、作业成本、产品成本三级成本体系，将项目视作为最终满足客户需要而设计的"一系列作业"的集合体，形成一个由此及彼、由内到外的价值链，最终产品作为企业内部一系列作业的集合体，凝聚了由各个作业形成并最终转移给客户的价值。此时，作业链同时表现为"价值链"，作业管理、动因管理同时也表现为项目的价值管理，这在帮助我们完成财务模型成本建构的同时，也自然而然地将优化作业过程、消除不增值作业的价值管理理念落实进了财务模型。

7.2.1 成本预控和成本模型

基于作业成本思想，我们以工艺流程、销售流程、采购流程、支持服务流程等为基础，来分析、识别项目的资源、作业和成本动因。以爪哇 7 号项目煤炭成本——这一占电厂总成本 60% 的重要原材料成本为例，从采购流程和工艺流程出发分析煤炭成本的作业和成本动因，如图 7-2 所示。

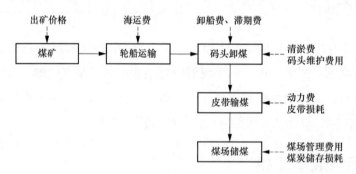

图 7-2　煤炭成本构成

从图 7-2 可见，该项目煤炭采购流程包括煤矿采购、轮船运输、码头卸煤、皮带输煤、煤场储煤等一系列作业环节，各作业环节又分别涉及煤炭开采价格、海运费、卸船费、滞期费、清淤费、动力费、设施维护费、煤场储煤损耗等项目，其中码头卸煤前的作业成本根据电价机制可以水平传导至购电方，码头卸煤后的作业成本则在售电方的运维成本中体现。针对每一项作业还可以进行对标分析，以进一步优化作业，例如滞期费是否可以改善，煤场储煤管理是否可以优化等。

在完成作业成本项目分析识别后，再以变动成本→固定运维成本→折旧摊销成本→融资成本的逻辑顺序（因为基于该顺序可分步计算出边际贡献、EBITDA、EBIT、EBT 等指标，这在利润表和评价指标相关章节将会进一步说明）对成本项目进行重分类以及成本模型搭建。爪哇 7 号项目成本模型见表 7-2，其中各个作业 / 成本项目的动因由于图例篇幅所限而未作进一步细分展示。

表 7-2　　　　　　　　　　　成本计算示例

序号	B	C	Q	R	S	T	U	V
1	项目 / 年份	单位	2020	2021	2022	2023	2024	2025
2			并行期	1	2	3	4	5
15	资本成本增长系数，3.0%		1.03	1.06	1.09	1.13	1.16	1.19
16	固定成本增长系数 _F，3.0%		1.03	1.06	1.09	1.13	1.16	1.19
17	固定成本增长系数 _L，4.5%		1.05	1.10	1.16	1.22	1.28	1.34
18	变动成本增长系数 _F，2.2%		1.02	1.04	1.07	1.09	1.11	1.14
19	变动成本增长系数 _L，4.5%		1.05	1.10	1.16	1.22	1.28	1.34
50								
51	燃料成本（C）	万美元	23783	33484	33484	33484	33576	33484
52	原煤单价	美元 /t	42.95	42.95	42.95	42.95	42.95	42.95
53	原煤热值	kCal/kg	4300	4300	4300	4300	4300	4300
54	售电热耗	kCal/ kWh	2245	2245	2245	2245	2245	2245
55								
57	变动运维成本（D L）	万美元	337	499	524	550	578	607
59	运行材料	万美元	213	315	331	347	365	383
60	灰渣处置	万美元	124	184	194	203	213	224
63	……							
64	固定运维成本（B L）	万美元	2328	3451	3623	3805	3995	4195
68	网络维护费	万美元	32	47	50	52	55	57
79	本地用工 - 委托运行	万美元	521	772	810	851	893	938
85	……							
87	固定运维成本（B F）	万美元	1968	2558	2641	2641	2728	3425

续表

序号	B	C	Q	R	S	T	U	V
88	派遣人工	万美元	667	970	999	1029	1060	1092
94	修理费 – 日常维护 – 中国材料	万美元	313	455	468	482	497	512
100	……							
101								
102	**资本成本（A）**	万美元	9418	17147	16442	15757	15069	13682
103	折旧摊销	万美元	4142	9942	9944	9946	9948	9253
104	财务成本	万美元	5276	7205	6498	5811	5121	4428

如果对表 7-2 的成本科目明细项作进一步统计和分析，我们可以发现爪哇 7 号项目中人工成本和修理费两项成本合计约占总固定运维成本的 80%，其中修理费中约有 2/3 为运维承包商的人工成本，所以管控优化全口径人工成本是爪哇 7 号项目实现低成本战略的关键。相对于中国，在印尼这样仍处于中低收入阶段的国家控制人工成本最有效的途径无疑是大力实行本地化，减少中国国内派遣员工数量。据统计，由中国国内派遣一名员工赴印尼工作的综合成本（含工资、保险、福利以及与人员直接相关的探亲休假交通费、签证费用、食宿费用等）是印尼籍本地员工的 5 倍以上，大量派遣中国籍熟练员工虽然可以更好地保障机组可靠性水平，但整体用工成本也将随之成倍数上升，严重削弱投标价格竞争力和增加项目运维成本。为此，爪哇 7 号项目依托国内母公司资源，在各方面条件均类似的国能粤电台山发电公司设立印尼籍员工培训基地开展印尼籍员工的操作技术培训，并以广东国华粤电台山发电公司为控股股东成立爪哇 7 号项目运维公司，以此大幅推进爪哇 7 号项目用工本地化。根据爪哇 7 号项目本地化策略整体安排，项目运营初期全口径中国籍员工数量将控制在 20% 左右，经过 3~5 年商业运行后逐步下降至 10% 以内，商业运行 10 年后完全实现以本地员工为主导，以较为稳健的方式兼顾机组可靠性和运维成本控制，使项目运维成本水平和运维质量逐步达到国际一流。

要准确、深入地了解一个项目的成本结构和成本管控的关键点并非一朝一夕可实现的，必须依赖估值人员以及相关配合人员的工作经验和企业的数据积累，以及在东道国的项目实践。对于尚缺乏经验的估值人员来说，快速深入了解项目成本构成的一个好办法是搜集、研究同类项目的预算编制和预算分析文件，特别是以业务计划为基础的全面预算文件往往会包含成本项目的来由、详细构成、取费标准等全面信息。

7.2.2　成本管控的四个维度

成本分析和预测工作不是孤立存在的，而是与特定项目的战略导向、经营策略、管控方式、社会环境、资源条件等密不可分的，因此在成本预测时应将预测工作置于特定的组织和环境之中，不能孤立地考察成本。估值中的成本预测工作除了需确保成本体系的全面完整外，还需要考虑在现有内外部资源条件下拟订的成本管控体系的操作可行性和实现难度。我们可以从技术（Technical）、组织（Organizational）、行为（Behavioral）和环境（Contextual）四个维度来考察这一问题，以便全面和深入地理解、分析、管理和改进项目的成本。

（1）技术维度。

成本管控体系是由一系列相互联系、具有内在逻辑的原则、程序和方法组成的，犹如一台精密机器的零部件，相互耦合为一体。例如成本与产销量以及利润相互依存，但如果销量与利润既定，成本还取决于成本规划，可使用作业成本法，通过优化流程来优化作业，通过优化作业来优化成本，其中流程优化又自有一套技术方法。

（2）组织维度。

成本管控体系是以特定组织或企业为依托，不可能脱离组织而运行。组织的更深层含义是相互依存的权力分配结构、信息传递结构和激励结构，成本管控体系在很大程度上是信息系统，继而延伸到成本激励，组织中良好的信息传递机制和成本激励机制是实现低成本战略的重要基础。因此，成本预测必须是在企业现有管理系统和管理能力下的预测，如果脱离自身实际盲目照搬所谓国际一流则必将发生水土不服，最终导致规划的成本预测无法实现。

（3）行为维度。

技术和组织维度对成本管控的重要性毋庸置疑，但不能局限于此，还必须考虑与技术方法、权利、信息和激励相关的成本管理者和成本责任者的独立和互动的行为，即所谓"由技入道"。其原理是个人行为在很大程度上受个人利益的驱使，成本管控系统因为激励制度而与成本管理者与成本责任者的利益相关联，当成本信息处理的原则、程序、方法具有选择性时，不同选择导致不同信息，进而影响成本管理者和成本责任者的利益，诱发成本管理者和成本责任者采取使个人利益最大化的行为。例如年末成本预算有结余时，成本责任者可能会选择突击花钱，因为预算结余而带来的奖励不足，或当年的预算实际完成情况将影响到下年度预算编制基础；这种行为带来的后果除了企业经济利益的流失外，还导致账面成本水平的失真。对于海外项目来说，外部环境的变化可能会导致企业内部员工行为的变化，因此考察行为维度时应特别注意国内外企业可能存在的差异。

（4）环境维度。

成本管控体系的运行需要企业内部和外部条件的支撑。外部条件包括社会、政治、经济、法律、文化、技术等，内部条件包括高层志向、员工态度、财务人员技能水平、其他专业管理跟进情况等。例如 20 世纪 80 年代初、1999 年和 2013 年国有企业数次普遍强化成本管理与我国经济环境由粗放型向集约型推进息息相关，而 90 年代邯钢经验的出现则与其时任管理层的成本理念和高超的成本管控体系设计能力密不可分。

7.3　不匹配问题及解决方案

财务模型中的不匹配问题主要包括预测期内收入和成本增长速度的不匹配，以及项目不同币种间汇率风险敞口下的不匹配。

7.3.1　不匹配问题的成因

通常情况下，估值所用的未来现金流是一组名义现金流，因此从"今天"的角度来说，估值过程是一个折现过程。折现是一个考虑资金时间价值的过程，如果"折现率"这一指标定义中包含了通货膨胀、时间价值、风险溢价等因素，则计算 NPV、IRR 等指标所使用的现金流相应地就应该是一组包含通货膨胀因素、时间价值、风险溢价的名义现金流。财务模型的预测期往往长达数十年，因此在预测期内不仅市场变化、技术进步等会影响项目财务表现，宏观经济指数、经营周期等导致的收入成本名义价格的变化也会显著影响项目的财务表现。虽然短期来看其影响有限，但长期看这种影响是不可忽视的，例如某项与 CPI（假设为 3%）挂钩的成本，虽然 1 年仅增长了 3%，但 20 年以后增长达到了 81%（1.03^{20}），影响是十分显著的，因此必须在财务模型中予以考虑。

在对各类收入成本参数进行分析后我们会发现，销售价格、燃料价格、材料价格、人工成本、特许权费用等各类收入成本参数的名义价格可能会基于各自特性而在预测期内呈现出不同的变化趋势，所以在模型中可能需要对不同的假设参数设置不同的增长系数，以更贴切地反映现金流收支状况。

影响项目收入成本增长的因素可分为两类，第一类是项目所处宏观环境的影响，主要表现为宏观经济指数例如物价指数、通货膨胀率等，这类指数会直接或间接影响项目的现金流，例如爪哇 7 号项目 PPA 合同约定电价收入与 CPI 挂钩；第二类是项目自身情况的影响，主要是基于项目的内在特性以及所面临的特定外部环境而形成的增长系数，例如项目员工工资根据与工会达成的协议每年按一定幅度固定增长，而非与社会平均工资指数或 CPI 挂钩。就执行 PPA 协议的电站项目而言，其涉及的宏观经济指数可能就有居民消费价格指数（CPI）、工业生产者出厂价格指数（PPI）、平均工资指数、油价、航运价格指数、汇率等。其中：

居民消费价格指数（Consumer Price Index，CPI）是反映一定时期内居民所购买的生活消费品和服务项目价格变动趋势和程度的相对数，通过该指数可以观察和分析消费品的零售价格和服务项目价格变动对居民实际生活费支出的影响程度。需要注意的是，就特定项目而言，其适用的 CPI 指数可能是特定地区的指数，而非全国性指数。

工业生产者出厂价格指数（Producer Price Index，PPI）是反映一定时期内全部工业产品出厂价格总水平的变动趋势和程度的相对数，包括工业企业售给本企业以外所有单位的各种产品和直接售给居民用于生活消费的产品，该指数可以观察出厂价格变动对工业总产值及增加值的影响。

从收入角度看，爪哇 7 号项目 PPA 合同约定的电价调整机制，将电费收入与印尼盾兑美元汇率、美国 CPI 指数、印尼 CPI 指数挂钩，较为充分地反映了宏观经济状况对项目收入的影响，如表 7-3 所示。

表 7-3　　　　　　　　　　　　电价调整机制示例

收入项目	调整公式
容量电价 A	$CCR_m = CCR \times (RD_m / RD_b)$
容量电价 B（国外部分）	$FOMRF_m = FOMRF \times (CPI/CPI_b) \times (RD_m / RD_b)$
容量电价 B（国内部分）	$FOMRL_m = FOMRL \times (ICPI/ICPI_b)$
煤价 C	$P_m = P$
能量电价 D（国外部分）	$VOMRF_m = VOMRF \times (CPI/CPI_b) \times (RD_m / RD_b)$
能量电价 D（国内部分）	$VOMRL_m = VOMRL \times (ICPI/ICPI_b)$

其中：

CCR = 基期的 A 电价，以印尼盾表示；

FOMR = 基期的 B 电价，以印尼盾表示，其中 FOMRF 和 FOMRL 分别代表以美元和印尼盾挂钩的 B 电价；

VOMR = 基期的 D 电价，以印尼盾表示，其中 VOMRF 和 VOMRL 分别代表与美元和印尼盾挂钩的 B 电价；

RD_m = 结算期 m 的印尼卢比兑美元汇率；

RD_b = 合同基期确定的印度尼西亚卢比对美元汇率；

CPI = 结算期 m 前一年的美国消费价格指数；

CPI_b = 融资关闭日美国消费价格指数；

ICPI = 结算期 m 前一年的印尼消费价格指数；

ICPI_b = 融资关闭日印尼消费价格指数；

P = 结算期 m 的实际市场煤价。

但从运维成本角度看，爪哇 7 号项目作为从中国全面输出资金、人才、装备、技术的项目，其运维成本中相当一部分是与中国 CPI 和 PPI 以及人民币汇率挂钩的，因此表 7-1 中与美国 CPI 挂钩的容量电价 B（国外部分）收入、能量电价 D（国外部分）收入会与该部分运维成本间产生不匹配的问题。

为反映和解决上述不匹配问题，需要为收入和成本根据不同的属性设置不同的增长系数。如表 7-4 所示，可以分别为收入成本设置不同的增长系数，将收入分别与印尼和美国的 CPI、汇率挂钩，将印尼本地采购成本与印尼 CPI 以及印尼盾汇率挂钩，将中国采购成本与中国 CPI 以及人民币汇率挂钩。

表 7-4　　　　　　　　　　　　　增长系数示例

序号	B	C	D
230	美国 CPI	%	2.20
231	印尼 ICPI	%	4.50
232	资本成本增长系数	%	3.50
233	固定成本增长系数 –F	%	3.50
234	固定成本增长系数 –L	%	4.50
235	变动成本增长系数 –F	%	3.50
236	变动成本增长系数 –L	%	4.50

下面，我们再来看增长系数对收入成本影响的另一个案例，例如某露天煤矿煤炭购销合同中将煤炭价格与柴油价格、CPI、劳工工资指数进行挂钩，公式如下：

$$A_m = A_b \times \left(38\% \times \frac{P_n}{P_b} + 38\% \times \frac{\text{CPI}_n}{\text{CPI}_b} + 24\% \times \frac{W_n}{W_b} \right)$$

式中：

A_m——结算期 m 的采煤计算价格；

A_b——合同基期的采煤计算价格；

P_n——结算期 n 的柴油价格指数；

P_b——合同基期的柴油价格指数；

CPI_n——结算期 n 的居民消费价格指数；

CPI_b——合同基期的居民消费价格指数；

W_n——结算期 n 的矿业劳工工资指数；

W_b——合同基期的矿业劳工工资指数。

对上述公式进行分析可以发现，成本结构、增长系数共同构成了收入成本增长的决定因素，二者相辅相成，任何一项发生偏差都将导致风险敞口。当收入与支出币种不匹配时将发生汇率风险敞口，即如果在财务模型预测中高估了以印尼盾计价的印尼本地采购支出，则当印尼盾兑美元贬值时将遭受汇兑损失；如果在财务模型预测中低估了以人民币计价的中国采购支出，则当人民币对美元升值时也将遭受汇兑损失。当收入与支出的国别结构不匹配时将发生成本风险敞口，在爪哇 7 号项目中，如果财务模型预测中高估了美国 CPI 增速或低估了中国 CPI 增速，则实际运营中将导致收入增速低于成本增速，项目将无法达到预期收益。

7.3.2   平准化处理方法

如 7.2 所述，收入和成本的增长可能受制于不同的驱动因素而产生偏离或不匹配。图 7-3 展示了爪哇 7 号项目投产后第 1~10 年的固定运维成本（国外部分）的变化趋势，由于通货膨胀、本地化进程、机组的计划检修周期等影响，固定运维成本在各期间存在显著波动。

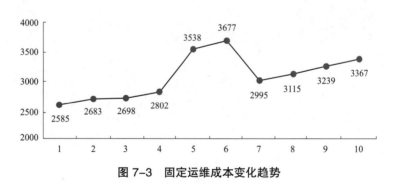

图 7-3   固定运维成本变化趋势

按照爪哇 7 号项目招标文件规定，投标人需要以"美元 /kW/ 年"的单位提交一个反映固定运维成本的 B 部分基期电价，该基期电价在未来运营期间可根据美国和印尼 CPI 进行调整。但上述各年的固定运维成本与 B 部分电价收入的变化趋势并非完全的线性关系，那么此时如何计算出一个 B 部分基期电价呢？

一般来说，我们可以使用第 2.2.3 章节中年金（PMT）介绍的综合运用 PMT 函数和 NPV 函数的年金法进行平准化处理，但本例中由于收入和成本已包含了通货膨胀等因素影响，因此年金法在此处并不适用。

另一种方法，我们可以尝试采用建立收入成本等式的方法完成平准化任务，即先将基期电价假设为未知数 T，然后建立未来 25 年运营期收入净现值等于成本净现值的等式，并通过 Excel 的单变量求解功能求出 T 值，即：

$$NPV（各期收入）＝NPV（各期成本）$$

$$NPV（折现率，预测销量 \times T \times 增长系数）＝NPV（折现率，预测成本）$$

　　其中，折现率可设为项目加权平均资本成本。

第 8 章

充实模型框架 —— 投资模块

财务模型中需考虑的资本性支出主要包括两类，一是基建期的项目总投资，二是运营期持续性的资本性支出，例如固定资产更新、技术改造等。在重资产项目中后者对项目现金流往往也具有重要影响，但在实践中经常被忽略。本章主要就基建期的建设投资、运营期的持续性资本性支出以及相应的折旧摊销、终止价值等投资的后续计量进行讨论。

8.1 项目总投资的估算

8.1.1 项目总投资的构成

项目总投资即从项目开始开发到实现商业运行所需要的全部投资资金，按照资金用途属性可分为静态投资、动态费用、流动资金三部分，其中静态投资按照中国建设预算的编制惯例又可分为建筑工程费、设备购置费、安装工程费和其他费用四类。具体如图 8-1 所示。

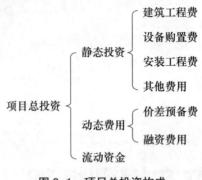

图 8-1 项目总投资构成

了解项目总投资的构成，可以有效提升我们对财务模型运算结果的分析运用能力。例如用户可通过项目总投资的结构，快速、粗略分析出材料价格波动、工资水平上涨、关税税率变化等对项目总投资的影响，决策者可以及时做到"心中有数"。当然，更加准确、全面的投资分析工作，应协同专业的技经人员共同开展。以下将就项目总投资的构成进行进一步说明。

8.1.2 静态投资

静态投资是指以某一基准年月的建设要素单位价格为依据所计算出的造价时点值，包括了因工程量误差而可能引起的造价增加，但不包括以后年月因价格上涨等风险因素而增加的投资，以及发生的投资利息支出。其中：

（1）建筑工程费。

建筑工程费是指为建造永久性和大型临时性建筑物与构筑物所需支出的费用，包括厂房、仓库、设备基础、码头、铁路、管线铺设等。简单的投资估算方法为单位建筑工程量投资费用 × 建筑工程总量，例如单位房屋建筑面积所需投资 × 总面积，或者参照同类同时期类似条件项目的实际支出。

（2）设备购置费。

设备购置费是指购置组成工艺流程的各种设备，并将设备运至施工现场指定位置所支出的购置及运杂费用，其中运杂费包括设备的装卸费、运输费、运输保险费、保管费等。涉及进出口的设备，还包括出口退税、进口关税、增值税、预提所得税等。

（3）安装工程费。

安装工程费是指构成生产工艺系统的各类设备、管道、线缆及其辅助装置的组合、装配及调试工程所发生的费用。常用的估算方法有设备价值百分比法（设备价格 × 安装费率）、综合吨位指标法（设备质量 × 每吨设备安装费）、工程量法（单位工程量安装费 × 安装工程量）等。

（4）其他费用。

其他费用是指为完成工程建设所必需的，但不属于上述费用的其他相关费用，例如建设场地征用及清理费、项目建设管理费、项目建设技术服务费、分系统调试及整套启动试运费、生产准备费、大件运输措施费、基本预备费等。表8-1列示了中国电力工程建设预算规范的其他费用明细。

表8-1   其他费用明细表

序号	其他费用明细	序号	其他费用明细
1	建设场地征用及清理费	3.7	工程建设监督检测费
1.1	土地征用费	4	分系统调试及整套启动试运费
1.2	施工场地征用费	4.1	整套启动试运费
1.3	余物清理费	4.1.1	燃煤费
2	项目建设管理费	4.1.2	燃油费
2.1	项目法人管理费	4.1.3	厂用外购电
2.2	招标费	4.1.4	售出电费
2.3	工程监理费	4.1.5	整套调试费
2.4	设备建造费	4.2	分系统调试费
2.5	工程保险费	4.3	机组性能试验
3	建设项目技术服务费	5	生产准备费
3.1	项目前期工作费	5.1	管理车辆购置费
3.2	知识产权转让及研究试验费	5.2	工器具及办公家具购置费
3.3	设备成套技术服务费	5.3	生产职工培训及提前进厂费
3.4	勘察设计费	6	大件运输措施费
3.5	设计文件评审费	7	基本预备费
3.6	项目后评价费		

需要注意的是，由于其他费用的取费依据来源复杂，且一些费用科目在企业内部以及第三方中介机构间可能存在职责交叉的问题，在实践中较易出现错误，需多加小心。

在海外项目中，为项目投资的采购来源常常有多个国家或地区，由于不同国家或地区的计价币种各不相同，因此期间就会产生汇率风险。为更好地管理汇率风险，财务模型一般会将静态投资按照计价币种进行分类，以便于评估各个币种汇率风险对项目的影响。爪哇7号项目中，其基建期采购来源包括了人民币计价、印尼盾计价、美元计价三部分，相对于全部融资来源币种均为美元来说存在较大汇率风险，因此在财务模型中对各币种的发生额、发生进度应分别计列，分别评估风险。静态投资构成见表8-2。

表 8-2   静态投资构成（按币别）

序号	投资组成	单位	投资金额	投资进度		
				第 1 月	……	第 4 月
1	人民币计价部分	元				
	EPC 总承包费用					
	中国采购的项目管理费					
	……					
2	印尼盾计价部分	卢比				
	土地租赁费用					
	印尼采购的项目管理费					
	……					
3	美元计价部分	美元				
	保险费用					
	……					

对静态投资按照计价币种进行分类后，应分别预测评估各币种对美元的汇率走势，将各币种金额以预测汇率折算为美元汇入模型计算。

8.1.3 动态费用

动态费用是指对构成工程造价的各要素在建设预算编制年至竣工验收期间，因时间和市场价格变化而引起价格增长和资金成本增加所发生的费用，主要包括价差预备费和建设期融资费用，对于海外项目来说还包括汇率风险。其中：

价差预备费是指建设工程项目在建设期间由于物价水平变化引起工程造价变化的预留费用。

建设期融资费用是指以债务形式筹措建设资金时发生的并按照规定允许资本化计

入在建工程或固定资产原值的融资费用，包括债务利息、安排费、承诺费等。随着融资手段的多样化，建设期融资费用的计算也日趋复杂，也是财务建模的难点问题，将在债务融资章节作详细讨论。

建设期汇率风险是本位币或融资币种与实际采购币种不一致时，发生汇率波动引起的工程造价变化。在爪哇 7 号项目中，项目本位币和融资币种均为美元，静态投资分别由人民币计价、印尼盾计价、美元计价的采购构成，则在财务建模时为动态体现汇率风险对投资的影响，我们将投资按照计价币种分别列示，并分别测试不同汇率预测情景下汇率波动对的投资影响，见表 8-3。

表 8-3　　　　　　　　　　　　　基建期汇率风险的管理方法

序号	B	C	D
40	静态投资（不含流动资金）	万美元	175056
41	其中：人民币计价	万元	800000
42	其中：印尼盾计价	Rp.000000	7500000
43	其中：美元计价	万美元	1000
225	人民币对美元汇率 – 基准	—	6.37
226	印尼盾兑美元汇率 – 基准	—	14696

8.1.4　流动资金

流动资金，也称营运资本（Working Capital），是处于企业的生产和流通领域中供周转使用的资金，包括应付材料款、员工工资以及半成品、制成品、备品备件库存等占用的资金，同时应付未付的材料采购款、员工工资、经营性税费等构成了流动资金的抵减项。在周转过程中，流动资金不断地改变自身的实物形态，其价值也随着实物形态的变化而转移到新产品中，并随着产品销售的实现而回收。

在绿地项目财务模型中所考虑的流动资金，是伴随固定资产投资而发生的永久性流动资产投资，等于项目投产后所需全部流动资产扣除流动负债后的余额。虽然流动资金的定义是流动资产与流动负债的差额，但财务模型意义上的流动资金通常仅包括经营性流动资金，不包括现金、可供出售金融资产、短期借款、一年内到期的长期借款等非经营性项目。

流动资金应在项目商业运行日前筹措完成，在财务模型中一般安排在商业运行日前一段期间或与商业运行日同步筹措，并伴随运营期各期间生产经营的变化而变化。

流动资金估算方法有扩大指标估算法和分项详细估算法等。

8.1.4.1　扩大指标估算法

扩大指标估算法是一种简化的流动资金估算方法，一般可参照同类企业流动资金占营业收入或经营成本的比例，或者单位产量占用流动资金的数额估算。该方法操作简单，但较为依赖估值人员的经验以及同类企业信息搜集难度，准确性偏低，比较适合项目初期开发阶段使用。

扩大指标估算法包括销售收入资金率法（1）、总成本资金率法（2）、固定资产价值资金率法（3）、单位产量资金率法（4）等，可根据项目特点和行业惯例从中选取适合的方法。具体公式如下：

流动资金 = 项目年销售收入 × 销售收入资金率（1）

流动资金 = 项目年总成本（经营成本）× 总成本（经营成本）资金率（2）

流动资金 = 固定资产价值 × 固定资产价值资金率（3）

流动资金 = 达产期年产量 × 单位产量资金率（4）

8.1.4.2　分项详细估算法

分项详细估算法是按流动资产和流动负债的具体构成科目分项估算，然后汇总得出项目流动资金需求量。该方法是财务模型通行的流动资金估算方法，其结果主要取决于项目产能和周转次数的高低。计算公式为：

流动资金余额 = 流动资产 − 流动负债

= （应收款项 + 预付款项 + 存货）−（应付款项 + 预收款项）

流动资金本年增减额 = 本年流动资金余额 − 上年流动资金余额

使用分项详细估算法估算流动资金的具体步骤为：

步骤一：评估各分项科目的预计周转天数或周转次数。各类流动资产和流动负债的预计周转天数或周转次数可参照行业惯例，或已签订的相关购销合同确定。如表 8–4 所示，爪哇 7 号项目 PPA 约定的电费结算周期约 40 天即周转 9 次，应付账款和煤炭等其他存货的结算周期预计约 30 天即周转 12 次；而事故备品备件按照发电行业惯例其周转期为整个项目期（即期初一次性购置，在整个项目期终身备用），所以直接按照预计支出金额计列。

表 8–4　　　　　　　　　　　　　　　周转次数

序号	B	C	D
146	应收 / 预付账款周转次数	次 / 年	9.00
147	应付 / 预收账款周转次数	次 / 年	12.00
149	其他存货周转次数	次 / 年	12.00
150	备品备件支出	万美元	1500

步骤二：根据周转次数和收入成本指标，分项估算流动资产和流动负债。常用的流动资金计算方式包括：

一是存货的估算。存货是企业在日常生产经营过程中持有以备出售的产成品，或者仍然处于生产过程的在产品，或者生产过程将消耗的原材料，以及事故备品备件等。即：

存货 = 外购原材料、燃料 + 在产品 + 产成品 + 备品备件

其中：

$$外购原材料、燃料 = \frac{年外购原材料、燃料总费用}{外购原材料、燃料周转次数}$$

$$在产品 = \frac{年原材料、燃料、人工、修理等制造成本}{在产品周转次数}$$

$$产成品 = \frac{年经营成本 - 年营业费用}{产成品周转次数}$$

$$备品备件 = 按行业惯例估算$$

对于电站项目来说，由于电能属于产、供、销同步完成的特殊产品，所以没有在产品、产成品存货，存货估算相对简单。

二是应收账款的估算。应收账款是企业对外销售商品、提供劳务尚未收回的资金。计算公式为：

$$应收账款 = \frac{年经营成本}{应收账款周转次数}$$

该公式中估算应收账款占用的流动资金时，分子选用了年经营成本而非销售收入净额，代表实际被占用的流动资金。

三是预付账款的估算。预付账款是企业为购买各类材料、半成品或服务所预先支付的款项。计算公式为：

$$预收账款 = \frac{年外购商品或服务金额}{预收账款周转次数}$$

四是应付账款和预收账款的估算。计算公式为：

$$应付账款 = \frac{年外购商品或服务金额}{应付账款周转次数}$$

$$预收账款 = \frac{年预收的营业收入}{预收账款周转次数}$$

从分项详细估算法各科目计算公式看，由于需要以资产负债率、利润表中的某些科目为计算基数，因此流动资金估算应当与财务模型主表的构建同步开展。

表 8-5 展示了爪哇 7 号项目流动资金估算，由于电能产品生产、消费具有同步性的特点，电站项目没有在产品、产成品存货，因此根据项目特点仅考虑了煤炭燃料、其他材料、备品备件三类存货。流动资金的初次投入时点按照备品备件在首台机组投产前投入，其他流动资金投入进度与两台机组投产进度保持一致。按照分项详细估算法各分项科目的计算公式构建流动资金估算表见表 8-5。

表 8-5　　　　　　　　　　　流动资金计算示例

序号	A	B	O	P	Q	R	S
1		项目	2018	2019	2020	2021	2022
2			建设期	并行期	并行期	1	2
3	1	流动资产	0	7026	12603	12613	12643
4	1.1	应收账款	0	4112	8265	8282	8310
5	1.2	存货	0	2914	4337	4332	4333
6	1.2.1	其他材料	0	19	39	41	43
7	1.2.2	燃料	0	1395	2798	2790	2790
8	1.2.3	备品备件	0	1500	1500	1500	1500
9							
10	2	流动负债	0	1653	3343	3332	3355
11	2.1	应付账款	0	1653	3343	3332	3355
12	3	流动资金期末余额	0	5373	9260	9282	9289
13	4	流动资金本年增加额	0	5373	3887	22	7
14		其中：自有资金	0	1075	777	22	7
15		借款	0	4299	3109	0	0

其中：

第 8 行的备品备件作为永久性占用流动资金的科目，可以使用如下公式判断备品备件占用资金的存续期间：

＝ IF（AND（年份≥并行期，年份＜运营期结束＝，预估备品备件金额，0）

第 14~15 行的流动资金来源，按照传统的建设项目资金筹措方式，包括流动资金在内的项目总投资均按照资本金与借款等比例筹措，但在实践中资本金一般仅在建设期投入，运营期流动资金波动形成的小额资金盈缺一般通过经营净现金流调节，而不再频繁地调整资本金投入或借款，如表 8-5 所示。

8.1.4.3　流动资金的波动

在财务建模和估值实践中，考察流动资金的变化趋势与初始流动资金的计算一样十分重要。如果某期流动资金净增加额为正，说明现金流趋紧，需要补充资金；反之，说明现金流趋好，流动资本的管理效率提高。

企业在经营过程中，受市场波动影响产销可能也会出现剧烈波动。例如当销量大幅下滑时，产成品存货可能快速上升，同时为扩大销量可能会放宽赊销政策，此时又会影响应收账款周转。因此，受市场影响较大的项目在财务建模时应根据销售预测，为不同销售情景、项目发展阶段设置不同的分项周转次数，必要时为相互关联的各要素建立关系函数。

8.1.4.4　流动资金的回收

流动资金是企业生产经营过程中由于赊购、赊销以及周转原因而垫付的资本，所以当项目结束时应回收垫付的资本。

一般来说，正常经营的应收账款、预付账款、应付账款、预收账款、产成品（在产品均转化为产成品）存货所占用的流动资金均可以全部回收；但检修备件、事故备品备件等存货由于缺乏流动性良好的交易市场，常常难以全部回收，在财务建模时需按一定折扣率予以考虑，折扣金额按照资产处置损失列入利润表。

8.1.5　工期和投资进度

项目的工期和投资进度是计算动态费用的依据，不同的投资进度对资金时间价值的影响将传导至项目的收益测算之中。

在项目前期阶段即应该开展工期和投资进度的初次盘点工作，包括策划项目建设的起止时间、编制各年月投资资金进度计划等。在 EPC 总承包合同谈判阶段，应对工期和投资进度作进一步明确和细化。在工程施工过程中，工程进度控制部门应对进度计划与实际完成情况进行及时全面的跟踪调查与监控，并加以报告、分析。

从财务模型设计和假设参数搜集角度，需重点关注的四个投资进度节点为：

一是，融资关闭前的资金投入。该阶段的主要特征是其资金来源主要为资本金或股东贷款等权益类资金，未加入财务杠杆，因此该阶段的投资总额和进度应该单独计列。

二是，工程开工时的预付资金安排。根据工程承包合同惯例，工程开工时业主需向 EPC 承包商支付 10%~15% 的工程预付款，并在随后的工程进度节点中逐步抵回已支付的工程预付款。这种情况会导致工程建设的形象进度与资金支付进度不一致，如果在财务模型中错误使用工程形象进度作为投资资金进度，会导致估值结果出现高估。

三是，工程竣工时的结算安排。根据工程承包实践，工程整体竣工时可能存在部分配套工程尚未完工，或者工程结算工作滞后造成部分建设资金在竣工后支付，从资金投入角度此时基建期和运营期将会产生重叠。如果预计很可能存在此类情况，则在建模和财务评价中应基于会计、税务、融资等角度对竣工后的资金支出以及资金来源做出恰当安排。例如当项目于 2020 年 9 月 30 日竣工，2020 年 12 月 31 日完成竣工决算和资金结算，则基建期资金流出应截至 2020 年 12 月 31 日，但按照会计和税务规则 2020 年 10~12 月间发生债务融资利息支出应进行费用化，而不再计入基建投资。

四是，工程质保金安排。工程质保金一般为工程承包合同的 5%~10%，其具体形式一种为现金质保金，即在工程的各个付款节点均按扣除一定比例的质保金，质保期满后支付；另一种为保函质保金，即各节点工程款项正常支付，承包商向业主提供银行保函或商业担保，随着社会信用体系的发展，该种质保金安排逐渐成为主流。如果采用现金质保金，则其对投资现金流的影响应予以考虑。

8.2　运营期资本性支出

从项目全寿命周期看，项目资本性支出并不会随着基建期的结束而完全停止，运营期仍会继续发生资本性支出项目，例如运营期间可能持续开展的固定资产更新、改造。

8.2.1　固定资产更新

固定资产投资项目的寿命是指项目的主体资产预计使用年限，而其他非主体资产寿命可能高于或低于主体资产，因此在项目运营过程中需要对使用寿命低于主体资产的固定资产进行定期替换、持续更新。

如表 8-6 所示，我们所说的爪哇 7 号项目设计寿命为 40 年，主要是指构成电站主体的汽轮发电机、锅炉的预计使用年限为 40 年，而其他非主体资产例如仪器仪表、汽车运输设备等预计使用年限小于 10 年，那么项目在运营一定年限后，就需要对这类预计使用寿命小于电站整体设计寿命的固定资产进行替换、更新，并将相关支出列为运营期的资本性支出。

表 8–6	固定资产预期使用寿命示例
火电厂固定资产示例	**预计使用寿命（年）**
生产用房	50
汽轮发电机	40
锅炉	40
受腐蚀生产用房	30
锻铸设备	10
通信线路	10
自动化控制及远动装置	8
仪器仪表	7
电子计算机	5
汽车运输设备	5

8.2.2　固定资产改造

运营期固定资产改造主要有两种可能原因，一是因技术进步、监管政策调整、市场需求变化等客观原因而导致的改造，虽然这类改造项目的具体内容、时间、金额都具有不确定性，但从历史经验看几乎所有工程项目在运营期的各个阶段均会发生这样或那样的改造项目，因此在建模和搜集假设参数时有必要将其作为或有事项进行合理预估。例如火电厂的烟气脱硫设施的环保改造，近 20 年来国家环保部门将火电厂大气污染物—— 二氧化硫的排放标准由 400 mg/m³ 逐步降至 200、100、50、35 mg/m³ 的标准，每一次政府强制排放标准的降低均导致火电厂投入数百万元至数千万元的技术改造费用。

二是在工程项目设计时即已纳入考虑的项目，但基于投资策略等方面的考虑而安排在运营期开展的固定资产改造。仍以火电厂烟气脱硫设施为例，假设某电厂配套煤矿储备有 10 年耗量的低硫煤和 20 年耗量的高硫煤，燃用低硫煤时电厂不需建设烟气脱硫环保设施即可满足当地的大气污染物排放标准，此时电厂进行投资决策时经综合评估后可能会选择在项目运营的前 10 年燃用低硫煤，第 10 年以后再投资建设烟气脱硫装置并燃用高硫煤，从而获取因推迟投资带来的资金时间价值。

8.2.3　运营期资本性支出的折旧年限

当运营期固定资产的后续资本性支出可以形成独立资产的情况下，应当按照独立资产的预计可使用年限计提折旧；当后续支出仅是对原有资产的更新改造，无法形成独立资产的情况下，应当将后续支出计入被改造资产价值，按照被改造资产的预计剩余使用年限计算。

8.3 资产折旧的计算

折旧是指在固定资产的使用寿命内，按照确定的方法对应计折旧额进行的系统分摊。应计折旧额是指应当计提折旧的固定资产的原值扣除预计净残值和累计计提的固定资产减值准备后的金额。由折旧的定义可见，影响固定资产折旧的因素主要有固定资产原价、固定资产的使用寿命、预计净残值、固定资产减值准备四项因素，其中前三项因素一般都会在估值中涉及，第四项固定资产减值准备是在在建工程或已完工资产存续的实际期间发生的，所以一般在并购项目财务模型才可能会涉及。

虽然折旧不会直接影响现金流，但在项目税务筹划中税务折旧方式的优化是税务筹划主要内容之一，所以折旧仍会间接地通过影响企业所得税来影响项目现金流和效益指标。在以可供分配股息为基础的经济评价中，折旧还会通过净利润来影响效益指标。在计算净资产收益率、总资产报酬率、经济增加值等指标时，也需考虑到不同折旧方式对指标结果的影响。此外，在并购项目中还需注意并购后税务折旧的税基是否会根据资产公允价值进行重置。

项目应当根据与固定资产有关的经济利益的预期消耗方式，合理选择折旧方法。按照会计准则和税法规定，可选的折旧方法包括直线法、双倍余额递减法、年数总和法和工作量法等，并且同一资产基于会计目的和税务目的可以分别选用不同的折旧方法。所以在设计财务模型时需注意，不仅不同资产会有不同的折旧方法、折旧年限、残值率，同一资产在不同的环境下可能也会有不同的折旧方法，如表 8-7 所示。

表 8-7 折旧计算假设参数示例

序号	B	C	D	E
133	会计折旧	年限（年）	各类资产占比（%）	残值率（%）
134	资产类别 1	25	80	0
135	资产类别 2	20	5	0
136	资产类别 3	10	10	0
137	资产类别 4	5	5	10
138	会计折旧方法	1	直线法	
139	税务折旧	年限（年）	各类资产占比（%）	残值率（%）
140	资产类别 1	20	80	0

续表

序号	B	C	D	E
141	资产类别 2	16	5	0
142	资产类别 3	8	10	0
143	资产类别 4	4	5	0
144	税务折旧方法	2	双倍余额递减法	

当财务模型中同时设计了多种折旧方式时，可以通过 CHOOSE（指定序号，直线法，双倍余额递减法，……）函数在多种折旧方法之间进行切换选择。

8.3.1　直线法

直线法又称年限平均法，是指将固定资产应计折旧额均匀分摊到固定资产预计使用寿命内的一种方法。计算公式如下：

年折旧额 = 固定资产原值 ×（1- 残值率）÷ 预计使用年限

如表 8-8 所示，固定资产原值 9516 万美元，残值率 10%，2020 年 7 月投入使用，预计使用年限 5 年。按照中国会计准则，当月增加的固定资产，当月不提折旧，从下月起计提折旧；当月减少的固定资产，当月仍计提折旧，从下月起不计提折旧 ❶。因此，2020 年需计提 5 个月的折旧，2025 年需计提 7 个月的折旧，2025 年末剩余 952 万美元残值。

表 8-8　　　　　　　　　　直线法计提折旧示例

序号	B	D	Q	R	S	T	U	V
1	项目 / 期间	合计	2020	2021	2022	2023	2024	2025
2			并行期	1	2	3	4	5
19	5 年期折旧进度	5.00	0.42	1.00	1.00	1.00	1.00	0.58
20	原值		9516	9516	9516	9516	9516	9516
21	折旧费	8564	714	1713	1713	1713	1713	999
22	净值		8802	7089	5376	3664	1951	952

在 Excel 中，可以使用 SLN（原值，残值，折旧总期数）函数来计算直线法折旧，

---

❶　根据印尼《所得税法》（总统令 2008 年第 36 号），使用年限超过 1 年的有形资产应当在投入使用的当月开始计提折旧。印尼会计准则也规定应在资产投入使用的当月开始计提折旧。

例如表 8-9 的 Q21 单元格公式为：

= SLN（Q20，Q20 × 10%，5）*Q19 = 1713 × 0.42 = 714

该公式先使用 SLN 函数计算一整年（12 个月）的折旧额，然后用"*Q19"表示当年计提折旧的月数占全年月数的比例。

如果采用月度时间维度建模，可以将 SLN 函数中的"折旧总期数"直接以月度数表示。

8.3.2　双倍余额递减法

双倍余额递减法是指在不考虑固定资产预计残值的情况下，根据每期期初固定资产原值减去累计折旧后的金额（即固定资产净值）和双倍的直线法折旧率计算固定资产折旧的一种方法。由于每期期初的固定资产净值没有扣除预计净残值，所以在应用双倍余额递减法计提折旧时不能使固定资产的净值低于预计净残值，按照中国会计准则规定是在折旧年限的最后两年，将固定资产净值扣除预计净残值后的余额进行平均摊销 ❶。计算公式如下：

年折旧额 = 固定资产净值 ×（2 / 预计使用年限）

最后两年的年折旧额 =（固定资产净值 – 预计净残值）/2

如表 8-9 所示，沿用上述直线法计提折旧的案例，采用双倍余额递减法计提折旧。

表 8-9　　　　　　　　　　双倍余额递减法计提折旧示例

序号	B	D	P	Q	R	S	T	U	V
1	项目 / 期间	合计	2019	2020	2021	2022	2023	2024	2025
2			并行期	并行期	1	2	3	4	5
19	5 年期折旧进度	5.00	0.00	0.42	1.00	1.00	1.00	1.00	0.58
20	原值		0	9516	9516	9516	9516	9516	9516
21	折旧费	8564	0	1586	3172	1903	1029	552	322
22	净值		0	7930	4758	2855	1825	1274	952

在 Excel 中，可以使用 DDB（原值，残值，折旧总期数，第 N 期）或 VDB（原值，残值，折旧总期数，开日期，结束期）函数计算双倍余额递减法下的折旧。

首先，为更直观了解双倍余额递减法的应用，我们先示例一个完整年的折旧计算。假设表 8-9 中 2020 年为一个完整的折旧计提年，则 Q21 单元格公式为：

---

❶ 印尼《所得税法》规定，加速折旧法最后两年不需要采用平均摊销的方法。

= DDB（Q20，Q20×10%，5，1）　　　=3806 万美元

或 = VDB（Q20，Q20×10%，5，0，1）　=3806 万美元

或 = Q20×2/5　　　　　　　　=3806 万美元

最后两个完整年（2023~2024 年）的折旧额为：

= [Q20×（1–10%）– VDB（Q20，Q20×10%，5，0，3）] / 2 = 552 万美元

然后，我们再讨论表 8-9 中非完整年情况下采用双倍余额递减法的折旧计算方法。在该案例中，第一个完整折旧年为 2020 年 8 月至 2021 年 7 月，第二个完整折旧年为 2021 年 8 月至 2022 年 7 月，以此类推，即各个自然年均非完整的折旧年。由于在折旧期的最后两年涉及折旧方法的转换、残值的处理，计算过程将较为复杂，例如 Q21 单元格公式为：

= IF [OR（Q$3= 总期数，Q$3=（总期数 –1）），[Q20×（1– 残值率）–VDB（Q20，Q20× 残值率，总期数，0，总期数 –2）/ 2×Q19]

IF [Q$2=（总期数 –2），P22–Q20× 残值率 –SUM（R21:S21），VDB（Q20，Q20× 残值率，总期数，SUM（$L$19:P19），SUM（$L$19:Q19））

该公式中第 1 个 IF 函数，判断当前期间是否折旧年限的最后两年，如果为真，则使用直线法计提折旧，并乘以第 19 行的折旧进度；第 2 个 IF 函数，判断当前期间是否折旧年限的倒数第 3 年，如果为真，则说明该期间为两种折旧方法转换的重叠期，由于计算过程复杂，我们使用倒挤法计算该期间折旧，即该期间折旧额等于上期期末固定资产净值减去预计残值、减去其后面两年计提的折旧值之和；否则按 VDB 函数正常计算折旧。

如果按照国际会计准则，双倍余额递减法下资产折旧期的最后两年不需要转换为直线法计提折旧，则直接使用 VDB 函数即可计算所有期间的折旧，例如 Q21 单元格：

= VDB [Q20，Q20 × 残值率，总期数，SUM（$L$19:P19），SUM（$L$19:Q19），2，TRUE]

其中，VDB 函数中第四个参数"2"表示以 2 倍的余额递减速率计算折旧，第五个参数"TRUE"表示即使折旧值大于余额递减计算值也不转用直线折旧法。

8.3.3　年数总和法

年数总和法又称年限合计法，是将固定资产的原值减去预计净残值的余额乘以一个以固定资产尚可使用寿命为分子、以预计使用寿命逐年数字之和为分母的逐年递减的分数计算每年的折旧额。计算公式如下：

$$年折旧额 =（资产原值 – 预计净残值）\times \frac{尚可使用寿命}{预计使用寿命年数总和}$$

沿用上述案例，可以用 SYD（资产原值，残值，折旧总期数，第 N 期）函数计算年数总和法下的折旧，2020 年折旧额为：

= SYD（Q20，Q20 × 残值率，5，1）× Q20 = 1189 万美元

=（Q20–Q20 × 残值率）× 5/15 × Q20 = 1189 万美元

8.3.4　工作量法

工作量法是以固定资产能提供的工作量为单位来计算折旧额的方法，实质上是直线法的补充和延伸。常见的工作量标准有汽车行驶里程、机器设备使用小时等。

单位工作量折旧额 = 固定资产原值 ×（1– 残值率）÷ 预计总工作量

年折旧额 = 年实际工作量总额 × 单位工作量折旧额

综上，如表 8–10 所示，相对于直线法，双倍余额递减法和年数总和法均属于加速折旧法，在资产使用寿命的早期多提折旧，后期少提折旧，折旧额逐年递减，目的是使固定资产在预计使用寿命内加快得到补偿。如果基于税务目的，使用加速折旧法计算应纳税所得额，可以起到延缓缴纳企业所得税的作用，为项目增加资金时间价值。

表 8–10　　　　　　　　　　　不同折旧方法对比

折旧方法	2020 年	2021 年	2022 年	2023 年	2024 年	2025 年
折旧月 / 全年	42%	100%	100%	100%	100%	58%
直线法	714	1713	1713	1713	1713	999
双倍余额递减法	1586	3172	1903	1029	552	322
年数总和法	1189	2617	2046	1475	904	333

8.4　项目终止价值

财务模型意义上的"终止价值"大体上可分为两种情形，一是财务模型预测期结束后，项目仍将继续运营所产生的永续性终止价值；二是由于项目的特许经营期期满或提前结束情形下，投资人收到的补偿性终止价值。

8.4.1　永续性终止价值

如果项目不因特权经营权到期、设备达到预定可使用年限等原因终止，并且项目预计在未来相当长一段时间内仍然可以继续稳定经营，则可以称之为永续经营的项目。由于财务模型的期限是有限度的，为解决财务模型期限的有限性与趋向无限的项目经

营期间的矛盾，一般的处理方法是在项目进入稳定运营期后为后续期间计算永续价值，此时：

$$项目价值 = 永续期前的项目价值 + 永续价值$$

永续价值的计算方法，可以采用永续年金折现值方法或运用戈登（Gordon）股利模型，具体方法可参见第 2.2.3.2 节。

8.4.2　到期终止情形

到期终止是项目达到预定寿命或运营年限而终止经营，并支付终止费用、回收资产残值和流动资金的过程。在财务模型中可通过 IF 函数判断是否为终止期间，在终止期间相应结转资产负债表中到期应处置的资产和回收的流动资金，并将相应损益计入利润表和现金流量表等表单。

需要注意的是，按照一般性税务规定如果资产处置净收益大于零，则还应缴纳相应的企业所得税，反之可以抵减当期应纳税所得额；对于特殊资产的处置，例如土地可能还会涉及土地增值税等税费，需要根据具体税务规定进行处理。

8.4.3　提前终止情形

提前终止情形主要应用于 PPP 项目，是指由于政府（或类似机构）违约、项目公司违约或不可抗力等导致 PPP 项目提前终止。违约事件并不一定会立刻导致 PPP 项目终止，当违约事件发生后，未违约方有权要求违约方在限期内进行补救，如果违约方在规定的限期内无法完成补救，则未违约方有权要求终止 PPP 项目。在 PPP 项目中，提前终止的赔偿规则常常是投资人与政府谈判的焦点之一，而将拟定的赔偿规则纳入财务建模范畴，可以更准确地评估不同赔偿规则对项目收益的影响，协助项目谈判工作并提升项目风险管理的科学化水平。

提前终止情形下投资方应获得赔偿金的具体计量方法因项目而异，但总的来说，如果属于政府违约导致的提前终止，赔偿金一般包括：

$$赔偿金 = 项目投资 + 合理利润$$

假如爪哇 7 号项目如果因 PLN 违约而在运营期发生项目提前终止，则 PLN 应向投资方收购项目公司股权，股权收购价为项目剩余经营期间预计收益的折现值，计算方式为：

$$\left(股权收购价 = \sum_{x=1}^{n} \frac{(NDC \times AF_{py} \times F_y \times CCR)}{(1+r)^x} \times \frac{RD_m}{RD_b} \right)$$

式中：

NDC——机组净可靠容量，即项目产能；

AF_{py}——机组预计可用系数，即产能利用率；

F_y——权益占总资产的比重，即 1– 资产负债率；

CCR——资本回收的 A 部分电价，即单位产能价格；

r——折现率，即将提前终止日至计划到期日期间的预计收益，折现到提前终止日所使用的折现因子；

RD_m 和 RD_b——提前终止日和基期的印尼盾兑美元汇率，用于调整汇率风险。

但如果是项目公司违约导致的提前终止，则条件将变得较为苛刻，例如：

$$赔偿金 = 项目投资 – 违约罚款$$

$$赔偿金 = 应付债务$$

提前终止补偿的支付方式主要包括一次性全额支付和分期付款两种。显然，投资方更倾向于得到政府一次性支付的补偿，然而一次性支付会增加政府的财政压力，尤其是当补偿额非常大时；而分期付款方式在一定程度上能缓解政府的财政压力，但此情况下应请求政府就延期付款而向投资人支付一定的利息。

第 9 章　**充实模型框架**
　　　　　—— 融资模块

　　融资是企业资本运动的起点，融资活动贯穿企业整个资本运动的始终，融资决策会影响到企业内外部各利益相关方的行为和利益，并最终影响企业实现价值最大化的目的。融资决策是企业内部决策问题，主要包括资金的融入渠道、融入方式以及最佳资本结构等问题的决策。

9.1　项目最优资本结构

　　资本结构是指项目的股权资本与债权资本的比例关系，资本结构合理与否关系到项目的偿债风险和盈利水平。从广义上来说，资本结构还可分为长期资本和短期资本的结构。

　　在本书第 1.2 价值创造的逻辑章节讨论过，学术界对资本结构的研究经历了古典理论阶段的净收益理论、营业收益理论、折中理论，现代理论阶段的 MM 理论，以及新阶段的代理成本理论、信号传递理论等。这些理论从不同角度研究了资本结构对企业价值的影响，以及最优资本结构问题。虽然理论研究结论各异，但从财务建模角度，可以倾向于认为资本结构对权益价值是有影响的，但这种影响是在一定限度范围内的，一旦达到最佳资本结构，继续增减财务杠杆反而会导致价值减损。基于此，财务建模所要解决的问题可以归纳为两项，一是如何将各种可能的资本来源建构于模型中，二是通过财务模型对各种资本结构方案进行数据验证和分析，为确定最优资本结构提供决策支持。

9.1.1 资本结构建模

资本结构是股权资本与债务资本间的关系。随着社会经济金融的发展，股权和债权资本的表现形式越发多样化，不同股权资本和债权资本的收益计算规则、税收征缴方式均可能存在差异，因此在财务建模时有必要对资本结构作进一步细分，以分别体现出各类资本的来源、特点和影响。表 9-1 列举了常见的股权资本、债权资本以及介于二者之间的夹层资本的类型。

表 9-1 对资本结构的细分

股权资本	夹层资本	债权资本
优先股	可转换债	项目融资
普通股	可赎回优先股	信用贷款
企业内部积累	含转股权的次级债	普通债券
	永续债	融资租赁
	股东贷款	短期贷款

其中，夹层资本作为收益和风险介于企业债务资本和股权资本之间的资本形态，在资本运作中运用灵活。例如企业发行的永续债，根据中国税务规定 ❶，其利息既可以适用股息、红利企业所得税政策，在满足特定条件的情况下又可适用利息支出在企业所得税税前扣除的政策。再如股东贷款，其作为次级债在投资风险评估、项目融资评估中可归类为股权资本，以作为对优先债权人的增信措施，但在税务层面只要其满足资本稀释的相关要求，又可归类为债权资本，以享受利息税盾收益。

爪哇 7 号项目在设计资本结构时，考虑了招标文件和税务资本稀释 ❷ 对资本结构的要求，还考虑了不同来源资本的预提所得税政策的影响，并于财务建模时为不同的资本类型设置了相应的计算规则，具体见表 9-2。

---

❶ 根据《关于永续债企业所得税政策问题的公告》(财政部税务总局公告 2019 年第 64 号)。

❷ 根据印尼《所得税计算中公司债务和权益比例的规定》(169/PMK.010/2015)，可获得债务融资成本所得税前扣除的债务金额上限为股本金额的四倍，包括发电厂在内的基础设施领域可申请该比率的豁免。

表 9-2   爪哇 7 号项目资本结构模型

序号	资本来源	比例关系	预提所得税
一	股权资本	20.0%	—
1	普通股 – 中国神华	15.0%	股息预提税 10%
2	普通股 – 印尼 PJBI 公司	5.0%	无
二	债权资本	70.0%	—
3	优先债务 – 国家开发银行	70.0%	无
三	夹层资本	10.0%	
4	次级债务 – 中国神华股东贷款	7.5%	利息预提税 10%
5	次级债务 –PJBI 股东贷款	2.5%	无

9.1.2　资本结构优化

资本结构优化的目的是充分发挥财务杠杆效应、实现权益价值最大化，从财务模型和估值的角度即是研究如何降低风险、增加权益现金流入。为更好地实现资本结构优化目的，我们先就各类资本来源的特点作一些分析讨论。

第一，股权资本。股权资本主要是投资人投入的以普通股为代表的项目资本金，投资人有权参与项目的经营决策、有权获得股息收入，具有无到期日、不需归还、无固定回报等特点。由于股权资本在项目清算偿还时的优先顺序排在最后，因此股权资本在项目中承担的风险最大，所要求的回报水平也最高。

从债务融资角度，股权资本的投入代表了投资人对项目经济效益、经营风险的良好预期，可以促进投资人更加勤勉尽责地经营企业，并至少以股权资本为限承担经营风险，因此股权资本比例越高的项目，债务风险承受能力越高，贷款银行的贷款意愿越强。

第二，高级债务资金。高级债务资金是债权人有偿提供给项目公司，在清偿顺序中具有最高优先级的债务资金，因此也被称作优先债务，它具有债务期限、偿还计划、债务成本明确等特点，例如项目融资、抵押担保贷款等。高级债务资金在项目中承担的风险相对最低，所债权人要求的债务利率回报也相对较低。

从债务融资角度，高级债务资金是项目资本的主要来源，虽然债权人不参与项目经营决策，但为保证债务安全，债权人会要求项目公司定期向其提供项目经营情况报告，监督项目经营。如果债权人监控发现项目经营或债务清偿出现异常，债权人有权按照贷款协议约定，限制项目公司部分投资和经营活动，直至取得项目公司控制权。

因此，过高的债务负担将增加项目的债务违约风险，推升项目总体风险，最终减损项目价值，特别是对经营受市场影响较大的项目以及再融资能力较弱的项目而言。

第三，次级债务资金。次级债务资金是介于股权资本和高级债务资金之间的一种债务资金，也被称为夹层资本，它具有债务的一般特征，但从清偿顺序而言劣于高级债务、优于股权资本，例如无担保贷款、可转换债券、股东贷款等。

在项目资本结构中安排次级债务资金，通常基于两方面考虑，一是在满足高级债权人对于项目最低资本金比例要求的同时，项目公司获取债务利息的税盾收益；二是作为减少高级债务对项目资金分配限制的方法之一，增强资金流动性，降低项目资金风险。

由上述分析可见，资本结构的影响因素众多，不仅其内部各因素之间相互关联，而且还与税务等外部因素关联。虽然财务杠杆可以为项目提供税盾收益，但债务并非多多益善，过高的债务比例会增加项目破产风险，过严的债务约束条件会降低资金运用的灵活性，进而减损项目价值，因此从资本结构角度实现价值最大化必然是在股权资本和债务资本间寻求最佳的收益和风险平衡点，在这个平衡点上项目加权平均资本成本最低。

正是由于影响资本结构的因素众多，所以财务模型一般无法直接得出最优资本结构的结论，但其可以对不同资本结构方案进行定量分析，为决策提供支持。例如我们可以通过建立内部收益率、净现值等评价指标与债务融资比例的敏感性关系模型，测算不同资本结构情景下的经济效果。与每股收益无差别点的分析方法相比，使用财务模型对最优资本结构进行量化分析，不仅可以囊括财务模型中所有因素对资本结构的影响，而且也可以将资金时间价值的影响、项目期内资本结构波动的影响等都纳入评估范围。表 9-3 展示了不同债务融资比例情况下爪哇 7 号项目资本金内部收益率的变化。

表 9-3　　　　　　　　　　　爪哇 7 号项目不同资本结构的敏感性表

债务融资比例	0	5%	10%	…	90%	95%
资本金内部收益率	10.5%	10.4%	10.3%	…	15.9%	17.5%

为更清晰地反映不同资本结构的敏感性关系，图 9-1 进一步将表 9-3 所示的数据作了图形化展示，并在 Excel 中对其变动趋势作了线性回归模拟。其中，线性回归模拟的简单过程为：

步骤一：添加趋势线。选中图中实线，点击右键然后选择"添加趋势线"，出现图中虚线所示的线性趋势线。

步骤二：添加趋势公式。选中图中虚线，点击右键然后选择"设置趋势线格式"，在格式选项中勾选"显示公式""显示 R 平方值"。此外，建模者也可以使用 LINEST（已知的序列 y，已知的序列 x，是否指定常量 b，是否返回统计值）函数直接得出线性回归的模拟公式。

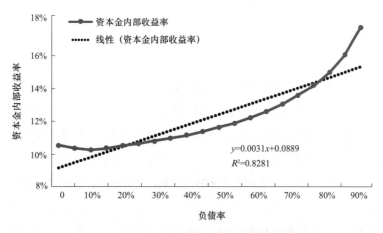

图 9-1 爪哇 7 号项目不同资本结构的敏感性图

从图 9-1 可知，在债务融资成本并不会随债务比例的升高而显著升高的前提下，资本金内部收益率与债务比例存在正相关关系，且在测试区间内不存在最优资本结构拐点。因此在以资本金内部收益率为主要评价指标的项目背景下，尽可能提高债务比例成为资本结构优化的方向之一。但爪哇 7 号项目债务比例的确定还存在一系列约束条件，包括：

（1）招标文件即印尼合作方要求股权资本比例不小于 20%；

（2）融资银行要求股权资本比例不小于 30%；

（3）在未取得豁免前，印尼税务部门判断资本稀释的标准为股权资本不小于 20%。

基于上述约束，爪哇 7 号项目在最低 20% 资本金比例约束的基础上，设计了占总投资额 10% 的股东贷款，从融资银行角度可将其视作股权资本以满足融资银行关于股权资本比例不小于 30% 的要求，从投资人角度该项股东贷款作为负债可进一步提高项目财务杠杆和债务税盾收益，从而达到资本结构优化目的。

9.1.3 偿债备付率与债务融资规模

在与银行讨论贷款安排时，我们会发现偿债备付率（Debt Service Coverage Ratio，DSCR）指标与债务融资规模、贷款偿还计划如影随形，贷款银行可以使用 DSCR 指标决定债务规模和股息分配，自动调整借款人的本金偿还计划甚至触发强制提前还款条款等，是债务融资中银行最重要的控制指标之一。DSCR 是项目在贷款偿还期内，当期可用于还本付息的资金与当期应还本付息金额的比值。即：

$$DSCR = \frac{可用于还本付息的资金（CFADS）}{当期应还本付息的金额}$$

其中，CFADS 的计算方法可参见第 11.2 现金流量表章节。如果项目的营运资本稳定且资本性支出可以忽略不计，则 CFADS 的简易估算方法为：

CFADS ≈ 息税折旧摊销前利润（EBITDA）− 企业所得税

当 DSCR 大于 1 时，说明项目公司在当期具有还本付息能力，DSCR 越大说明项目公司偿债能力越强、贷款银行放贷风险越低。在项目预期收益稳定、经营风险较小的项目中，贷款银行设置的 DSCR 控制指标通常为 1.2~1.5，例如爪哇 7 号项目为 1.30；当 DSCR 小于 1.2 时项目公司将被限制分配股息，当 DSCR 大于 1.5 时项目公司可能被要求将部分剩余现金流用于提前还款；而在一些经营风险较大项目的融资安排中，贷款银行为防范项目公司的偿债风险，DSCR 指标则会被设置得更高。

当债务融资规模由项目未来预计可供偿债现金流的多寡决定时，最大债务规模即可通过 DSCR 目标值和未来现金流计算得出，而在该过程中由于利息、安排费、承诺费等的计算又会反过来影响可供偿债现金流和债务规模，形成一个反复迭代的循环引用过程，具体包括：

（1）当期贷款利息的复利计算引发的循环引用。由于财务模型的时间维度不是以"天"为单位的，所以不论是将当期贷款利息资本化还是当期支付，利息的产生均会增加至当期贷款本金，如果继续对该部分本金在当期计息，则会产生循环引用。但是，如果假设每笔贷款均在期末提款和付息，则就不需要对当期利息进行计息，这是避免复利计算循环应用的方法之一，特别是在以月度为时间轴维度的情况下，上述"期末"时点假设所产生的误差应在可接受范围内。

（2）安排费和承诺费计算引起的循环引用。安排费和承诺费是以贷款总额为计算基础的，而贷款总额的计算由于存在贷款规模由项目未来可偿债现金流决定、复利计息等问题，所以安排费和承诺费的计算也必然会产生循环引用。

循环引用过程如图 9-2 所示。

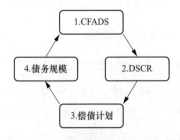

图 9-2 使用 DSCR 计算债务规模中的循环引用逻辑

例如在美国、澳大利亚、英国等实行电量竞价上网的完全市场化项目中，项目未来现金流主要由市场供需决定的出清价格确定，也就是说该种情况下项目的最大债务规模是基于市场供求关系的盈利能力所客观决定的，此时债务规模需要根据由预计出清价格决定的未来现金流进行反算，而且在计算过程中也将不可避免地产生循环引用。下面，我们以具体案例说明使用 DSCR 指标确定债务规模的过程。如表 9-4 所示，假设计划贷款期限为 5 年，贷款年利率为 6%，贷款银行确定的目标 DSCR 为 1.30 倍，在当前可供偿债现金流基础上求取最大债务规模。

表 9-4　　　　　　　　　根据未来可偿债现金流计算最大债务规模

序号	A	C	K	L	M	N	O
1	年份	合计	2021	2022	2023	2024	2025
103	= 可供偿债现金流	140878	29587	29585	29736	29787	22183
104	目标 DSCR		1.30	1.30	1.30	1.30	1.30
105	当期偿债能力上限	108368	22759	22758	22874	22913	17064
106	当期利息	17609	5700	4676	3592	2435	1206
107	当期还本	90759	17059	18081	19282	20479	15858
108							
109	期初本金余额		95000	77941	59859	40577	20099
110	当期还本	90759	17059	18081	19282	20479	15858
111	期末本金余额		77941	59859	40577	20099	4241
112							
113	假设债务规模	95000					
114	最大允许债务规模	90759					
115	假设 – 最大允许	4241					

具体计算步骤为：

步骤一：计算当期偿债能力上限。以目标 DSCR 为标准，反算当期偿债能力上限（包含偿还本金、利息等所有融资性债务），即：

当期偿债能力上限 = 可偿债现金流 / 目标 DSCR

$$K105 = K103 / K104$$

步骤二：假设最大债务规模。为避免发生循环引用，如 C113 单元格所示，以常量形式假设最大债务规模为 95000，作为期初本金余额和各期利息计算的依据。

步骤三：计算当期付息金额。根据各期期初本金余额，计算当期利息。例如：

$$K106 = K109 × 利率（6\%）$$

步骤四：计算当期还本金额。根据步骤一计算的当期偿债能力上限，减去当期付息金额，得出当期最大可还本金额。例如：

$$K107 = K105 - K106$$

步骤五：将步骤四计算结果返回至期初借款余额的计算。即：

$$C114 = C107$$

步骤六：检查假设债务规模与CFADS最大允许债务规模的收敛性。即：

$$C115 = C113 - C114$$

本例中，在假设的债务规模为95000万美元时，计算得出CFADS的最大允许债务规模为90759万美元，说明假设的债务规模偏大4241万美元。此时，可以使用单变量求解功能使C115单元格趋于0或某个合理范围，从而完成收敛。当C115趋于零时，收敛后得出最大债务规模为91831万美元。单变量求解功能的运用以及相应的VBA宏功能的运用可参考9.6.2节。

上例中我们讨论了基于市场供需因素产生的项目未来可供偿债现金流来确定债务规模的过程，但是在一些非完全市场化项目中债务融资规模的确定实际上可以与项目未来可偿债现金流无关，而是由预计的债务规模决定可偿债现金流。例如以爪哇7号项目为代表的PPP项目，项目未来现金流是投标报价决定的，因此债务规模可根据工程建设资金需求预设，并将预设的债务规模所需的可供偿债现金流反映在决定项目收入的投标报价之中。如果要提高债务规模则相应增加预期收入或调整债权人和债务人间的分配关系即可，当然这种情况下的债务规模还会受到最低偿债备付率、资本弱化要求、最优资本结构等的约束。

9.2　项目融资的基本架构

随着资本市场的日益发展，债务融资的来源也越来越多样化，从资金来源角度可分为银行信贷、债券市场、保险资金、信托基金等，从融资方式角度又包括项目融资、结构性融资、公司融资、抵押贷款、信用贷款、融资租赁、项目债券等众多形式。

融资模型是财务建模中最为复杂的部分，且与财务模型中的投资、税务、折旧、资产负债表、利润表、现金流量表等几乎所有表单都存在关联。在项目前期阶段即融资模式尚未确定时的财务建模，应当考虑采用通用性较高的融资假设条件，确保当融资方案、融资条件发生变化时财务模型仍然具有较强的灵活性。那么，面对纷繁复杂的融资模式，如何建立一个通用性和灵活性较强的财务模型呢？

首先，分析主流融资方式。当今社会金融创新、融资模式创新层出不穷，要穷尽所有融资模式几乎是不可能的，但当回归融资的本质可以发现，融资在本质上是借款人和贷款人就风险分配和收益分配达成的一种契约，其中收益分配又取决于风险分配。因此，从风险分配角度融资可分为基于信用基础的公司融资和基于资产、预期收益的项目融资两大类，其他融资模式可视作这两类融资模式的延展或组合运用。

其次，选用具有代表性的融资模式作为财务建模基础。项目融资和公司融资，二者在资信基础、追索程度、项目资金受限程度等方面各有特点，但从复杂性角度来说，项目融资的信用结构、成本结构均较公司融资复杂，且其融资费用体系可以覆盖公司融资，因此项目融资无论是从融资实践还是财务建模角度来说都是一种十分典型的融资方式，在财务建模中具有典型意义。

9.2.1　典型项目融资的信用结构

项目融资是项目投资结构、资本结构、资信结构的有机结合。其中，投资结构一般是投资人设立专门的具有独立法人资格的特殊实体（项目公司）进行融资，该实体一般具有投资主体、管理主体、融资主体三重角色，即作为投资主体吸收投资人的股权资本和向投资人分配股息，作为经营主体代表投资人经营和管理项目，作为融资主体负责融入债务资金和还本付息；资本结构是股权资本和债权资本间的比例关系；资信结构是项目公司与债权人、客户、供应商等各方间的风险分担关系，也是项目公司能否实现有限追索权或无追索权项目融资的关键。图 9-3 所示为典型的 BOT 电站项目融资信用结构，与爪哇 7 号项目融资结构基本一致。

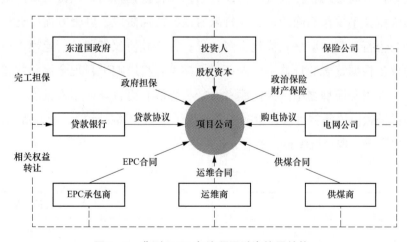

图 9-3　典型 BOT 电站项目融资信用结构

其中：

（1）项目公司是项目融资的借款人，以其全部资产、未来现金流、重要合同项下的权益、银行账户质押等作为取得融资的保证。

（2）投资人是项目公司的股东，为项目公司注入符合贷款银行要求比例的资本金，并在必要时为项目公司取得融资提供完工担保等增信措施。

（3）贷款银行是项目融资的放贷人，在完成令其满意的风险分配基础上向项目公司发放贷款。

（4）电网公司是项目公司电力产品的购买方，通过长期购电协议保障项目公司经营现金流的稳定。

（5）东道国政府是海外 PPP 项目中政府参与的重要形式，可以为政府或政府背景企业的履约提供担保，甚至直接为项目提供资金支持，有助于降低投资方的投资风险。例如根据印尼《加快电力基础设施发展》（总统令 2016 年第 4 号，后经 2017 年第 14 号修订），PLN 可以在电力项目采购程序开始前向财政部申请获得其履行 PPA 义务的主权基金担保。

（6）供应商和承包商是项目公司实现预期建设、运营目标的重要保障，选用资信和能力良好、具有长期合作关系、风险分配合理的供应商和承包商在为项目公司发展提供保障的同时，也有助于增强贷款银行提供融资的信心。

（7）保险公司是投资人和贷款银行均寻求的第三方财产保全机构，包括因自然灾害等不可抗力以及操作失误等人为因素导致的项目公司财产、人身损失提供保险保障的普通商业保险公司，以及为海外投资项目提供政治风险（战争、国有化、汇兑限制、政府违约等）保险保障的政策性保险公司。

完成令各方满意的项目融资结构设计后，项目公司将与贷款银行谈判签署贷款协议，对融资相关事项作明确约定。在贷款协议的协商阶段，融资方需要通过财务模型的试算来与银行谈判、调整和优化融资条件；在贷款协议签署后，建模人员需仔细审阅贷款协议，根据签署的贷款协议修订财务模型，将影响项目现金流和收益的各项融资条款落实在财务模型之中。为使读者对贷款协议有更直观的印象，表 9-5 展示了爪哇 7 号项目贷款协议条款目录，包括融资额度、提款和还款计划、融资费用计算方式、保证金账户安排、现金流瀑布、税费分担等内容。

表 9-5　　　　　　　　　　　　贷款协议目录示例

章节	目录	章节	目录
1	定义	4	提款条件
2	贷款	5	提款
3	用途	6	还款

续表

章节	目录	章节	目录
7	提前还款和取消	28	贷款代理行
8	利息	29	各融资方开展业务
9	计息期	30	付款机制
10	调整利息计算方式	31	抵销
11	费用	32	移交
12	包税和补偿	33	执行
13	其他赔偿	34	担保执行的所得
14	增加成本	35	债务的维持
15	贷款人的缓解措施	36	担保代理的作用
16	费用和开支	37	成本和费用
17	声明	38	表决和决策
18	信息承诺	39	通知
19	预算和定期报告要求	40	计算和证书
20	预测和财务模型	41	部分无效
21	项目账户	42	救济和放弃
22	肯定性承诺	43	修订和放弃
23	贷款人的承诺	44	保密信息
24	否定性承诺	45	文本
25	违约事件和补救	46	管辖法律
26	各融资方的变更	47	仲裁
27	借款人变更		

9.2.2 典型项目融资的费用结构

财务建模中的融资建模过程是将定性的融资结构进行定量化的过程，每一项融资条件和风险分配方式都应当直接或间接地体现在财务模型的价值计量之中。例如，贷款银行为项目公司安排项目融资会收取相应的安排费，为确保项目的可持续运营可能会要求项目公司设置大修基金，投资方或相关机构为项目公司提供增信担保也可能会收取相应的担保费用，贷款银行可能要求项目公司将部分剩余现金流用于提前还款等。表 9-6 列示了典型项目融资各阶段的费用结构以及与财务模型相关的融资指标。

表 9-6   典型项目融资的费用结构

时间节点	1. 准备期	2. 融资关闭日	3. 宽限期	4. 还本期
融资费用	律师费、评级费等准备费用	安排费	承诺费 利息 代理行费 折价或溢价 担保费用 政治保险 预提所得税	利息 代理行费 担保费用 政治保险 预提所得税
相关指标			提款条件 提款进度 宽限期 浮动利率掉期	约定还本计划 浮动利率掉期 偿债备付率 偿债准备金 大修基金 强制还款

关于各类融资费用和相关指标的含义及其在财务建模过程中将会遇到的重点、难点问题，会在本章后续各节中逐一详细说明。

9.2.3　融资约束下的资本注入

项目债权资本和股权资本的注入方式是指投资人向目标公司投入两种资本的优先顺序或相对进度。对于股权投资人来说财务杠杆可以增加权益回报率，财务杠杆不仅体现在债权与股权资本的相对比例上，还体现在债权资本与股权资本投入的时间先后顺序上，因此股权投资人一般希望提高债权资本比例并更早地获取债权资本。但对于债权投资人来说，发放贷款赚取利息收益的前提是要保障贷款资金安全，从投资人道德风险角度，债权人一般希望提高股权资本比例并较晚注入债权资本。对资本注入的优先顺序进行排列组合，注入方式可分为以下几种：

（1）债权资本和股权资本按比例同进度注入；

（2）先注入股权资本，后注入债权资本；

（3）先注入债权资本，后注入股权资本；

（4）债权资本和股权资本无特定顺序注入。

当财务模型同时设计了多种资本注入方式时，可以通过 CHOOSE 函数在多种方法之间进行切换。

9.2.3.1　债权资本和股权资本按比例同进度注入

在多数情况下，债权人会要求投资人股权资本的投入进度不低于债权资本投入进度，例如爪哇 7 号项目贷款协议中约定每次提款的条件之一为"在提供该笔贷款后的债转股比率不超过 70∶30"。从平衡借贷双方利益角度，最优的资本注入安排应该是债权资本和股权资本按比例以相同进度注入。

第一节说到，债务规模与可供偿债现金流的关系可以分为两种情形。如果债务融资规模由项目投资需求决定，则债权资本和股权资本一般可以按照预设的债股比例注入；如果债务融资规模由项目未来可偿债现金流决定，则债股比例往往难以准确预设。不论是何种情形，在计算过程中都将不可避免地产生循环引用。

为避免产生循环引用，可以在循环链条中插入一个常量以阻断循环引用，即预先假设一个投资总额，并以此为基础得出假设的股权资本和债权资本金额进行融资费用的计算。如表 9-7 所示，项目资本结构为股权资本（20%）、股东贷款（10%）、项目融资（70%），要求按比例同进度注入项目公司。

表 9-7　　债权资本和股权资本按比例同进度注入

序号	B	D	T	U	V	W	X	Y	Z	AA
1	期间	合计	2016 年 11 月	2016 年 12 月	2017 年 1 月	2017 年 2 月	2017 年 3 月	2017 年 4 月	2017 年 5 月	2017 年 6 月
53	当期资金需求	193171	3922	20371	123	101	874	7268	6478	3268
54	累计资金需求	193171	7647	28018	28140	28241	29115	36384	42861	46129
56										
57	资金来源									
58	当期项目融资	135220	0	19612	86	71	612	5088	4535	2288
60	当期股东贷款	19317	0	758	37	30	262	2181	1018	327
62	当期股本投入	38634	3922	0	0	0	0	0	925	654
65										
69	累计投入资金	193171	7647	28018	28140	28241	29115	36384	42861	46129
70	资产负债率	80.00%	0.00%	72.71%	72.83%	72.92%	73.74%	78.98%	80.00%	80.00%
76										
77	预设股本投入额度	39000	35275	31353	31353	31353	31353	31353	31353	30428

序号	B	D	T	U	V	W	X	Y	Z	AA
78	预设银行贷款额度	136500	136500	136500	116888	116802	116731	116119	111031	106497
85	<u>银行贷款 - 本金</u>									
86	期初余额		0	0	19612	19698	19769	20381	25469	30003
87	本期增加	135220	0	19612	86	71	612	5088	4535	2288
88	期末余额		0	19612	19698	19769	20381	25469	30003	32291
144										
145	预设股东贷款额度	19500	19500	19500	18742	18705	18675	18412	16232	15214
147	<u>股东贷款 - 本金</u>									
148	期初余额		0	0	758	795	825	1088	3268	4286
149	本期增加	19317	0	758	37	30	262	2181	1018	327
150	期末余额		0	758	795	825	1088	3268	4286	4613

步骤一：建立资本注入的模型框架。资本注入模型是为实现每一个期间资金需求（第 53 行）和资金来源（第 58/60/62 行）的平衡。为避免循环引用，案例中预设了动态投资总额为 195000 万美元，用于计算项目的预设股本投入额度、贷款额度以及安排费、承诺费等。

步骤二：计算当期各类资本注入金额。按照先计算债务资本，再计算股权资本的顺序设计模型，即以已投入或应投入的股权资本按照预定债股比反算可投入的债务资本。

当期银行贷款提款金额 T87 = MAX［0，当期资金需求 × 银行融资比例，MIN（累计资金需求 − 累计资金投入，累计资金需求 × 银行融资比例 − 截至上期累计投入银行贷款）］= MAX［0，T53 × 银行融资比例，MIN（T54−S69，T54 × 银行融资比例 −SUM（$E$87:S87）]

其中，"（X69−X54）"用于调整当累计实际投入资金大于资金需求时，优先使用该部分超进度资金，下同；"累计资金需求 * 银行融资比例 − 截至上期累计投入银行贷款"用于调整当融资关闭前已预先投入的股本资金可对应的提取的银行贷款。

当期股东贷款提款金额 Y149 = MAX［0，MIN（累计资金需求 − 截至上期累计投入资金 − 当期投入银行贷款，累计资金需求 × 股东融资比例 − 截至上期累

计投入股东贷款〕= MAX〔0，MIN（T54-S69-T58），T54 × 股东融资比例 -SUM
（$E$149:S149）〕

其中，"累计资金需求 * 股东融资比例 - 截至上期累计投入股东贷款"用于调整当
融资关闭前已预先投入的股本资金可对应地提取的股东贷款。

当期投入股权资本 Y62 = 当期资金需求 - 当期银行借款提款金额 - 当期股东贷款
提款金额 = MAX〔0，Y53-Y58-Y60-（X69-X54）〕

其中，当期投入股权资本是使用差额法计算，即在总资金需求以及其他类型资本
投入已知的情况下计算各期应注入的股权资本。

在项目融资关闭前已投入股本资金的情况下，项目融资关闭后可以利用前期投入
的股本资金额度等比例提取贷款资金，这样经过若干个月的重新平衡后，资产负债率
逐渐趋于 80% 的预设水平。

步骤三：调整预设调整总额。经过上述计算过程后，基于预设动态投资总额我们
可以得出一个初步估算的动态投资总额 193171 万美元，初步估算额与预设额差额 1829
万美元。此时，我们可以通过收敛计算使预设值不断趋于实际值，也可以对重要性水
平不高的差异选择容忍。

9.2.3.2　先注入股权资本，后注入债权资本

一些项目中由于借款人或担保人资信水平较弱或者项目风险较高，债权人为保证
出借资金安全，避免借款人道德风险，可能会要求借款人在收到全部股权资本后，债
权人再注入债权资本。如表 9-8 所示案例，各类资本注入的先后顺序及项目资本结构
为资本金（20%）、股东贷款（10%）、项目融资（70%）。

表 9-8　　　　　　　　　　　先注入股权资本后注入债权资本

序号	B	D	Y	Z	AA	AB	AC	AD	AE	AF
1	期间	合计	2017 年 4 月	2017 年 5 月	2017 年 6 月	2017 年 7 月	2017 年 8 月	2017 年 9 月	2017 年 10 月	2017 年 11 月
53	当期资金需求	190695	7268	6478	2906	2273	5512	3738	1660	6672
54	累计资金需求	190695	36384	42861	45768	48041	53553	57290	58950	65622
56										
57	资金来源									
58	当期项目融资	132195	0	0	0	0	0	0	450	6672
60	当期股东贷款	19500	0	3861	2906	2273	5512	3738	1210	0

续表

序号	B	D	Y	Z	AA	AB	AC	AD	AE	AF
62	当期股本投入	39000	7268	2616	0	0	0	0	0	0
65										
69	累计投入资金	190695	36384	42861	45768	48041	53553	57290	58950	65622
70	资产负债率	79.55%	0.00%	9.01%	14.79%	18.82%	27.17%	31.93%	33.84%	40.57%
76										
77	预设股本投入额度	39000	9.885	2616	0	0	0	0	0	0
78	预设银行贷款额度	136500	136500	136500	136500	136500	136500	136500	136500	136500
85	银行贷款 – 本金									
86	期初余额		0	0	0	0	0	0	0	450
87	本期增加	132195	0	0	0	0	0	0	450	6672
88	期末余额		0	0	0	0	0	0	450	7122
144										
145	预设股东贷款额度	19500	19500	19500	15639	12732	10459	4947	1210	0
147	股东贷款 – 本金									
148	期初余额		0	0	3861	6768	9041	14553	18290	19500
149	本期增加	19500	0	3861	2906	2273	5512	3738	1210	0
150	期末余额		0	3861	6768	9041	14553	18290	19500	19500

步骤一：建立资本注入的模型框架。资本注入模型是为实现资金需求（第53行）和资金来源（第58/60/62行）的平衡。与一般资金筹措过程略有不同，在先注入股权资本后注入债权资本的情况下，需要预设项目股本投入额度（D77单元格）、股东贷款额度（D145单元格），以此控制注入的权益资本金额上限。预设权益资金额度可以根据假设的项目投资总额计算。

步骤二：计算当期债权资本注入金额。本例中，使用倒挤法即在假设其他类型资本投入已知的情况下计算各期应优先注入的股权资本：

当期投入股权资本 Y62 = 当期资金需求 – 当期银行借款提款金额 – 当期股东贷款提款金额 = MAX [0，Y53–Y58–Y60–（X69–X54）]

其中，"（X69-X54）"用于调整当累计实际投入资金大于资金需求时，优先使用该部分超进度资金。

从上式可知，在当期资金需求已知的情况下，只需求得当期银行贷款提款金额和当期股东贷款提款金额即可得到当期投入股权资本。我们使用 MAX 和 MIN 函数来求取上述未知数，以 2017 年 4 月为例：

当期银行贷款提款金额 Y87 = MAX（0，当期资金需求 - 剩余预设资本金额度 - 剩余预设股东贷款额度）= MAX [0，Y53-Y77-Y145-（X69-X54）]

当期股东贷款提款金额 Y149 = MIN [MAX（0，当期资金需求 - 预设资本金额度），预设股东贷款额度] = MIN{MAX [0，Y53-Y77-（X69-X54）]，Y145 }

式中，预设的资本金额度、股东贷款额度根据资本金和股东贷款的逐步注入而相应减少；当预设的股本投入额度、股东贷款额度全部提前完毕后，项目后续所需资金均通过提取银行贷款解决，而未再进行预设额度的限制；MAX（0，…）函数是为防止特殊情况下提款金额出现负值，下同。

如第 70 行所示，在优先注入股权资本的情况下，项目资产负债率随着贷款资金注入而逐渐上升，最终趋于 80% 的预设水平。本例中 C70 单元格所示的最终资产负债率 79.55% 与预设的 80% 之间的差异，即来源于步骤一中预设投资总额与实际计算投资总额的差异。

当然，除了上述所使用的倒挤法外，优先注入的股权资本也可以按照正算法直接计算得出，即：

优先注入的股权资本 = MAX（当期资金需求，剩余资本金额度）

9.2.3.3 先注入债权资本，后注入股权资本

与上节所述相反，当借款人或担保人资信能力较强、股东提供了具有约束力的资本金出资承诺或银行保函的情况下，贷款人可能愿意优先注入债权资本，从而使投资人获取额外的财务杠杆。继续使用上节假设的资本结构，资本注入优先顺序为银行贷款、股东贷款、股本投入。先注入债权资本后注入股权资本如表 9-9 所示。

表 9-9　　　　　　　　　　先注入债权资本后注入股权资本

序号	B	D	AX	AY	AZ	BA	BB	BC	BD	BE
1	期间	合计	2019 年 5 月	2019 年 6 月	2019 年 7 月	2019 年 8 月	2019 年 9 月	2019 年 10 月	2019 年 11 月	2019 年 12 月
53	当期资金需求	194919	2134	5712	2694	3182	2792	4405	3319	5150

续表

序号	B	D	AX	AY	AZ	BA	BB	BC	BD	BE
54	累计资金需求	194919	142337	148050	150744	153926	156719	161124	164443	169593
56										
57	资金来源									
58	当期项目融资	136500	2134	1809	0	0	0	0	0	0
60	当期股东贷款	19500	0	3903	2694	3182	2792	4405	2523	0
62	当期股本投入	38919	0	0	0	0	0	0	796	5150
65										
69	累计投入资金	194919	142337	148050	150744	153926	156719	161124	164443	169593
70	资产负债率	95.25%	94.63%	94.83%	94.93%	95.03%	95.12%	95.25%	94.87%	91.99%
76										
77	预设股本投入额度	39000	31353	31353	31353	31353	31353	31353	31353	30557
78	预设银行贷款额度	136500	3944	1809	0	0	0	0	0	0
85	银行贷款 – 本金									
86	期初余额		132556	134691	136500	136500	136500	136500	136500	136500
87	本期增加	136500	2134	1809	0	0	0	0	0	0
88	期末余额		134691	136500	136500	136500	136500	136500	136500	136500
144										
145	预设股东贷款额度	19500	19500	19500	15597	12903	9721	6928	2523	0
147	股东贷款 – 本金									
148	期初余额		0	0	3903	6597	9779	12572	16977	19500
149	本期增加	19500	0	3903	2694	3182	2792	4405	2523	0
150	期末余额		0	3903	6597	9779	12572	16977	19500	19500

先注入债权资本后注入股权资本的计算过程，与上节先注入股权资本后注入债权资本计算过程类似：

步骤一：建立资本注入模型框架。建模过程与上节基本一致，不同的是，由于先注入债权资本，因此还需预设银行贷款额度（D78 单元格），以此控制债权资本金额上限。

步骤二：计算当期债权资本注入金额。本例中，使用正算法通过 MAX 函数和 MIN 函数计算各期应优先注入的债权资本：

当期银行贷款提款金额 AX87 = MIN（预设银行贷款额度，当期资金需求）= MIN ｛AX78，［AX53–（AW69–AW54）］｝

当期股东贷款提款金额 AX149 = MIN（当期资金需求 – 当期银行贷款提款金额，预设股东贷款额度）= MIN［AX53–AX87–（AW69–AW54），AX145］

其中，"（X69–X54）"用于调整当累计实际投入资金大于资金需求时，优先使用该部分超进度资金，下同。

为控制银行贷款和股东贷款的初始注入时间，还需在上式中加入时间控制开关，例如 AX1 ≥融资关闭日。

步骤三：计算当期股权资本注入金额。在当期项目融资提款金额和当期股东贷款提款金额已求得的情况下，使用倒挤法计算各期应注入的股权资本，即：

当期投入股权资本 AX62 = 当期资金需求 – 当期项目融资提款金额 – 当期股东贷款提款金额 = MAX［0，AX53–AX58–AX60–（AW69–AW54）］

需要注意的是，虽然本节讨论的是先注入债权资本后注入股权资本的情形，但实践中项目融资关闭前即开发阶段的资金需求仍需通过注入资本金或股东贷款解决，也就是说先注入债权资本后注入股权资本指的是融资关闭后的资本注入行为。本例中，如果在融资关闭前的项目开发阶段希望使用股东贷款，则可以将股东贷款时间控制开关前移，例如 AX1 ≥开发开始日。

9.2.3.4　债权资本和股权资本无特定顺序注入

在项目实际建设过程中，债权资本和股权资本的注入往往无法严格按照比例同步完成，且资金需求和资金供给常常也难以严格匹配，资本注入更多的是表现为无严密逻辑、无特定顺序的资金流动。虽然对于融资关闭之前的财务模型来说，这种无特定顺序的注入方式似乎意义不大，但对于融资关闭之后的财务模型来说，必须反映过去已实际发生的资本注入行为，而这种历史行为很可能就是无特定顺序的，从另一个角度来说，所谓的无特定顺序主要是针对历史期间的资金运动。如表 9-10 所示爪哇 7 号项目案例，虽然贷款协议中每次贷款提款的条件之一为"在提供该笔贷款后的债转股比率不超过 70:30"，但实际上股权资本的注入也并非恰好按照 70:30 的比例进行，总体来说股权资本的注入进度快于债券资本。

表 9-10　　　　　债权资本和股权资本无特定顺序注入

序号	B	D	AG	AH	AI	AJ	AK	AL	AM	AN
1	期间	合计	2017年12月	2018年1月	2018年2月	2018年3月	2018年4月	2018年5月	2018年6月	2018年7月
53	当期资金需求	190562	4954	2915	3201	2611	2354	4133	3781	5943
54	累计资金需求	190562	70889	73804	77005	79616	81970	86102	89883	95827
56										
57	资金来源									
58	当期项目融资	258806	2600	0	3000	3500	0	1000	7300	2700
60	当期股东贷款	19500	6000	0	0	0	2000	3000	0	0
62	当期股本投入	46041	0	0	0	0	0	0	0	0
65										
69	累计投入资金	324347	66900	66900	69900	73400	75400	79400	86700	89400
70	资产负债率	85.80%	52.17%	52.17%	54.22%	56.40%	57.56%	59.70%	63.09%	64.21%
76										
77	预设股本投入额度	39000	7000	7000	7000	7000	7000	7000	7000	7000
78	预设银行贷款额度	136500	110200	107600	107600	104600	101100	101100	100100	92800
85	银行贷款 - 本金									
86	期初余额		26300	28900	28900	31900	35400	35400	36400	43700
87	本期增加	258806	2600	0	3000	3500	0	1000	7300	2700
88	期末余额		28900	28900	31900	35400	35400	36400	43700	46400
144										

续表

序号	B	D	AG	AH	AI	AJ	AK	AL	AM	AN
145	预设股东贷款额度	19500	19500	13500	13500	13500	13500	11500	8500	8500
147	股东贷款 – 本金									
148	期初余额		0	6000	6000	6000	6000	8000	11000	11000
149	本期增加	19500	6000	0	0	0	2000	3000	0	0
150	期末余额		6000	6000	6000	6000	8000	11000	11000	11000

例如，要建立历史期间无特定顺序、未来期间按比例同步进行资本注入的基建期资本注入模型，可按照以下步骤：

步骤一：建立资本注入模型框架。本案例增加了历史期间资本注入的输入行（另行设置的历史数据输入界面，此处未展示），在历史期间当期的银行贷款、股东贷款、股本投入均引用输入行数据。

建模时可以通过设置判断开关，以选择是否取用历史数据，判断开关设置方式包括：

IF（历史数据输入单元格 <>" "，历史数据，模型计算数据）

IF（当期期间 <= 历史期间终点，历史数据，模型计算数据）

步骤二：确定当期项目融资提款额。对于历史期间，可以根据步骤一设置的判断开关直接引用输入行的数据；对于未来期间，可以参照前述的三种资本注入方式设计公式。

综合以上几种资本注入方式，在其他条件均相同的情况下，最终的项目总投资、权益内部收益率对比情况如下，见表9-11。

表9-11　　　　　　　　　　　　不同资本注入方式对比

项　目	权益资金优先注入	权益和债权同进度注入	债权资金优先注入
总投资	190695	193171	194919
银行贷款	132195	135220	136500
股东贷款	19500	19317	19500
股本投入	39000	38634	38919
权益内部收益率	16.20%	18.97%	21.99%

由表 9-11 可见，虽然优先注入权益资金情况下总投资最低，但由此导致项目财务杠杆降低，最终拉低了权益内部收益率。

9.3　设计贷款本金偿还计划

贷款宽限期结束后，项目进入还本付息期。贷款本金的偿还方式一般由项目现金流情况、贷款人对资金回收的意愿、借款人延期还款的意愿等因素综合决定。常见的本金偿还计划可归纳为到期一次性还本、等额本金、等额本息、按现金流定制等，同时作为补充的提前还款安排有强制提前还款、自愿提前还款等。

当财务模型同时设计了多种还本方式，可以通过 CHOOSE 函数在多种方法之间进行切换。

9.3.1　到期一次性还款

按照利息的支付时间分类，到期一次性还款方式又可分为到期一次性还本、分期付息和到期一次性还本付息两种方式。前者多适用于债券的偿还，在贷款到期时一次性偿还本息，并定期支付利息；后者多见于次级贷款、纯贴现债券、短期借款等，在贷款到期时一次性偿还贷款本息，其中期限较长的贷款可能还会采用复利计息。

如表 9-12 所示，假设 2020 年 1 月 1 日借入 10000 元，贷款到期日 2022 年 12 月 31 日，年利率 5%，每半年为一个计息期。方案 1 按照到期一次性还本，各计息期支付利息；方案 2 按照到期一次性还本付息，各计息期应付利息累积至本金进行复利计息。

表 9-12　　　　　　　　　　到期一次性还款计算示例

序号	A	B	C	D	E
1	结息期	方案 1：到期还本、分期付息		方案 2：到期一次性还本付息	
2		期末本金	当期利息	期末本金	当期利息
3	2020 年 1 月 1 日	10000		10000	
4	2020 年 6 月 30 日	10000	253	10253	253
5	2020 年 12 月 31 日	10000	257	10515	262
6	2021 年 6 月 30 日	10000	253	10779	264
7	2021 年 12 月 31 日	10000	257	11055	275
8	2022 年 6 月 30 日	10000	253	11332	278
9	2022 年 12 月 31 日	10000	257	11622	290

续表

序号	A	B	C	D	E
10	合计		1529		1622
11	公式	C9=B8×5%×(A9-A8+1)/360		E9=D8×5%×(A9-A8)/360	

从会计角度，贷款期内方案 1 较方案 2 合计少支付利息 93 元，方案 1 节约了财务费用；但从财务角度，如果预期收益率高于债务利率，则方案 2 将更有利于发挥财务杠杆效应。

9.3.2　等额本金还款

等额本金还款方式是在还款期内将贷款总额等分，每期偿还同等金额的本金和当期利息。由于每期还款本金额固定，而利息越来越少，所以借款人在期初还款压力较大，而后各期还本付息总额随时间递减，图 9-4 展示了等额本金还款方式下还本付息现金流的变化趋势。

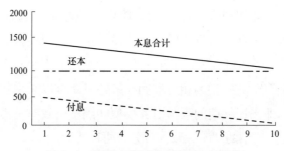

图 9-4　等额本金还款方式现金流趋势

等额本金还款中本金偿还额的计算可以参照直线法折旧计算方式所使用的 SLN（贷款总额，残值设为 0，总偿还期数）函数，也可以直接使用贷款总额除以偿还期数。此外，为控制等额本金还款公式的有效期间，还需使用判断函数设置偿还期数控制开关，例如"当前期间 <= 贷款期限"。

9.3.3　等额本息还款

等额本息还款方式是在还款期内，每月偿还同等数额的贷款（包括本金和利息），其实质上是一种现值折年金的方式，可以让借款人在还款期内均匀承担还款压力，个人住房按揭贷款的偿还即多采用此方式。等额本息还款方式下，每期还款额中的本金逐期递增、利息逐期递减，如图 9-5 所示。

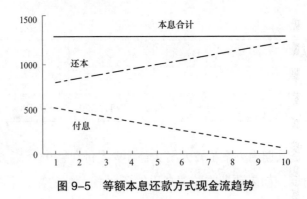

图 9-5　等额本息还款方式现金流趋势

等额本息还款额的计算可以使用 PMT（利率，总偿还期数，贷款总额），[最后一次偿还额]，[期初（0）或期末（1）支付] 函数，具体使用方法详见第 2.2.3 节。如果还款期内使用的利率为变动利率且等额本息还款额根据利率随时调整，则在使用 PMT 函数时，可以通过将每一个还款期均假设为一个新的还款起点来处理，即：

本息合计 = PMT（当期利率，剩余总期数，当期期初贷款余额）

偿还本金 = PPMT（当期利率，1，剩余总期数，当期期初贷款余额）

支付利息 = IPMT（当期利率，1，剩余总期数，当期期初贷款余额）

等额本息以及等额本金还款方式的一个建模难点是，当模型时间轴维度与还本付息期间不一致时（例如还本付息为每半年一次，但模型时间轴维度为月度），如何设置公式将还本计划匹配至财务模型的相应期间？解题思路可以采用将还款计划匹配至模型相应期间的方法，即当还款期间隔与财务模型间隔不一致时，需将还款期与财务模型相应期间进行匹配。所谓的"不一致"可分为两种情形。

情形一：当模型时间轴维度小于还款间隔时。例如模型期间为月度和季度并存，而还款间隔为半年度，此时可在财务模型中添加辅助行，判断当期是否为还款期，如表 9-13 所示。

表 9-13　　　　　　　　　　　　　还款期判断案例 1

序号	B	AZ	BA	BB	BC	BD	BE
1	项目 / 年份	2022 年 11 月	2022 年 12 月	2023 年 1 月	2023 年 4 月	2023 年 7 月	2023 年 10 月
2		2022 年 11 月	2022 年 12 月	2023 年 3 月	2023 年 6 月	2023 年 9 月	2023 年 12 月
4	期间月度计数（月）	1	1	3	3	3	3
9	是否为还贷期间判断（0/1）	1	1	1	1	1	1
10	还贷期累计计数（月）	12	13	16	19	22	25

续表

序号	B	AZ	BA	BB	BC	BD	BE
11	还款期判断（0/1）	0	1	0	1	0	1

步骤一：计算各期间所包含的月度数。计算结果将用于步骤三的累计计数，如第4行所示，BA4单元格公式为：

BA4 = MONTH（BA2）−MONTH（BA1）+1

步骤二：判断还贷期间范围。计算结果将用于步骤三的累计计数也就是判断各个期间是否处于宽限期结束后、最终还款期前的时点，BA9单元格公式为：

BA9 = AND（BA\$2>= 宽限期结束日，BA\$2<= 还贷期结束日）× 1

由于可能存在提前还款情况，为使还贷期间范围准确截至贷款实际偿还完毕的期间，可对上述公式增加判断条件：

BA9 = AND（BA\$2>= 宽限期结束日，BA\$2<= 还贷期结束日）× MIN（贷款期初余额，1）

式中，还款期之后的期间使用MIN函数根据"贷款偿还完毕后当期期初贷款余额=0"进行判断。

步骤三：以月度为单元计算累计经历的还款期间。计算结果将用于步骤四作为被除数按照各期间实际包含的月度数量计算累计数，BA10单元格公式为：

BA10 = BA9 × BA\$4+AZ10

步骤四：判断当期是否为还款期。此处使用MOD（被除数，除数）函数，以步骤三计算的还款期累计计数为被除数，以还款频率（每隔N个月还款一次）为除数，当实现整除即MOD函数计算结果为零时即为还款期。由于本案例中同时采用了月度和季度两个时间维度，所以当处于季度维度时还应就该季度所包含的月度逐一进行整除判断。BA11单元格公式如下：

BA11 = IF［BA\$4=1, MOD（BA10−1，还本频率）=0］× BA9

　　　　IF｛BA\$4=3,OR［MOD（BA10−1），还本频率］｝=0,MOD（BA10−2，还本频率）=0, MOD［（BA10−3），还本频率］=0（× BA9,0）

如果模型时间维度为单一的月度或季度时，则上述判断过程可以进一步简化。另外，这种情况下，使用OFFSET函数也可以实现MOD函数的功能，即按照既定的间隔对向后偏移以确定还款期。

情形二：当模型期间维度大于还款间隔时。例如模型期间为年度、还款间隔为半年度，可通过在财务模型中添加辅助计算表的方式先在辅助表中计算各期应还款金额，然后将辅助表的计算结果对应到各个模型期间中，表9-14为等额本息还款方式下的案例。

表 9-14   还款期判断案例 2

序号	B	J	K	L	M	N
73	还款期计数	1	2	3	4	5
74	期初余额	132048	128635	125118	121495	117763
75	本金	3413	3517	3623	3733	3845
77	还款年计数	1	2	3	4	5
78	计划还本 – 上半年	0	3517	3733	3962	4205
79	计划还本 – 下半年	3413	3623	3845	4082	4332

步骤一：计算还款期应还本金。第 73~75 行即在不考虑财务模型期间的情况下，利用 PPMT 函数计算的各个还款期（第 73 行）应还本金（第 75 行），在本例中一个还款期的时间间隔为 6 个月。

步骤二：将各期应还本金匹配至各年。第 77 行为自然年计数。第 78~79 行，由于还款期间隔月数为 6 个月，因此每年上半年和下半年将最多有一次还款，即如果宽限期结束日为上半年则第 1 年的上半年、下半年各还款 1 次，如果宽限期结束日为下半年则第 1 年仅下半年还款 1 次，本例中宽限期结束日假设为 11 月 30 日，则 J78 单元格公式为：

J78 = IF［宽限期结束日为上半年，OFFSET（$J$75，0，J77×2–3）］

IF［宽限期结束日为下半年，OFFSET（$J$75，0，K77×2–2），0］

同理，可以设计出 J79 单元格公式为：

J79 = IF［宽限期结束日为上半年，OFFSET（$J$75，0，J77×2–1）］，

IF［宽限期结束日为下半年，OFFSET（$J$75，0，J77×2–2），0］

式中，OFFSET 函数功能为将第 73~75 行中的每期还本额匹配至财务模型的相应年。本例中为每 6 个月还款一次，我们也可以使用相同的方法设计出各种还款间隔月数的情形。

综合 9.3.2 和 9.3.3 节所述，等额本息和等额本金是两种典型的贷款偿还方式，有助于我们更好地理解和评估其他不断创新、层出不穷的还款方式。

（1）从还款压力层面看，等额本息方式各期还款压力较为平均，等额本金方式还款压力前高后低；

（2）从企业利润层面看，等额本金方式支付的总利息相对较少，有利于美化企业的利润指标；

（3）从财务杠杆层面看，等额本息方式对贷款本金的平均占用率较高，更有利于

发挥财务杠杆效应。

9.3.4　按现金流定制还款

按照项目各期现金流丰沛程度定制还款计划是实践中最为常用的贷款还本方式，这是因为一方面等额本息还款方式对债权人来说有时可能会存在本金回收速度过慢、放贷风险偏高的问题，而等额本金还款方式存在对债务人来说初始还款压力过大、实际财务杠杆效果相对较小的问题，所以兼顾债权人和债务人利益期望的还款方式常常是介于二者之间的一种还款安排；另一方面，项目在贷款期内的经营情况可能存在周期性波动，某些期间可能会由于周期性大修等经营安排而导致当期可供还款现金流偏低，此时借贷双方须协商调减当期还本金额并相应调增其他期间还本金额。

在第 9.1.3 偿债备付率与债务融资规模章节我们讨论过确定债务融资规模的方法，债务规模的确定方法换一个角度来说即是贷款本金偿还方法，可供偿债现金流 / 债务备付率即为每期还本付息金额，这也是计算按现金流定制还款额的主要依据。当然，为了更自由地调整每期还本金额，也可以直接通过手工输入的方式对各期还本金额进行调整，而为便于手工调整作业，建模时一般会以总债务规模百分比的形式来定义每期还本数量，例如第 1 期偿还本金 6.0%，第 2 期偿还本金 4.5% 等，并可以使用 HLOOKUP 函数将手工输入的定制还款计划表匹配至财务模型中的各个还款期。

爪哇 7 号项目基于阶梯式电价、每 6 年一次的机组大修、借款人希望尽可能获取财务杠杆效益而贷款人又不同意等额本息还款方式等因素，还本方式采用了按现金流定制还款，在现金流测算基础上通过手工调整方式确定每期还本金额，图 9-6 展示了还款期内还本、付息以及本息合计曲线。

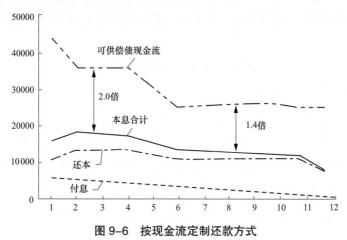

图 9-6　按现金流定制还款方式

表面上看，还本、付息曲线与等额本金还本方式类似，未能充分发挥财务杠杆效应；但当我们结合爪哇 7 号项目前高后低的阶梯式电价背景后会发现，该项目前期虽然还本较多，但同时由于售电价格较高使项目可供偿债的现金流也相对较多，所以项目前期可供股东分配的现金流（可供偿债现金流 – 本息合计）也较多；如果从债务备付率角度量化分析，项目投标阶段预计的前 5 年平均 DSCR 达到 2.0，其后平均为 1.4。因此，判断还本方式的优劣应结合项目具体背景、现金流分布等情况，不能孤立地分析，从该项目案例来说虽然定制还款计划与等额本金方式类似，但结合项目现金流分布看，实际上较等额本金还本方式发挥了更大的财务杠杆，兼顾了借贷双方的利益诉求。

9.3.5　强制提前还款

贷款人为进一步保障贷款资金安全常常会在贷款协议中规定，如果触发某些条件，则会强制借款人提前偿还部分或全部贷款，这种强制提前还款安排也被称为资金归集。提前还款的偿还顺序一般按实际到期日的逆向顺序减少，即从偿还最后一期的应还本金额开始反向操作。贷款协议中规定的强制提前还款可分为两类情况：

第一类，当项目公司按照约定的还款计划还本付息后现金流仍有剩余时，贷款人可能会限制借款人的分红规模，并要求借款人将超额现金流的一部分或全部用于提前还款。在多数项目融资中，超额现金流用于强制提前还款的比例一般小于 100%，但也有诸如美国 Term Loan B 融资模式会要求将 100% 的超额现金流用于提前还款。爪哇 7 号项目贷款协议中关于强制提前还款的约定为：

（1）若在任何年度的 5 月 15 日：

1）一项或多项分红条件 [注：主要指偿债备付率（DSCR）≥ 1.30] 未得到满足，则贷款代理行可自行决定要求借款人将所有超额现金流用于偿还存续的借款；

2）所有分红条件均得到满足，则借款人应将超额现金流的 10% 用于偿还存续的借款。

（2）根据上述（1）项进行的任何提前还款应：

1）由借款人在相关计算日做出；

2）按照到期的相反次序抵作剩余的分期还款。

第二类，当项目公司发生重大不利事项、重大违约或控制权变更时，贷款人有权要求借款人立即提前偿还全部本息。该种情况在财务建模时根据事件预计发生时点设置一个 IF 函数条件判断对该期期初未偿还本息进行清偿即可。

财务建模中较为常见的是上述第一类情况，即贷款人参与对剩余自由现金流的分配。

在融资关闭之前的财务建模中，债务规模和还款计划均尚未最终确定，模型中的债务规模和还款计划一般是基于预期现金流和预定 DSCR 反向测算，也就是说该阶段财务模型中的 DSCR 指标是必然满足分红条件的，因此财务模型直接将超额现金流的一定比例用于偿还借款即可。以表 9-15 为例。

表 9-15　　　　　　　　　　　超额现金流强制提前还款安排

序号	A	K	L	M	V	W	X
1	年份	2021	2022	2023	2032	2033	2034
88	超额现金流	19602	9810	10738	8736	23344	17374
89	超额现金流强制提前还款	1960	981	1074	874	0	0
90	可供股东分配自由现金流	17642	8829	9664	7862	23344	17374
98	DSCR（偿债备付率）	1.92	1.61	1.69	2.00	21.53	—

步骤一：计算超额现金流。第 88 行超额现金流，应根据贷款协议约定的现金流瀑布顺序计算。

步骤二：计算强制提前还款金额。第 89 行超额现金流强制提前还款，贷款协议约定当 DSCR 大于 1.30 时，将 10% 的超额现金流提前还款，公式为：

K89 = MAX [0，MIN（当期期初贷款余额 – 当期计划内已偿还本金，当期超额现金流 × 强制提前还款比例）]

式中，MIN 函数用于判断当期贷款余额（用"当期期初贷款余额 – 当期计划内已偿还本金"方式计算贷款余额，而非直接引用期末贷款余额，主要是为防止发生循环引用）与可用于强制提前还款的现金流孰低，例如 2033 年以后贷款已偿还完毕，则不需要进行强制提前还款；MAX 函数则用于防止超额现金流小于 0 时强制提前还款出现负值。

步骤三：检查 DSCR 指标是否满足要求。第 50 行偿债备付率（DSCR）作为判断强制提前还款的条件。由于爪哇 7 号项目为绿地项目，如前所述在投资建模阶段一般不存在预计 DSCR 不满足要求的情况，所以该案例中未将 DSCR 作为控制条件，但仍应对此进行复核。

在融资关闭之后的财务建模中，债务规模和还款计划已经确定，而预期建设和经营情况可能会发生变动，因此预期的 DSCR 指标可能存在不满足分红条件的情况。历史期间 DSCR 指标的检测不会产生循环引用问题，所以直接使用条件判断函数进行判断即可；但未来期间 DSCR 指标的引用判断将产生循环引用问题，此时可参考第 9.6 节所述的破解循环引用方法解决。从融资关闭后财务模型的应用实践看，实际经营形势向坏变化常常是不可逆的，反映到 DSCR 指标上就意味着是否满足 DSCR 指标要求很可能也是不可逆的，也就是说历史期间和可合理预测的将来无法满足 DSCR，则更远的预测期很可能也是无法满足 DSCR 的，因此如果基于"不可逆"的前提，可以在对预期 DSCR 指标进行匡算（对不可逆的假设作进一步验证）的基础上，参考 9.6.2 节方法将用于强制提前还款判断的 DSCR 指标常量化，从而避免复杂的循环引用也是不错的选择。

9.3.6　自愿提前还款

在设计财务模型的敏感性分析功能或并购项目的财务建模中，可能还会涉及自愿提前还款。绝大多数贷款协议均有自愿提前还款的相关约定，借款人可以提前偿还全部或部分贷款，但往往也附带一系列附加条件，例如：

（1）借款人必须在拟提前还款日前不少于若干个工作日书面通知贷款人并列明拟偿还金额和还款日期，例如某贷款协议约定"在不少于 15 个营业日（或多数贷款人同意时可短于该期限）提前向代理方递交通知的情况下，借款人可在任何全部或部分贷款利息期的最后之日提前偿还"。

（2）借款人在提前偿还时应向贷款人支付按提前偿还金额一定比例的罚金，常见的罚金比例在 0.5%~1%，但某些贷款协议中由于贷款期的前期不鼓励提前还款会将罚金比例设为 5% 以上的较高水平。

（3）提前还款只能在贷款协议中规定的各还款日办理。

（4）已提前偿还的金额不能重新提取，即贷款额度是不可循环使用的。

（5）任何一次提前偿还应按实际到期日的逆向顺序减少，即从冲减最后一期的还款金额开始反向操作。

（6）借款人在办理提前还款时，应将提前还款金额项下应计利息以及其他应付未付费用结清。

当自愿提前还款具有明确的还款规则时，例如所有的超额现金流均自愿提前还款，可参考上节强制提前还款的公式逻辑完成建模工作。当自愿提前还款没有明确的还款规则时，可在财务模型中预留手工输入空间，以手工输入方式作为自愿提前还款输入。

9.4　融资费用及其计算难点

贷款人向借款人收取利息、安排费、承诺费、代理费等一系列融资费用以弥补其资金成本、劳务成本、风险成本并获取收益是项目融资惯例，多种融资费用组合的收费模式在一些国内银团贷款中也有所使用。虽然融资费用的计算原理十分简单，但在财务建模过程中经常发生会循环引用问题，成为建模难点。

9.4.1　利率

利息是债务融资的主要费用项目，也是影响财务模型计算结果的主要参数之一。计算利息所用的利率可分为固定利率和浮动利率两种。

固定利率是指在整个借贷期限内，一经确定就不随金融市场行情变化而调整的利率。使用固定利率融资，可以为借贷双方提供确定的融资成本和收益预期，但若市场利率发生波动，固定利率则将导致借贷某一方的损失。应用固定利率的主要代表为各类债券中的票面利率，例如 2015 年中国神华发行的 10 年期固定利率 3.875% 的美元债券。

浮动利率是在整个借贷期限内，可以根据市场利率变化而调整的利率。外币贷款多采用浮动利率，目前最为流行的是以浮动的伦敦同业拆借利率❶（London Interbank Offered Rate，Libor）为基础，加上一个固定的利差（Margin）。利差是体现贷款人风险成本、利润等的价格，利差的高低视借款期限、借款人的信用保证、市场资金供求等情况而定，其主要波动范围从 0.5%~5.0% 甚至更高或更低都有可能，在多数情况下利差会按照基点（bp）表述，1 个基点代表 0.01%，例如 50~500 bp 即代表 0.5%~5.0%。Libor 是国际金融市场中大多数浮动利率产品的定价标准，是金融机构从同业市场筹集资金的成本，会直接影响利率期货、工商业贷款、个人贷款、住房抵押贷款等各类金融产品的定价甚至国家货币政策制定，其按照期限可分为隔夜、7 天、1 月、2 月、3 月、6 月、12 月等类别，长期贷款中常用的有 3 个月和 6 个月的 Libor；Libor 按照币种可分为美元、欧元、英镑、日元和瑞士法郎等类别。根据美国商品期货交易委员会数据，全球有超过 800 万亿美元的证券或贷款与 Libor 相联系，包括直接与 Libor 挂钩的 350 万亿美元掉期合约和 10 万亿美元贷款。

Libor 的波动会根据财务杠杆的大小对估值结果产生影响，财务杠杆越大影响越显著。为更形象地展示 Libor 的波动性及其对估值的重要影响，图 9-7 中的虚线展示了 Libor 诞生以来的历史走势以及同时期长期利率标杆——10 年期美元国债收益率。从图 9-7 中可见，自 1986 年 Libor 诞生以来，其在 0.32%~11.00% 之间波动，并且多次出现短期内骤升骤降的情况。

根据加权平均资本成本计算逻辑，浮动利率变化对资产收益率的影响为：

$$财务杠杆率 \times 利率变化 \times （1- 所得税税率）$$

---

❶　由于长久以来 Libor 表现出的种种弊端，世界各地的监管机构和市场参与者目前正从 Libor 向新的利率定价基准过渡，其中根据英国监管机构 FCA 的声明，美元 Libor 将于 2023 年 6 月停止公布。

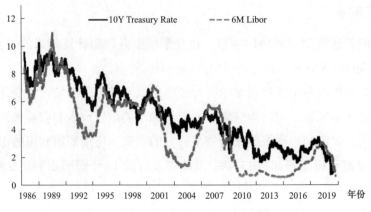

图 9-7　6 个月美元 Libor 历史走势图（%）

假设项目负债率为 80%，所得税率为 25%，则利率每增减 1% 将影响资产收益率增减约 0.6%，鉴于 Libor 的历史波动率，Libor 对资产收益率的影响是十分显著的，因此在建模中对利率的计算机制设计应尽可能细化和灵活，以更精确地计算利息和反映利率变化对项目收益的影响。

为了规避浮动利率对交易或投资的风险，金融市场发展出了利率掉期等金融工具。利率掉期就是两个主体之间签订一份协议，约定一方与另一方在规定时期内的一系列时点上按照事先约定的规则交换一笔本金相同的借款，只不过一方提供浮动利率，而另一方提供的则是固定利率，该固定利率的具体金额由双方在签订协议时即约定，浮动利率仍基于 Libor 等市场基准。图 9-7 中的实线展示了 1986 年以来美国 10 年期美元国债利率走势，近似于相应的 Libor 掉期利率。在银行贷款特别是项目融资中，为控制利率波动风险，贷款银行一般会要求借款人将一定比例的浮动利率贷款通过利率掉期工具转换为固定利率贷款，例如将贷款总额的 70% 通过利率掉期转换为固定利率，这就需要在建模时将一笔贷款的浮动利率分为掉期部分和非掉期部分，并通过加权平均方式计算贷款的综合利率。如表 9-16 第 89~92 行所示，加权平均综合利率计算方式为：

综合利率 = 浮动利率 × 非掉期比例 + 掉期利率 × 掉期比例 + 固定利差

9.4.2　利息

上节基于利率在估值中的重要性而对主要利率类型作了较为详细的阐述，本节将开始讨论利息的计算方式。利息计算的建模难点在于各期贷款本金和利息的计算过程中如何避免循环引用。

在项目基建期，当期利息一般通过新增借款支付，而新增的借款又会计入借款本金进行新的利息计算。如果新增借款发生在某期间的中间时段，则需要就该期间后续时段占用借款继续计算利息，此时就会导致循环引用问题。为解决利息计算中的循环引用问题，我们可以通过设计模型时间轴细度、迭代运算等多种方法巧妙设计利息计算机制：

方法一：通过假设所有借款均发生在期末解决循环引用问题

当所有新增借款均发生在各期期末时，则新增借款在当期将不产生利息，当期利息计算基数为借款本金上期期末余额或本期期初余额，以此规避循环引用问题。即：

$$当期利息 = 上期期末借款本金余额 \times 利率$$

$$本期期末本金余额 = 上期期末本金余额 + 当期利息 + 其他新增本金$$

如表 9–16 所示，当模型以月度为时间维度，当月应付利息均基于上月月末本金余额计算，并将当月支付利息作为当月新增本金的一部分。

表 9–16　　　　　　　　　　　　　利息计算示例

序号	A	C	AE	AF	AG	AH	AI	AJ
1	期间	合计	2017 年 12 月	2018 年 1 月	2018 年 2 月	2018 年 3 月	2018 年 4 月	2018 年 5 月
81	项目融资 – 本金							
82	期初余额		26300	28900	29000	31900	35400	35400
83	本期增加	125685	2600	100	2900	3500	0	1000
85	期末余额		28900	29000	31900	35400	35400	36400
86								
87	利息							
88	浮动利率（6M Libor）		1.77%	1.91%	2.09%	2.35%	2.49%	2.50%
89	掉期利率		2.80%	2.80%	2.80%	2.80%	2.80%	2.80%
90	利差（Margin）		2.85%	2.85%	2.85%	2.85%	2.85%	2.85%
91	利率合计		5.65%	5.65%	5.65%	5.65%	5.65%	5.65%
92	利息 – 应付	10149	128	141	127	155	167	172
93	利息 – 支付	10149	0	0	0	0	0	842

这种方法虽然牺牲了一部分模型的精确性，但在以月度为时间轴维度时影响实际上十分有限，可以在防止发生循环引用的同时最大限度兼顾模型准确性。

方法二：通过假设现金流均匀分布解决循环引用问题

在以年度为时间轴维度的情况下，上述第一种方法在准确性方面会产生明显缺陷，因为现金流发生在每期期末的假设不符合绝大多数项目的实际情况，会导致利息费用低估。我们通过分析年度各个月份的现金流分布规律可以发现，很多项目的现金流在全年各月份间呈近似均匀分布，基于均匀分布特点我们可以采用如下方法计算利息：

当期利息 =（上期期末本金余额 + 当期新增本金 ×50%）× 利率

方法二同样牺牲了一部分模型准确性，例如当期新增利息并未重新纳入本金进行计息，现金流并不一定呈严格的均匀分布等，但从实现模型准确性和防止循环引用的平衡上来说，该方法仍有较强的实用价值。

方法三：利用 VBA 程序准确计算利息

按照计息规则对当期新增本金及利息进行复利计算，由此产生的循环引用通过VBA 编程方式解决。该方法运用的具体方式可参照第 9.6 章节。

9.4.3　安排费

安排费（Arrangement Fee）也称为前端费（Upfront Fee），在没有安排行的融资结构中又称为管理费（Management Fee），是指借款人支付给牵头行提供筹组银团、贷款分销等服务的费用。其计费方式是按照贷款总额的一定比例，于贷款合同签署（即"融资关闭"）后规定期限内一次性支付：

安排费 = 预估贷款总额 × 安排费率 × 支付日期判断

安排费的收费标准根据项目和融资结构的复杂程度而异，通常为贷款总额的0.5%~1.5%，有些信用结构复杂项目的安排费率可以达到贷款总额的 2.5% 以上。尽管安排费和贷款总额有关，但合理的安排费不应被全部视为资金价格的表现，因为安排费主要针对的是牵头行组织银团的劳务报酬、包销贷款的风险补偿等。在爪哇 7 号项目贷款协议中，关于安排费的约定为：

借款人应以美元向贷款代理行支付一笔相当于总承诺额 1% 的安排费；该安排费应在本协议签署日后 30 天，和首次提款日（以较早日期为准）支付。

在财务建模中，安排费计算方式如表 9-17 所示。

表 9-17　　　　　　　　　　安排费计算示例

序号	B	D	S	T	U	V	W
1	期间	合计	2016 年 10 月	2016 年 11 月	2016 年 12 月	2017 年 1 月	2017 年 2 月
105	安排费	1365	0	1365	0	0	0
106		T105= 预估贷款总额 × 安排费率 ×｛T1=［EOMONTH(融资关闭日，1)］｝						

该项目贷款协议签署日为 2016 年 10 月，因此财务模型中设定安排费支付日为一个月以后的 2016 年 11 月。公式中的"预估贷款总额"为一个假定的常量，其设定方

式可详见本节后续"将贷款总额常量化破解循环引用"相关内容。

9.4.4　承诺费

承诺费（Commi tment Fee）是借款人在协议允许的提款期内，用于补偿贷款人对其未提款金额作出一定的资金准备、承担贷款责任的费用。从机会成本角度，贷款人承诺向借款人提供一定额度的借款会有一定的机会损失，这种损失应由借款人给予补偿。承诺费计费方式为：

承诺费 = 各付息日借款人未提款额度 × 承诺费率 × 至付息日额度承诺天数

承诺费 = 未使用额度 × 承诺费率 × 承诺天数 × 支付日期判断

承诺费率一般为 0.5%~1.0% 左右，大多数贷款的承诺费计费规则为在整个提款承诺期内采取统一费率，但也有一些贷款在提款期内分阶段设定不同的承诺费率。爪哇 7 号项目贷款合同关于承诺费的约定为：

（a）借款人应就提款期内贷款人的可提款额度，以美元向贷款代理行支付一笔按 0.5% 的年利率计算的费用。

（b）该贷款的应计承诺费：

（c）在本协议签署日后三（3）个月进行第一次支付；

（d）此后在提款期内的各个付息日支付；

（e）在提款期的最后一天支付；

（f）如承诺额全部取消，就相关贷款人在取消生效时被取消的承诺额支付承诺费。

在财务建模中，承诺费计算方式如表 9-18 所示。

表 9-18 承诺费计算示例

序号	B	D	S	T	U	V	W	X
1	期间	合计	2016 年 10 月	2016 年 11 月	2016 年 12 月	2017 年 1 月	2017 年 2 月	2017 年 3 月
85	承诺费结算时点		0	0	0	1	0	0
97	承诺费计算							
98	期初未使用额度		0	136500	128113	109206	108925	108824
99	当期提款额	136500	0	5387	18907	282	101	874
100	当期 LOC	3000	0	3000	0	0	0	0
101	期末未使用额度		0	128113	109206	108925	108824	107950
102	承诺费 – 应付	822	0	57	55	47	42	47
103	承诺费 – 支付	822	0	0	0	159	0	0
104	累计未付承诺费		0	57	112	0	42	89

其中：

初始未使用额度 = 预估贷款总额（常量）

当期提款额 = 当期提取的贷款本金

当期 LOC = 当期使用的信用证或银行保函额度（LOC 即 Letter of Credit）

承诺费应付 V102 = V98 × 承诺费率 × DAY（V1）/ 360

承诺费支付 V103 = 截至当期累计应付 – 截至上期已支付

$$= （SUM（\$F\$102{:}V102）–SUM（\$F\$103{:}U103） × V85$$

累计未付承诺费 V104 = 截至当期累计应付 – 截至当期累计已付

$$= SUM（\$F\$102{:}V102）–SUM（\$F\$103{:}V103）$$

在财务模型中，当期应付承诺费应计入利润表，当期支付承诺费应计入现金流量表，累计未付承诺费应计入资产负债表。

公式中的"预估贷款总额"为一个假定的常量，其设定方式可详见本节后续"将贷款总额常量化破解循环引用"相关内容。

9.4.5 代理费

代理费是指借款人专项支付给代理行，作为其账户管理、放（还）款代理、担保代理或文本代理等角色来协调落实银团贷款各项事宜的费用。

代理费通常不按照银团贷款金额的一定比例计算，而是按照参加银团贷款的银行数目（例如每个银行每年 1 万美元）或收支笔数计算（例如每笔 1000 美元），也可能每年估算一个固定金额（例如每年 10 万美元），具体金额由借款人与代理行根据代理行的工作量协商决定，一般按年支付。

9.4.6 预提所得税

对于东道国非居民纳税人提供的贷款，东道国会就其利息等收入征收 0~30% 不等的预提所得税，纳税人还可根据双边税收协定申请税收优惠。利息预提所得税可以约定由借款人或贷款人承担，但按照融资惯例更多地会由借款人承担，作为借款人的现金支出。爪哇 7 号项目贷款协议关于扣税的约定为借款人承担所有相关税费。

借款人在融资文件下向贷款人支付的所有款项应不包括扣税，除非借款人需进行扣税，在此情况下，应增加借款人应支付的款项（需对其进行扣税的款项），以确保贷款人获得若不进行扣税其本应获得的不包含任何扣税或扣缴的净款项。

预提所得税的税前扣除是实践中比较容易被忽略甚至出错的问题，可详见第 10.2 预提所得税的税前列支章节。

9.4.7　杂费

杂费主要是律师、融资顾问等中介机构费、评级费等。

银团贷款中，借贷双方一般会各自聘请律师为银团贷款的法律事项提供意见。律师费通常较为昂贵，一些国际知名律师事务所的服务费用高达每小时数千美元，一个融资项目的律师费可能高达上百万美元。

如果采用发行债券方式融资，除债券发行费（按照拟发行债券规模的若干个百分点计算）外还包括一系列杂项费用，且一般来说债券发行规模越小，债券发行总费用相对越高。表 9-19 展示了某项目发行债券的杂项费用。

表 9-19　　　　　　　　　　　　　发行债券中的杂费示例

序号	费用项目	费用金额示例
1	发行人国际律师费	30 万美元
2	发行人国内律师费	10 万美元
3	承销商国际律师费	30 万美元
4	承销商国际律内费	10 万美元
5	SPV 律师费	2 万美元
6	信托人律师费	5 万美元
7	路演费用	15 万美元
8	首次评级费用	200 万美元
9	评级年费	7 万美元
10	技术顾问	30 万美元
11	环境顾问	10 万美元
12	煤炭顾问	5 万美元
13	保险顾问	5 万美元

9.5　建立准备金账户

项目融资中，贷款人为降低贷款风险，一般会要求借款人设立偿债准备金、大修基金等准备金账户作为增信措施。准备金的具体表现形式多种多样，财务模型需对其中涉及资金流动的准备金形式进行建模。

9.5.1　偿债准备金账户（DSRA）

偿债准备金账户（Debt Service Reserve Account，DSRA）是贷款人要求的一项额外安全措施，它通常是一项相当于未来几个月预计还本付息义务的存款或信用证等担保，作为借款人按时履行贷款协议约定的还本付息义务的保障。项目融资中，贷款人要求借款人建立 DSRA 的目的是确保借款人有足够的短期偿付能力，当项目现金流出现暂时性问题时可以平衡现金流波动、防止债务立即发生违约，当项目现金流出现长期性问题时可以有充足的时间进行债务重组或执行贷款担保计划。

虽然 DSRA 的运作原理简单，但在财务建模过程时其运算机制设置却较为困难、烦琐，本节将使用较多篇幅予以说明，包括：

（1）偿债准备金的设立形式；

（2）账户金额设定；

（3）账户资金来源；

（4）信用证等的手续费；

（5）账户资金的补充、释放及利息；

（6）财务建模时的循环引用问题。

9.5.1.1 偿债准备金的设立形式

了解偿债准备金的运作机制是开展财务建模的前提条件。

贷款人要求设立偿债准备金的目的是为贷款增信，进一步保障贷款安全，因此对贷款人来说只要是能达到上述目的的偿债准备金形式都是可以考虑的。而借款人同意设立偿债准备金是为了满足贷款人要求以获取贷款资金，但如果以银行存款形式设立偿债准备金将导致账户资金沉淀，显著降低投资人的收益率。综合贷款人和借款人的利益诉求，偿债准备金可以采用银行存款专项账户形式设立，也可以采用信用证或其他担保形式，还可以同时采用银行存款和担保的组合模式。例如某浮动利率美元项目融资中，银行对偿债准备金的最低要求为 1500 万美元，借款人通过组合模式来满足偿债准备金要求，包括利用银行信用证授信额度开立的 1200 万美元信用证、用以应对各期偿债准备金波动的 300 万美元银行存款；由于该项目 DSRA 的存款利率仅约 1.0%~1.5%，远低于贷款利率，通过引入信用证担保每年创造了数十万美元的资金价值。

爪哇 7 号项目中，为解决贷款银行要求设立涵盖两期（每期 6 个月）偿债义务的偿债准备金而导致的大量 DSRA 资金沉淀问题，投资人基于该项目现金流稳定、贷款违约风险较低的情况，决定分别以银行存款形式和母公司担保形式各提供一期的偿债准备金，其中发生违约时优先触发银行存款偿债准备金，其贷款协议关于偿债准备金的约定如下：

（1）在项目完工日前，境外美元偿债准备金账户的贷方余额相当于或超过届时适用的偿债准备金数额；

（2）在项目完工日当日或之后：

1）境外美元偿债准备金账户贷方的余额；

2）在转让之日的 DSRA 担保项下被担保的数额的总和等于或超过届时适用的偿债准备金数额的 200%。

需要注意的是，如果采用信用证等担保形式设立偿债准备金，则在财务建模时，还需考虑到相应的担保成本，例如信用证开立费用。

9.5.1.2　账户资金的注入、释放及利息

DSRA 的运作主要可分为账户设立、账户金额调整、账户终结三个阶段，三个阶段的具体运作模式根据贷款协议的约定不同而异。图 9-8 简要展示了三个阶段 DSRA 现金流入和流出的各种可能情况。

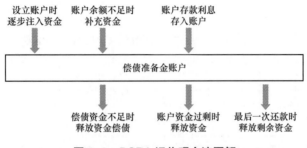

图 9-8　DSRA 运作现金流图解

下面，就爪哇 7 号项目的 DSRA 的财务建模过程进行演示，如表 9-20 和表 9-21 所示。由于 DSRA 的金额是基于未来的偿债义务（所谓偿债义务是指借款人该期间到期应付的本金、利息及相关费用）确定的，所以建模过程中如果数据逻辑关系处理不当将产生循环引用问题。为避免产生循环引用，本案例通过单独建立还本付息的辅助计算表（表 9-21），将 DSRA 引用的偿债义务与现金流量表引用的偿债义务的分别计算。

步骤一：根据现金流瀑布建立 DSRA 基本框架。可偿债现金流在偿付优先债务本息后进入 DSRA 计算，根据偿付优先债务后的现金余缺情况分别计算 DSRA 账户存入和提取金额，并根据上期期末账户资金余额计算存款利息收入，如表 9-20 所示。

表 9-20　　　　　　　　　　　　　　　DSRA 建模过程

序号	A	P	Q	R	S	T	U	V
1	年份	2019	2020	2021	2022	2023	2024	2025
2	运营期	并行期	并行期	1	2	3	4	5
39	= 可供偿债现金流	1385	23952	42876	35655	35802	35870	31068

续表

序号	A	P	Q	R	S	T	U	V
40								
41	优先债务偿付							
42	– 运营期 – 利息 – 优先债务	354	4727	5871	5309	4807	4262	3714
43	– 运营期 – 还本 – 优先债务	0	0	8190	12012	12012	12012	10920
44	– 非资本化承诺费	0	0	0	0	0	0	0
45	优先债务偿付小计	354	4727	14061	17321	16819	16274	14634
46								
47	= 偿付优先债务后现金流	1031	19225	28815	18334	18983	19596	16434
48								
49	偿债准备金账户（DSRA）							
50	(*) DSRA 目标余额	8300	8300	8604	8300	8300	8300	6561
51	+ 存入	0	8300	221	0	0	0	0
52	– 提取偿债资金	0	0	0	0	0	0	0
53	+ 存款利息	0	0	83	86	83	83	83
54	= 期末余额 – 溢余调整前	0	8300	8604	8690	8383	8383	8383
55	– 提取溢余资金	0	0	0	390	83	83	1822
56	= 期末余额 – 溢余调整后	0	8300	8604	8300	8300	8300	6561
57	– DSRA 与主账户资金流动	0	8300	221	–390	–83	–83	–1822

步骤二：建立计划还本付息辅助表。根据基建期贷款总额，在还本付息辅助表中计算各期还本付息金额，从而将辅助表的计算结果与现金流量表中还本付息的计算分离，以避免产生循环引用，如表9–21所示。

表 9-21　　　　　　　　　　　　　　计划还本付息辅助计算表

序号	B	P	Q	R	S	T	U	V
1	项目 / 年份	2019	2020	2021	2022	2023	2024	2025
2	运营期	并行期	并行期	1	2	3	4	5
87	计划还本 – 上半年	0	0	0	6006	6006	6006	6006
88	计划还本 – 下半年	0	0	8190	6006	6006	6006	4914
89	计划付息 – 上半年	0	0	0	2598	2355	2112	1869
90	计划付息 – 下半年	0	0	2764	2477	2233	1990	1747
91	本息合计 – 上半年	0	0	0	8604	8361	8118	7875
92	本息合计 – 下半年	0	0	10954	8483	8239	7996	6661

步骤三：计算 DSRA 目标。爪哇 7 号项目 DSRA 的现金账户按照未来 1 期（6 个月）偿债义务计算，并根据贷前财务模型的测算结果和借贷双方谈判情况设定了 DSRA 最低限额，最终贷款协议相关条款如下：

"偿债准备金"指在任何时候，以下较高金额的款项：

（a）最近一次预测表明应由借款人在下一个付息日或还款日（根据具体情况）支付的融资成本和融资本金；

（b）在第八（8）个还款日当日或之前，83000000 美元；或第八（8）个还款日之后，60000000 美元。

由于本案例以"年"为时间轴维度，因此当年 DSRA 的期末目标余额即为次年上半年计划还本付息额与贷款协议约定限额中的孰高者。表 9-20 的 Q50 单元格公式设置如下：

Q50 = IF（Q1<= 第 8 个还款日，MAX（8300 万美元，辅助表 !R91），

　　　　IF（Q1> 第 8 个还款日，MAX（6000 万美元，辅助表 !R91），0）

式中，引用自"辅助表"的次年上半年计划还本付息额即来源于步骤二，通过该种引用路径成功避免了循环引用问题。

注入 DSRA 的资金来源可由借贷双方谈判协商确定，一般来说包括利用当次融资融入资金和利用经营净现金流两种。如果使用融资资金，则在财务模型中可视作在约定时点支出现金购入一项长期资产，并在贷款偿还完毕时将长期资产变现收回资金。如果利用项目经营净现金流作为 DSRA 资金来源，则需按照现金流瀑布依序判断可注入 DSRA 的现金流，过程相对复杂，本例即采用了后一模式。

步骤四：计算 DSRA 存入金额，并设置是否启用 DSRA 机制的开关。表 9-20 的

Q51 单元格公式如下：

Q51 = MAX {0，MIN（当期 DSRA 目标净额，MAX（0，可用资金）}× 是否启用

  = MAX [0，MIN（DSRA 目标 –DSRA 期初余额 – 当期 DSRA 利息收入），MAX（0，偿付优先债务后现金流 – 主账户最低留存资金）]× 是否启用

  = MAX [0，MIN（Q50–P56–Q53），MAX（0，Q47– 最低留存现金）]×DSRA

式中，两个 MAX（0，…）函数是为防止向 DSRA 存入负的现金流；"偿付优先债务后现金流 – 主账户最低留存资金"是为主账户保留足够的流动资金，本案例中最低留存现金为 2000 万美元，因 2019 年偿付优先债务后的现金流仅 1039 万美元，因此该年不进行 DSRA 注入；公式最后乘以的"是否启用 DSRA"用于定义是否启用 DSRA 机制，启用为 1，不启用为 0。

步骤五：计算从 DSRA 提取用于偿债的金额。根据阅读习惯不同很多财务模型会采用负数表示资金流出，但本例中 DSRA 的提取仍以正数表示。表 9–20 的 Q52 单元格公式如下：

Q52 = MAX [0，MIN（当期偿债义务缺口，上期 DSRA 期末余额）]

  = MAX（0，MIN（当期偿债义务，当期偿债义务 – 可偿债现金流，上期 DSRA 期末余额））

  =MAX（0，MIN（Q42+Q43，Q42+Q43–Q39，P56））

步骤六：计算 DSRA 利息。DSRA 为通常计息账户，在结息日账户存款利息将自动计入本账户。本例中假设账户所有资金收支均在上期期末或本期期初进行，因此表 9–20 的 Q53 单元格公式可设置如下：

Q53 = 上期 DSRA 期末余额 × 存款利率

  = MAX（0，P56）× 存款利率

步骤七：计算提取溢余资金前的 DSRA 期末余额。表 9–20 的 I52 单元格公式如下：

Q54 = 上期 DSRA 期末余额 + 当期存入 – 当期提取用于偿债 + 当期利息

  = P56+Q51–Q52+Q53

步骤八：计算提取溢余资金后的 DSRA 期末余额。DSRA 的溢余资金也就是超过 DSRA 目标部分的资金，在偿债义务逐期减少、DSRA 利息逐渐累积的情况下，DSRA 将逐渐产生溢余资金；贷款清偿完毕时 DSRA 将释放所有资金。表 9–20 的 Q55、Q56 单元格公式如下：

Q55 = IF（贷款期末余额 =0，DSRA 余额，溢余资金）

  = IF [贷款期末余额 =0，DSRA 余额，MAX（0，提取溢余资金前的 DSRA 期末余额 – DSRA 目标余额）]

= IF（期初贷款余额 – 当期计划还本金额）=0，Q54，MAX（0，Q54–Q50）

Q56 = Q54–Q55

步骤九：计算 DSRA 当期资金收支净额。表 9–20 的 Q57 单元格值 8300 万美元，表示项目公司收入账户向 DSR 账户净支付，该净支付金额纳入项目整体现金流量表中计算，Q57 单元格公式如下：

Q57 = 存入 – 提取偿债资金 – 提取溢余资金

　　　= Q51–Q52–Q55

至此，DSRA 建模工作基本完成。最后我们对 DSRA 财务建模过程中避免循环引用的方法进行小结，以便于读者进一步理清计算逻辑。总的来说，避免 DSRA 建模的循环引用问题，一是将 DSRA 使用的还本付息计划单独建立辅助计算表，与现金流量表等的数据引用分离；二是使用期初余额作为计算基础，而非直接引用当期期末余额，例如：

贷款期末余额 = 期初贷款余额 – 本期还本金额

贷款利息支出 =（期初贷款余额 – 本期还本金额）× 利率

DSRA 利息收入 = 期初 DSRA 余额 × 利率

9.5.2　大修基金账户（MMRA）

项目运营过程中经常需要进行周期性的大额投入，以确保项目能够持续可靠运营，例如电站发电机组每隔约 5 年需要进行一次大修，公路车道每隔若干年也需要重新铺设等。大修基金账户（Major Maintenance Reserve Account，MMRA）就是贷款人为保障借款人有足够的现金流用于在未来开展大修工作而采取的一项增信措施，它通常是一项相当于最近一次大修的支出或信用证等担保形式。与上节所述的偿债准备金账户（DSRA）一样，在项目融资中设置 MMRA，在进一步保障贷款人资金安全的同时，资金沉淀也将侵蚀借款人的收益率。MMRA 财务建模需要关注的问题与 DSRA 基本一致，包括：

（1）大修基金的设立形式；

（2）大修周期；

（3）大修费用预测；

（4）账户资金来源；

（5）信用证等的手续费；

（6）账户资金的补充、释放及利息；

（7）财务建模时的循环引用问题。

9.5.2.1 大修间隔时间相同时的 MMRA 建模

如表 9-22 所示，按照一般现金流瀑布顺序规则，MMRA 建模在 DSRA 之后，且与 DSRA 建模过程基本一致。爪哇 7 号项目的检修计划为两台机组自投产起每隔 5 年（即每 6 年）对每台机组开展一次大修，且每年每次仅有一台机组开展大修，机组大修费用计入当期经营成本。由于 MMRA 财务建模过程与 DSRA 基本一致，因此 MMRA 建模的详细过程不再赘述，本节仅对表 9-22 所示案例的特殊之处——MMRA 目标设定方法进行说明：

表 9-22　　　　　　　　　　　　　　　MMRA 建模过程

序号	B	P	Q	R	S	T	U	V	W
1	年份	2019	2020	2021	2022	2023	2024	2025	2026
2	运营期	并行期	并行期	1	2	3	4	5	6
59	偿付 DSRA 后现金流	1031	10925	28593	18724	19066	19679	18256	12361
64								1 号机	2 号机
65	大修基金账户（MMRA）								
66	(*) 各年应付大修费用	0	0	0	0	0	0	711	798
67	(*) MMRA 目标金额	0	771	1568	1568	1568	1568	1568	1745
68	+ 存入	0	771	790	0	0	0	0	161
69	− 提取大修资金	0	0	0	0	0	0	0	0
70	+ 存款利息	0	0	8	16	16	16	16	16
71	= 期末余额 − 溢余调整前	0	771	1568	1584	1584	1584	1584	1745
72	− 提取溢余资金	0	0	0	16	16	16	16	0
73	= 期末余额 − 溢余调整后	0	771	1568	1568	1568	1568	1568	1745
74	−MMRA 与主账户资金流动	0	771	790	−16	−16	−16	−16	161

不同于 DSRA 的目标金额，历年历次大修费用一般都是经专业人士预测而得的常量，因此在计算 MMRA 目标金额时不会发生循环引用问题。MMRA 目标金额是未来一定期间内的预计大修之处，其计算方法可使用 SUM 和 OFFSET 函数的组合，例如 Q67 单元格公式为：

Q67 = IF（贷款期末余额 =0，0，未来 6 年应付大修费用）

= IF（贷款期末余额 =0，0，SUM（OFFSET（Q66，1，大修周期）））

9.5.2.2　大修间隔时间不同时的 MMRA 建模

上一小节叙述的是项目全寿命周期内每次大修间隔时间一致情况下的 MMRA 建模过程，但如果各次大修间隔时间不一致，则 MMRA 建模过程将趋于复杂。以表 9-23 为例，假设电站项目 1 号和 2 号机组分别于 2019 年和 2020 年投产，检修周期根据机组磨损趋势制定，每次大修间隔时间各不相同。

与大修间隔时间相同时的 MMRA 建模比，大修周期的不规则变化，会使 MMRA 目标金额的计算变得相对复杂，但 MMRA 的提取、计息、存入的计算逻辑并不受影响。因此，下面主要讲解 MMRA 目标金额的计算，如表 9-24 所示。

表 9-23　　　　　　　　　　间隔时间不同情况下的大修计划表

序号	G	H	I	J
1	大修机组	大修年份	大修金额	下一次大修间隔
2	1 号机组	2019	700	5
3	2 号机组	2020	750	5
4	1 号机组	2024	800	4
5	2 号机组	2025	850	4
6	1 号机组	2028	1000	3
7	2 号机组	2029	1100	3
8	1 号机组	2031	1500	5
9	2 号机组	2032	1650	5
10	1 号机组	2036	2000	6
11	2 号机组	2037	2200	5
12	1 号机组	2042	2201	0
13	2 号机组	2042	2202	0

表 9-24　　　　　　　　间隔时间不同情况下的 MMRA 目标金额建模过程

序号	A	P	Q	R	S	T	U	V	W
1	年份	2019	2020	2021	2022	2023	2024	2025	2026
2	运营期	并行期	并行期	1	2	3	4	5	6
61	*历年大修费用	700	750	0	0	0	800	850	0

续表

序号	A	P	Q	R	S	T	U	V	W
62	* 距离下次检修时间	5	5	4	3	2	4	4	3
63	* 目标金额	1550	1650	1650	1650	1650	1850	2100	2100

步骤一：将预测的检修费用对应到相应年份。在 "一对一" 的情况下 VLOOKUP 函数和 SUMIFS 函数均可实现数据查询及对应功能，但本例中由于存在最后一年同时检修两台机组的 "多对一" 数据关系，因此使用 SUMIFS 函数进行数据查询对于，公式如下：

R61 = SUMIFS（大修计划 !$I$2:$I$13，大修计划 !$H$2:$H$13，YEAR（R1））

式中，引用的 "大修计划" 即表 9-23。

步骤二：计算当前年份距离下次检修的时间。该步骤使用了 VLOOKUP 函数的近似匹配功能，返回大修间隔时间、上次大修年份等所需数据。公式如下：

R62 = 最近两次大修的间隔周期 –（当前年份 – 上一次大修年份）

= VLOOKUP（YEAR（R1），大修计划 !$H$2:$J$11，3，TRUE）–

{ YEAR（R1）– VLOOKUP [YEAR（N1），大修计划 !$H$2:$H$11，1，TRUE] }

式中，VLOOKUP 函数的第四个参数用于定义匹配类型，如果需要返回值的近似匹配（即向下匹配小于等于查找值的最大值）则可以指定为 TRUE，如果需要返回值的精确匹配则指定为 FALSE，如果没有指定任何内容则默认值将始终为 TRUE 或近似匹配。

步骤三：计算 MMRA 目标金额。将步骤二的计算结果作为 OFFSET 函数的输入参数，使用上一小节所述的 SUM（OFFSET（ ）函数组合方法计算 MMRA 目标金额。R63 公式如下：

R63 = SUM（OFFSET（S61，1，R62）

9.6　循环引用问题解决方案

当一个单元格内的公式直接或间接地引用了这个公式本身所在的单元格时，将引发循环引用问题，当发生循环引用时 Excel 将在单元格中显示零或最后计算的值。当 Excel 发生循环引用时，将导致财务模型运算效率大幅降低（开启迭代运算的情况下）或导致计算错误，因此在建模过程中应尽量避免发生循环引用问题。

之前的章节中提到，财务建模时计算利息、安排费、承诺费等融资费用以及进行未来期间 DSCR 指标判断时均可能会产生循环引用问题。基建期当期新增利息计入贷款本金后的复利计息，可能会导致循环引用；计算安排费和承诺费时，如果项目贷款总额为未知数或非常量，则此时一方面安排费、承诺费需要根据贷款总额来计算，另一方面安排费、承诺费又构成了贷款总额的一部分，所以从逻辑上来说安排费和承诺费的财务建模过程中也会产生循环引用问题。图 9-9 展示了安排费和承诺费的循环引用过程。

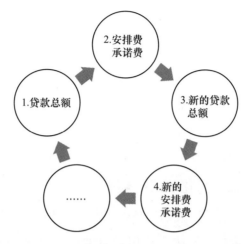

图 9-9 安排费和承诺费引起的循环引用示例

下面，我们将介绍几种解决循环引用问题的方法。

9.6.1 通过 Excel 的迭代计算功能破解循环引用

Excel 软件具有迭代计算功能用于解决循环引用问题，建模时按照安排费、承诺费的常规逻辑设置包含循环引用的计算公式后进行迭代计算即可。Excel 迭代计算开启方法为在 Excel【文件】选项卡中单击【选项】打开【Excel 选项】对话框，选择【公式】然后勾选"启用迭代计算"，如图 9-10 所示。

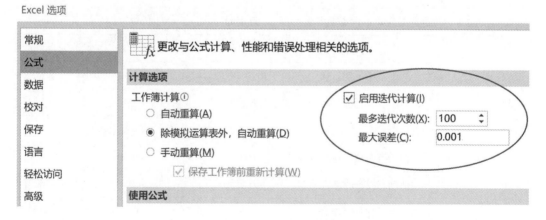

图 9-10 启用 Excel 迭代计算功能

但是，Excel 迭代计算功能具有诸多缺点，一般不建议使用。

第一，运算速度十分缓慢。特别是模型较大时，每次修改模型都会导致整个模型进行迭代计算，非常缓慢。

第二，容易出现计算错误。当模型较大、迭代关系较为复杂时，在限定的迭代次数内可能无法完成全部迭代计算，发生运算异常，导致最终财务模型输出结果出现错误。

第三，使得财务模型难以理解。通过循环引用构建公式，会使模型自变量和因变量的关系变得模糊，模型的可读性下降。

第四，可能导致部分 Excel 功能无法正常使用。例如常用的单变量求解功能可能会无法使用。

9.6.2 将贷款总额常量化破解循环引用

针对安排费、承诺费计算引发的循环引用问题，我们可以先假设一个近似的投资总额作为财务模型的原始输入参数，并以此为依据计算贷款总额以及安排费和承诺费，从而规避循环引用问题。

但如何预估一个近似的投资总额，如何使预估值向实际值收敛呢？首先，我们需根据模型精度要求，确定预估值与实际值的最大冗余度，比如冗余为 [0~1000]；然后，调整预估投资总额，使其不断接近实际值以减少冗余，调整方法包括手动调整、利用 Excel "单变量求解" 功能调整等。下面，以具体案例进行演示，如表 9-25 所示。

表 9-25　　　　　　　　　　贷款总额常量化示例 -1

序号	A	B	C	D	E
40	2.1	静态投资（不含流动资金）	万美元	175150	
41		其中：人民币计价	万人民币	800000	
42		其中：印尼盾计价	Rp.000000	7500000	
43		其中：美元计价	万美元	1000	
44	2.2	动态投资	万美元	193305	
45		预估动态投资（融资用）	万美元	195000	
46		预估动态投资收敛性检验	万美元	1695	[0~1000]
53	3.1	总债务融资比例及金额	%	80.00%	156000
54		一银行借款	%	70.00%	136500
55		银行借款1	%	70.00%	136500

续表

序号	A	B	C	D	E
56		银行借款 2	%	0.00%	0
57		—股东借款	%	10.00%	19500

步骤一：预估项目投资总额。如表 9–25 所示，预估爪哇 7 号项目动态投资 195000 万美元（D45 单元格），并根据预选设定的债权融资比例（70%）得出相应的预估贷款总额 136500 万美元（E55 单元格）。

步骤二：根据预估投资总额计算动态投资。财务模型基于静态投资以及根据预估贷款总额计算的利息、安排费、承诺费等动态费用后得出动态投资为 193305 万美元（D44 单元格）。

步骤三：确定最大冗余值。冗余值可根据对财务模型的精度要求而定，最小为 0 冗余，但设置一定数量的冗余可以为财务模型提供更高的灵活度而且也是符合融资实践的。本案例根据项目规模，将预估值与实际值的最大冗余设为 1000 万美元，即认为预估值与实际值的差额在 1000 万美元以内都是可接受的，亦即在财务模型中设定可以为最多 700 万美元（1000×70%）的冗余贷款额度支付额外的安排费和承诺费。

步骤四：检查预估值与实际值的收敛性。设置如 D46 单元格（=D45-D44）所示的判断单元格，在表 9–25 示例中，当前冗余 1695 万美元超出了冗余值上限，为此我们将预估动态投资降低 1000 万美元至 194000 万美元后，冗余变为 716 万美元，满足收敛要求，如表 9–26 所示。

表 9–26　　　　　　　　　　　贷款总额常量化示例 –2

序号	A	B	C	D	E
40	2.1	静态投资（不含流动资金）	万美元	175150	
41		其中：人民币计价	万人民币	800000	
42		其中：印尼盾计价	Rp.000000	7500000	
43		其中：美元计价	万美元	1000	
44	2.2	动态投资	万美元	193284	
45		预估动态投资（融资用）	万美元	194000	收敛计算
46		预估动态投资收敛性检验	万美元	716	[0~1000]

续表

序号	A	B	C	D	E
53	3.1	总债务融资比例及金额	%	80.00%	155200
54		—银行借款	%	70.00%	135800
55		银行借款1	%	70.00%	135800
56		银行借款2	%	0.00%	0
57		—股东借款	%	10.00%	19400

　　为提升模型的自动化水平，我们可以对上述采用手工调整的收敛方法做进一步优化。

　　第一，使用"条件格式"对不符合要求的预估值进行提示。具体方法为，选中D46 单元格，然后在【开始】选项卡的【条件格式】中选择【新建规则】，并按图9-11 所示进行规则设置，即当D46 单元格数值小于0 或大于1000 时，D34 单元格将变成红色提醒状态。

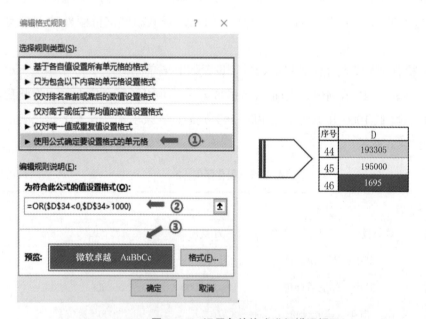

图 9-11　运用条件格式进行错误提示

　　第二，使用单变量求解的 VBA 程序进行收敛调整。单变量求解功能可通过【数据】选项卡【模拟分析】下拉选项中的【单变量求解】来完成，而在建模中更为实用是通过 VBA 程序来完成单变量求解过程。图 9-12 所示的 VBA 程序，将预估投资总额的最大冗余度设置为 1000 万美元，然后进行单变量求解。

```
Sub 预估投资收敛计算（ ）

' 将预估投资总额的最大冗余度设置为 1000 万美元，并按最大冗余度求解
Range("D46"). GoalSeek goal:=1000, changingcell:=Range("D45")


End Sub
```

图 9-12　VBA 之单变量求解

同时，还可插入表单控件，将所编写的 VBA 程序指定于该控件，以便于用户操作。如表 9-27 所示，点击控件按钮"收敛计算"后，可求出预估动态投资 194290 万美元，此时预估动态投资较计算的动态投资冗余为 1000 万美元。

表 9-27　　　　　　　　　　预估动态投资单变量求解结果

序号	A	B	C	D	E
40	2.1	静态投资（不含流动资金）	万美元	175150	
41		其中：人民币计价	万元	800000	
42		其中：印尼盾计价	Rp.000000	7500000	
43		其中：美元计价	万美元	1000	
44	2.2	动态投资	万美元	193290	
45		预估动态投资（融资用）	万美元	194290	收敛计算
46		预估动态投资收敛性检验	万美元	1000	[0~1000]
53	3.1	总债务融资比例及金额	%	80.00%	155432
54		一银行借款	%	70.00%	136003
55		银行借款1	%	70.00%	136003
56		银行借款2	%	0.00%	0
57		一股东借款	%	10.00%	19429

在实际应用中，该方法具有诸多优点。首先，操作简单，无论建模者是否具备 VBA 编程能力均可使用；其次，直接设定一个预估投资总额，可以使模型中安排费、承诺费的计算避免发生循环引用；再次，当冗余值上限较高时，静态投资或动态费用发生少量变动的情况下，仍可使冗余收敛于预定区间内，不需反复调整预估投资总额。

9.6.3　通过复制粘贴法迭代破解循环引用

该方法与上述将贷款总额常量化的破解方法具有异曲同工之处，是将各期预估的贷款总额与实际计算得出的贷款总额不断迭代，直至迭代结果与预估值一致或达到合理误差范围内。

下面，以具体案例进行演示，如表 9-28 所示。

表 9-28　　　　　　　　　通过复制粘贴法迭代破解循环引用示例

序号	A	B	C	D	E	F	G	H
11	循环破解	合计	2015 年	2016 年	2017 年	2018 年	2019 年	2020 年
12			建设期	建设期	建设期	建设期	交替年	1
13	投资比例（%）	100%	0.15%	12.00%	25.00%	35.00%	27.85%	0.00%
14	静态投资	170000	255	20400	42500	59500	47345	0
15	其中：股本	51000	255	5941	12750	17850	14204	0
16	贷款	119000	0	14459	29750	41650	33142	0
17								
18	利息	12528	0	121	1924	4257	6227	0
19	承诺费	1166	0	322	512	278	54	0
20	安排费	1468	0	1468	0	0	0	0
21	中国信保保费	3355	0	179	553	1086	1537	0
22	其他费用	180	0	120	20	20	20	
23								
24	动态投资	188697	255	22610	45509	65140	55183	0
25	其中：股本	56609	255	6604	13653	19542	16555	0
26	贷款	132088	0	16005	31856	45598	38628	0
27	（辅助 - 动态 - 贷款）	132087	0	16005	31856	45598	38628	0
28	（辅助 - 动态 - 贷款 - 累计）		0	16005	47862	93460	132087	0
29	（动态 - 贷款 - 收敛检验）	1						

步骤一：建立各期贷款额预估值的辅助行。辅助行数据均为常量，如表 9-28 第 27 行所示。

步骤二：计算融资费用。利用所建立的辅助行计算安排费、承诺费、利息等，以此规避循环引用问题，即利用第 27 行辅助行数据计算第 18~20 行的融资费用。

步骤三：进行复制粘贴迭代计算。将计算得到的动态投资贷款部分，粘贴至辅助行。即将第 26 行数据粘贴覆盖至第 27 行。

步骤四：检查计算值与预估值的收敛程度。在 B29 单元格设置公式 = IF（ABS（B27–B26）<1，1，0）判断收敛程度，本例中设置计算值与预估值的冗余值为 ±1，当冗余值小于 ±1 时，则满足收敛条件返回值为 1，否则返回值为 0。如果返回 0，则不断重复第三步和第四步工作。

如上节示例，上述第三步和第四步工作，也可以通过 VBA 程序一键完成。

9.6.4 通过合理设置数据期间破解循环引用

在上节介绍利息计算以及 DSRA、MMRA 准备金账户的建模时，我们总结了避免发生循环引用的方法，包括假设现金流均发生在期末；使用期初余额作为计算基础，而非直接引用当期期末余额；通过建立辅助计算表，使引用数据与被引用数据计算逻辑的分离等，常用的具体方法有：

当期基建贷款利息 = 期初借款余额 × 利率

当期贷款期末余额 = 期初贷款余额 – 本期还本金额

当期贷款利息支出 =（期初贷款余额 – 本期还本金额）× 利率

当期存款利息收入 = 期初存款余额 × 利率

第 10 章

充实模型框架
—— 财税模块

财务模型不仅要尽可能合理准确地反映项目建设、生产、经营、融资等情况，还要符合项目所在地的公司法规、税务法规、会计准则等强制性规范。按照一定的规范编制财务模型不仅是依法合规模拟项目经营业务的要求，也是财务模型与同行业、与历史数据进行横向纵向分析比较的需要。

其中特别是税收作为一项专业且重要的知识体系，在欧美等一些税收体系复杂的国家，非税务专业人士几乎不可能做到对所在国税收体系精准地把握，但建模人员仍需对税收政策的基本框架和税收运作的基本逻辑有一定程度的了解，以更加全面、准确地设计财务模型。

根据世界各国实行的主要税种的性质，现代税收制度体系主要包括 3 个有机联系的组成部分，即所得税课税制度、商品税课税制度、财产税课税制度。在我国，根据征税对象的性质不同，税基可划分为流转额、所得额、财产、资源、特定行为五类，也因此将税收分为相应的五类即流转税或称商品和劳务税、所得税、财产税、资源税、特定行为税，其中前两项在过去 10 年中分别约占我国总税收收入的 52% 和 27%，随着我国财税和社会分配制度的改革持续推进，预计未来所得税所占的比重会持续上升，例如美国约 80% 的税收来源于个人所得税和社会保险税。税率方面，我国现行的税率主要有比例税率（增值税、营业税、城市维护建设税、企业所得税等）、超额累进税率（个人所得税）、定额税率（城镇土地使用税、车船税等）、超率累进税率（土地增值税）等。

　　将税收政策落实到财务模型之中，也就是在财务模型中建立税收机制时，建模人员应先分析估值项目的征税对象（又叫课税对象、征税客体，指税法规定对什么征税，是征纳税双方权利义务共同指向的客体或标的物，是区别一种税与另一种税的重要标志，例如房产税的征税对象是房屋，消费税的征税对象是应税消费品），并借助税务专业人士的力量明确征税对象适用的税基、税率。与财务建模直接或间接相关的涉税事项众多，且因项目、国别而异差别巨大，在此难以穷尽，因此本章内容将主要聚焦于建模过程中常见的一些重点难点问题。

10.1　企业所得税的亏损结转

　　亏损结转是指缴纳所得税的纳税人在某一纳税年度发生经营亏损，准予在其他纳税年度盈利中抵补的一种税收优惠，可以帮助企业缓解经营波动影响，降低税收负担。虽然几乎各国都有亏损结转的税收优惠政策，但其具体的结转方法在各个国家（地区）和各个行业间还存在一些差异，根据对可结转期间的不同规定，主要可分为有限期向后结转、无限期向后结转、前后结转等情形。

10.1.1　有限期向后结转

　　有限期向后结转是指当期亏损可以用以后一定期间内的利润弥补，从而减少以后期间的企业所得税支出。例如《中华人民共和国企业所得税法》第十八条规定，企业纳税年度发生的亏损，准予向以后年度结转，用以后年度的所得弥补，但结转年限最长不得超过五年；其中向后结转使用的顺序为先亏损先使用，与存货管理中的"先进先出法"类似；"亏损"为税务口径的亏损，即对利润总额进行纳税调整后的应纳税所得额。印尼《所得税法》规定，企业亏损最长可以向后结转使用五年，但一些特殊行业或特定区域最长可延至十年；企业亏损不得向前结转使用。

　　有限期向后结转的财务建模需要在可结转期限内逐年判断该年是否亏损、亏损是否符合结转条件、结转的亏损是否被弥补使用等。下面，以具体案例进行亏损结转的财务建模演示。

　　假设某项目适用有限期向后结转的办法，可以将亏损结转至以后最长五个年度内使用。假设 2017 年为开业第一年，要求计算各个年度可用于弥补的亏损额，案例如表 10-1 所示。

表 10-1　　　　　　　　　　　　　　有限期亏损结转建模过程

序号	B	C	G	H	I	J	K	L	M
1	项目 / 年份	单位	2017	2018	2019	2020	2021	2022	2023
83	应纳税所得额 – 补亏前	万美元	–680	–351	415	244	–33	4684	7950
84	弥补以前年度亏损	万美元	0	0	415	244	0	406	0
85	应纳税所得额 – 补亏后	万美元	0	0	0	0	0	4278	7950
149									
150		前 5 年	0	0	0	0	0	–22	0
151		前 4 年	0	0	0	0	–22	–351	0
152	辅助表： 各年结转至当年 可用于弥补的亏损	前 3 年	0	0	0	–265	–351	0	0
153		前 2 年	0	0	–680	–351	0	0	0
154		前 1 年	0	–680	–351	0	0	–33	0
155		合计	0	–680	–1032	–617	–373	–406	0
156	当年弥补金额	弥补额	0	0	–415	–244	0	–406	0

步骤一：确定亏损弥补逻辑。应采用先亏先补的方法，从亏损次年起连续计算上年结转亏损的可使用年度，超过 5 年仍未弥补完的亏损余额不再继续结转使用。据此，建立如表 10-1 中 C150:C154 单元格区域所示的 5 年亏损结转框架。

步骤二：分别计算各年结转至当年的可使用亏损额。我们分别用"前 1 年""前 2 年"等代表各"亏损使用年"之前的历史年份，各历史年份的亏损结转机制设置如下：

"前 1 年"。如果"前 1 年"为亏损，则该亏损可以 100% 直接结转至下一年度使用；如果前 1 年为盈利，则无亏损可以结转。因此 I154 单元格公式为：

I154 = MIN（前一年应纳税所得额，0）

　　　= MIN（H83，0）

"前 2 年"。根据"先亏损先使用"的原则，本年的盈利应逐次使用前 5 年、前 4 年、前 3 年、前 2 年、前 1 年的结转亏损进行抵免。因此本年所结转的"前 2 年"亏损是依序使用前 6 年、前 5 年、前 4 年、前 3 年亏损抵免后，如仍不足以抵扣则再抵免前 2 年亏损额后的余额。例如 2019 年为盈利，则应优先结转使用 2017 年的亏损，2017 年亏损结转完毕后再结转使用 2018 年亏损。如表 10-1 中 I153 单元格公式为：

I153 = MIN（上期的"前 1 年"亏损额 +MAX（SUM（上期应纳税所得额，上期的"前 2~5 年"结转额），0），0）

　　　= MIN（H154+MAX（SUM（H$83，H$150:H153），0），0）

式中，"上期的'前 1 年'亏损额"即为将结转至本期的"前 2 年"亏损额；"上期的'前 2~5 年'结转额"即为本期的前 3~6 年。

"前 3 年"至"前 5 年"。其他年份的亏损结转逻辑与上述"前 2 年"逻辑一致，在将 I153 单元格公式进行绝对引用和相对引用的处理后，即可将"前 2 年"公式拖曳填充至"前 3~5 年"。

由于亏损弥补允许的最长期限为 5 年，因此将"前 1 年"至"前 5 年"结转的亏损加总即为当年的可用亏损额，如表 10-1 中 I155 单元格所示。

步骤三：计算用于抵减当年盈利的结转亏损额。如果当年盈利，则可在结转的可用亏损额限额内抵减盈利。如表 10-1 中 I156 单元格公式为：

I156 = MAX（当年可用亏损额，MIN（－当年应纳税所得额，0））

　　　 = MAX（I155，MIN（－I83，0））

10.1.2　无限期向后结转

无限期向后结转是指当期亏损可以用以后年度利润弥补，而结转期限并不设限制。例如中国香港地区的利得税（即所得税）规定，于某一课税年度所蒙受的亏损，可予结转并用以抵销该行业于随后年度的利润。美国在 2017 年税改完成后也规定 2018 年 1 月 1 日以后纳税年度产生的亏损可以向未来无限期结转，但未来每年允许使用的结转亏损额度不应超过当年应纳税所得额的 80%。

无限期向后结转的方法由于限制较少，因此建模也相对简单。下面，仍沿用上一案例数据进行说明。假设本案例适用于中国香港利得税规定的亏损结转办法，可以将亏损结向后无限期结转，如表 10-2 所示。

表 10-2　　　　　　　　　　无限期亏损结转建模过程

序号	B	C	G	H	I	J	K	L	M
1	项目 / 年份	单位	2017	2018	2019	2020	2021	2022	2023
83	应纳税所得额 – 补亏前	万美元	–680	–351	415	244	–33	4684	7950
84	弥补以前年度亏损	万美元	0	0	415	244	0	406	0
85	应纳税所得额 – 补亏后	万美元	0	0	0	0	0	4278	7950
158									
159	累计可用结转亏损	万美元	–680	–1032	–1032	–617	–406	–406	0
160	当年弥补金额	万美元	0	0	–415	–244	0	–406	0

步骤一：确定亏损弥补逻辑。由于亏损可以无限制结转，因此是否采用先亏先补

方法并不影响计算结果，可将各年累计结转的亏损合并显示，表 10-2 中第 159 行单元格区域所示。

步骤二：计算"累计可用结转亏损"。累计可用结转亏损的值代表各年可用的以前年度结转至本年的累计亏损，表 10-2 中 I159 单元格公式为：

I159 = MIN（当年应纳税所得额，0）+ 上年累计可用结转亏损 – 上年弥补金额

= MIN（I83，0）+H159–H160

步骤三：计算当年用于抵减盈利的结转亏损额。与有限期结转方法一样，如果当年盈利，则可在可用亏损额限额内抵减盈利，表 10-2 中 I159 单元格公式为：

I159 = MAX［当年累计可用结转亏损，MIN（– 当年应纳税所得额，0）］

= MAX［I159，MIN（–I83，0）］

10.2 预提所得税的税前列支

预提所得税作为税收源泉扣缴的一种方式，在海外项目中应用十分广泛，在东道国境内业务或跨境业务中均可能涉及，例如海外项目向东道国之外支付利息、股息、保险费以及其他服务费用时应代扣代缴预提所得税。

预提所得税的企业所得税税前列支在实践中以及财务建模中都是比较容易被忽略和出错的。根据中国税务相关规定❶，如果合同约定非居民企业取得所得应纳中国税金由中国企业承担，且非居民企业出具收款发票注明金额为包含代扣代缴税金的总金额，原则上应允许在企业所得税税前扣除。也就是说，如果合同金额是含预提所得税的金额则收入支付方代扣代缴的预提所得税可以在税前扣除，如果合同金额是不含税金额则相关预提所得税不允许在收入支付方的所得税税前扣除。在印尼税收政策中❷，也有由"收入支付方承担的所得税"不得税前列支的类似规定。

例如在海外项目的融资协议中经常规定，"利率"是指贷款人收到的利息收入净额，与利息相关的税费支出由借款人承担。在这种情况下，借款人支付利息时应承担的利息预提所得税就不得在企业所得税税前列支，在财务模型应纳税所得税计算时应进行纳税调增。

10.3 资本化和费用化政策

按照会计准则和税务法规的一般性规定，对于需要经过相当长时间的购建或者生

---

❶ 《国家税务总局办公厅关于沃尔玛（中国）投资有限公司有关涉税诉求问题的函》（国税办函〔2010〕615 号）。

❷ 《应纳税所得额的计算和所得税申报》（总统令 2010 年 94 号），"Expense and costs that cannot be deducted: Income tax borne by incomes provider"．

产活动才能达到预定可使用状态或者可销售状态的，以及使用期限超过 1 年的，且能为企业带来经济利益的有形和无形资产，可将所发生的相关成本予以资本化，否则应予以费用化。

资本化和费用化的会计处理实际上仅仅是会计计量上的时间性差异，会对以权责发生制为基础的资产负债表、利润表产生影响，但并不影响当期企业所得税前的现金流。在考虑企业所得税因素后，通过将支出资本化并按期计提折旧，会引起企业所得税缴纳的时间性差异，使资本化方式相对于费用化方式在项目运营前期多缴纳所得税，但在当前各国以加速资本化为重要特征的减税潮流中，这种时间性差异对现金流的影响变得越来越小。

例如中国税法规定企业在 2018 年 1 月 1 日至 2020 年 12 月 31 日期间新购进的设备、器具，单位价值不超过 500 万元的，允许一次性计入当期成本费用在计算应纳税所得额时扣除，不再分年度计算折旧 ❶。美国 2017 年通过的《就业和减税法案》规定 2017 年 9 月 27 日之后、2023 年之前取得并投入使用的特定营业资产可在购入当年一次性计提全部折旧；在 2023~2026 年间取得并投入使用的上述类型资产，可以在购入当年按照 80%~20% 不等的比例一次性计提折旧。

既然资本化和费用化支出的划分，在很多情况下并不会对当期现金流产生重大影响，为什么财务模型中仍应当准确划分这两种支出类型呢？一方面严格按照会计准则反映项目各个期间的财务状况和经营成果，可以更准确地计算净资产收益率、总资产报酬率、资产周转率等指标，并增强财务模型输出财务报表的可比性；另一方面，即使在资本化和费用化处理方式引起的企业所得税时间性差异不大的情况下，准确区分资本化和费用化支出，仍可以增强财务模型的准确性和灵活性，更好计量减税政策为投资带来的增利效果，为企业开展税务筹划提供决策支持。

10.4　税务折旧方法的选择

折旧作为固定资产的价值转移，可以在计算应纳税所得额时予以扣除，起到"税收挡板"或"税盾"的作用。税法赋予企业选择固定资产折旧年限和折旧方法的权力，企业可以从折旧年限与折旧方法两个方面进行税收筹划，在折旧方法方面税法一般情况下要求使用直线法，但在一些特殊行业、特殊资产或税收优惠措施中也允许采用加速法；在折旧年限方面，税法一般会对各类资产的折旧年限作出最低要求。例如印尼《所得税法》规定，有形资产和无形资产均可以使用直线法也可以使用加速折旧法（但建筑物必须使用直线法）计提折旧摊销，非建筑物类资产允许的税务折旧年限分为 4、

---

❶ 《关于设备器具扣除有关企业所得税政策的通知》（财税〔2018〕54 号）。

8、16、20年四挡，永久建筑物折旧年限为20年，非永久建筑物折旧年限为10年。

选择适当的税务折旧方法是项目税收筹划的重要内容之一，估值人员需与税务人员讨论，在财务模型经营预测数据基础上研究估值最优的税收政策选择问题。在选择税务折旧政策时，需要综合考虑选用不同折旧政策的合理性、项目运营期各年收益的分布情况、所得税减免的税收优惠情况等，通过折旧方法的优化为项目创造税费资金时间价值。

利用折旧方法进行税收筹划的前提是折旧小于企业当年的所得额，这样才能起到抵税作用，如果企业为亏损，则折旧方法的税收筹划对所得税没有影响，企业反而会付出筹划成本，丧失筹划利益。所以在利用折旧方法进行税收筹划的时候，需要进一步考虑企业各年的收益分布，并防止在项目亏损期或所得税免税期出现过多折旧额的情况，否则达不到合理避税的目的。

另一方面，由于所选择的税务折旧方法与会计折旧方法不一致，导致当期应交所得税与会计口径的所得税费用出现差异，这种差异在会计上称作暂时性差异，在财务模型资产负债表中通过递延所得税科目进行处理，我们将在下一节详细讨论。

在计算应纳税所得额时，除了需要关注暂时性差异及其对应的递延所得税会计处理以外，还需要注意永久性差异的影响。永久性差异也是由于会计制度和税法在计算收入或费用时的口径不同所产生的，但这种差异一旦发生便永久存在，不会在以后各期转回，例如税法中的免税收入（例如国库券利息）、税法上不予认定的成本费用（例如超过计税标准的工资性支出、超过扣除限额的业务招待费、超过标准的利息支出等），对于可能产生大量永久性差异的估值项目，例如存在大量业务招待费的销售企业应对此格外关注。由于永久性差异只影响当期的应税收益，而不影响以后各期的纳税额，因此不存在账务调整问题，在财务模型中只需以经过永久性差异调整后的应纳税所得额计算会计口径的所得税费用，以经永久性差异和暂时性差异调整后的应纳税所得额计算应交所得税。

此外，需注意的是，与中国相关规定不同，按照国际会计准则或印尼的会计准则、所得税法，固定资产的折旧应当自取得的当月开始计提折旧。

10.5 递延所得税的会计处理

由于企业会计报表计量与缴纳企业所得税分别适用于会计准则和税收法律法规，因此以会计利润计算的所得税费用与实际应缴的企业所得税不可避免地会产生差异，导致这种差异的因素有很多，但最为重要且最为常见的是折旧政策引起的差异。本节将以折旧政策差异为例，讲解这种差异的形成过程以及在财务建模过程中的处理方法。

如上节所述，财务模型中一般会对同一项资产分别建立会计折旧机制和税务折旧机制，其中会计折旧机制主要是为了按照会计准则构建规范、可比的财务报表，而税务折旧机制主要是为了计算应纳税所得额及企业所得税。会计折旧和税务折旧机制具有很多相同和不同点，其中：

相同的方面有，以各种方式取得的固定资产，初始确认时按照会计准则规定确定的入账价值基本上是被税法认可的，即资产取得时的账面价值一般等于企业所得税的计税基础。

不同的方面有，固定资产在持有期间进行后续计量时，由于会计与税法就折旧方法、折旧年限、减值准备等处理有所不同，可能造成固定资产的账面价值与企业所得税计税基础的差异。其中，折旧方法方面，会计准则一般允许企业根据与资产相关的经济利益的预期实现方式合理选择直线法、加速法等折旧方法，而税法一般情况下要求使用直线法，加速法多适用于特殊行业、特殊资产或税收优惠措施中；折旧年限方面，税法一般会对各类资产的最低折旧年限做出规定，而会计准则一般可以根据资产预期使用年限合理确定；减值准备方面，会计准则一般允许对资产计提减值准备，但税法一般要求资产在发生实质性损失时才允许税前扣除。

会计折旧机制和税务折旧机制所导致的企业所得税计税基础和所得税的差异，在会计上可分为应纳税暂时性差异和可抵扣暂时性差异，在资产负债表中应分别确认为的递延所得税负债和递延所得税资产。在确认递延所得税负债时，应当根据税法规定按照预期收回该资产或清偿该负债期间适用的所得税税率计量，即递延所得税负债应以相关应纳税暂时性差异转回期间按照税法规定的适用所得税税率计量；同理，在确认递延所得税资产时，也应当以预期收回该资产期间的适用所得税税率为基础计算确定，如果预期未来很可能无法取得足够的应纳税所得额用以抵减可抵扣暂时性差异的，应当减计递延所得税资产的账面价值，并相应减计当期所得税费用（或其他原确认递延所得税资产时的对应科目）。

下面以具体案例进行说明。例如某项固定资产原值为 10000 元，预计使用年限 5 年，预计净残值为零。该项资产在会计上采用直线法计提折旧，税务上按规定可以采用双倍余额递减法计提折旧。由于会计和税务折旧计提方式的差异形成的应纳税暂时性差异计算过程见表 10-3。

表 10-3　　　　　　　　　　应纳税暂时性差异计算示例

序号		1	2	3	4	5
原值	资产原值	10000	10000	10000	10000	10000

续表

序号		1	2	3	4	5
会计口径	当期折旧	2000	2000	2000	2000	2000
	累计折旧	2000	4000	6000	8000	10000
	账面价值	8000	6000	4000	2000	0
税务口径	当期折旧	4000	2400	1440	1080	1080
	累计折旧	4000	6400	7840	8920	10000
	计税基础	6000	3600	2160	1080	0
差异	暂时性差异	2000	2400	1840	920	0
	所得税率	25%	25%	25%	25%	25%
	递延所得税负债余额	500	600	460	230	0

该案例中，各期期末资产的账面价值高于计税基础，属于应纳税暂时性差异，应确认为递延所得税负债，各年的会计处理过程如下：

第 1 年：确认递延所得税负债

借：所得税费用　　　　　500

　贷：递延所得税负债　　500

第 2 年：进一步确认递延所得税负债

借：所得税费用　　　　　100

　贷：递延所得税负债　　100

第 3 年：转回已确认的递延所得税负债

借：递延所得税负债　　　140

　贷：所得税费用　　　　140

第 4 年：转回已确认的递延所得税负债

借：递延所得税负债　　　230

　贷：所得税费用　　　　230

第 5 年：转回已确认的递延所得税负债

借：递延所得税负债　　　230

　贷：所得税费用　　　　230

财务模型的现金流量表应基于应纳税所得额计算企业所得税，在利润表中应基于会计利润计算所得税费用，并在资产负债表中以递延所得税资产和递延所得税负债科目反映应缴企业所得税与所得税费用之间的差额。一个完整的全寿命周期项目财务模型，如果仅存在因折旧摊销差异产生的递延所得税事项，则一般来说符合以下等式，在建模时可用于校核：

（1）项目全寿命周期的会计折旧总额应等于税务折旧总额，除非关于资产残值等的规定不同；

（2）项目全寿命周期中会计所得税费用应等于税法企业所得税，除非发生税务亏损无法结转或有其他纳税调整因素的情况；

（3）项目全寿命周期结束时的递延所得税资产或递延所得税负债应等于 0，除非发生亏损导致计税基础的差异没有机会消除。

10.6　基建增值税进项税额的抵扣

增值税是以商品和劳务在流转过程中产生的增值额作为征税对象而征收的一种流转税。增值税的征收采用税款抵扣的制度，即根据商品的销售额按规定的税率计算出销售税额，然后扣除取得该商品时所支付的进项税额，其差额就是应交增值税。

在基建项目中，为开展基建工程所大量支付的增值税进项税额，由于基建期尚无销售收入，需要在项目投产并取得销售收入后才能逐渐实现抵扣。留抵的增值税进项税额会占用企业大量资金，需要在财务模型中予以单独考虑。例如中国自 2016 年开始全面推广营业税改征增值税改革后，开始允许符合规定的基建工程增值税进项税额纳入抵扣范围。2016 年 5 月 1 日后取得并在会计制度上按固定资产核算的不动产或者 2016 年 5 月 1 日后取得的不动产在建工程，其进项税额应自取得之日起分 2 年从销项税额中抵扣，第一年抵扣比例为 60%，第二年抵扣比例为 40%[1]；2019 年又进一步发文规定，2019 年 4 月 1 日起纳税人取得不动产或者不动产在建工程的进项税额不再分 2 年抵扣，可以在购入当期一次性抵扣[2]。

假设某基建项目于 2019 年 7 月 1 日开工，在 3 年基建期中先后取得了 100 万、200 万、300 万元增值税进项税额，基建期无销项税额；运营期前 3 年分别取得销项税额 200 万、300 万、400 万元，进项税额 50 万、60 万、70 万元。求取项目投运后，留抵增值税进项税额的各年抵扣金额，如表 10-4 所示。

---

❶ 《国家税务总局关于发布〈不动产进项税额分期抵扣暂行办法〉的公告》(国家税务总局公告 2016 年第 15 号)。

❷ 《财政部 税务总局 海关总署关于深化增值税改革有关政策的公告》(财政部 税务总局 海关总署公告 2019 年第 39 号)。

表 10–4　　　　　　　　　　　　　留抵增值税抵扣建模过程

序号	A	B	C	D	E	F	G
1	期间	基建 1	基建 2	基建 3	运营 1	运营 2	运营 3
2	销项税额	0	0	0	200	300	400
3	期初留抵余额	0	100	300	600	450	210
4	新增进项税额	100	200	300	50	60	70
5	进项税额抵扣	0	0	0	–200	–300	–280
6	期末留抵余额	100	300	600	450	210	0

步骤一：建立留抵增值税进项税额计算框架。按照"期初留抵余额 + 本期新增进项税额 – 本期进项税额抵扣 = 期末留抵余额"的逻辑建立留抵进项税额计算框架。

步骤二：计算各期留抵进项税额的抵扣额。通过比较期初留抵余额、当期新增进项税额与当期销项税额，确定当期可抵扣税额；如果进项税额在期末未能全部抵扣完毕，即期末存在增值税进项税额留抵的情况，则应将留抵金额在财务模型中资产负债表的应交税费科目中以负数列示。各期抵扣金额的计算，表 10–4 中 E5 单元格公式为：

$$E5 = -MIN\,[\,期初留抵余额 + 当期新增进项税额，MAX（当期销项税额，0）\,]$$
$$\quad\ = -MIN\,[\,E3+E4，MAX（E2，0）\,]$$

爪哇 7 号项目按照印尼增值税法，电站向 PLN 销售电力免征增值税销项税额，因此爪哇 7 号项目取得的增值税进项税额也无法抵扣，须直接计入项目建设和运营成本，不再进行留抵或抵扣。

10.7　商业保险费的计算

项目的商业保险在基建期主要包括建安一切险、货物运输险、施工机具险等，在运营期主要包括财产一切险、机器损坏险、利润损失险等，另外还有一些保费支出较小的险种，例如雇主责任险、第三者责任险、车辆险等。在财务模型的保险费计算中，需特别注意的主要有：

一是明确投保人和保费承担人。在项目基建期，保险责任会在项目业主和承包商之间进行分配，但是有部分保险虽然可以明确为承包商的责任，但按保险公司惯例必须由业主进行投保，此时需明确相应保险费的承担人，避免在财务模型中重复计算或漏算。

二是明确各险种的投保额。一般来说，投保额是资产的重置价值或资产的原值等可以覆盖事故损失的金额，要避免使用扣除折旧后的资产净值作为投保额计算保费，造成低估保费的问题。

10.8　受限资金和股息分配

一般来说，企业的经济活动总是处于各种各样的内外部约束之中，企业所拥有的资金在使用上也可能受到这样或那样的限制，例如公司法和公司章程可能会要求企业提取公积金，贷款银行可能会要求企业这里准备金账户，企业日常运营要求必须保有一定数量的流动资金等。财务模型虽然应该涵盖所有各类资金，但用于计算项目收益率的资金流必须是相应层级的可支配现金流，因此我们有必要对可支配现金流和不可支配现金流（受限资金）分别予以考虑。

10.8.1　公积金政策对股息分配的影响

公司为了巩固自身的财产基础，提高公司的信用和预防意外亏损，会依照法律和公司章程的规定在公司资本以外提取和积存资金即公积金，其与公司资本的性质相同，又称公司的附加资本。例如根据《中华人民共和国公司法》规定，公司分配当年税后利润时，应当提取利润的百分之十列入公司法定公积金；公司法定公积金累计额为公司注册资本的百分之五十以上的，可以不再提取；公司的法定公积金不足以弥补以前年度亏损的，在依照前款规定提取法定公积金之前，应当先用当年利润弥补亏损；公司从税后利润中提取法定公积金后，经股东会或者股东大会决议，还可以从税后利润中提取任意公积金；公司弥补亏损和提取公积金后所余税后利润，有限责任公司依照本法第三十四条的规定分配；股份有限公司按照股东持有的股份比例分配，但股份有限公司章程规定不按持股比例分配的除外；股东会、股东大会或者董事会违反前款规定，在公司弥补亏损和提取法定公积金之前向股东分配利润的，股东必须将违反规定分配的利润退还公司；公司持有的本公司股份不得分配利润。印尼《公司法》规定：①每个会计年度公司应从净利润中留存一定的金额作为储备金；②如果公司利润的净额是正值的话，第①款中留存储备金是强制性要求；③第①款所述的从净利润中留存的储备金，直到储备金总额至少达到总认缴和总认购股本金的 20% 为止；④第①款规定的储备金如果还没达到第③款中数额，其可能被用来弥补其他储备金不能弥补的损失。

提取公积金并不是单独将这部分资金从企业资金周转过程中抽出存放，公积金的结存数实际只表现为企业所有者权益的组成部分，其可能表现为一定数量的货币资金，也可能表现为一定的实物资产，随同企业其他来源的资金进行经营周转。因此，如果投资方可以控制企业剩余自由现金流的使用，则公积金制度对投资方更多的是会计层面而非资金层面的影响，不会对投资方收益率造成影响，因为投资方可以通过各种途径运用企业积存的公积金并获取收益。但如果投资方从企业受益的途径仅是股息分配，则公积金制度会通过影响当期可供分配利润进而影响投资方的投资收益。

10.8.2　其他限制对股息分配的影响

内部收益率、净现值等各项评价指标的计算基础包括项目、投资方、资本金层面的预期可用现金流，在建模时不仅要计算预期现金流的金额，还必须清楚了解现金流在流动中可能存在的限制。这种限制，可能来源于政府管制、融资协议、股东协议等诸多方面，例如：

（1）东道国存在汇兑限制，外汇资金难以自由汇入汇出；

（2）东道国可能不允许企业通过境内资金池或跨境资金池开展资金集中运营；

（3）东道国可能规定企业因东道国所得税优惠政策而增加的净利润，不得汇出东道国，而应在东道国进行再投资；

（4）东道国为确保企业履行环境保护、资产弃置等义务，可能会要求企业提取一部分资金存入专用账户予以冻结；

（5）融资银行可能要求从融资后税后现金流中提取一定比例用于提前还款，剩余部分再由股东自由支配；

（6）融资银行可能要求企业必须满足一系列经营财务指标后，才可开展利润分配；

（7）融资银行可能要求将企业实现的剩余现金流优先用于填充偿债准备金账户，直至偿债准备金账户满足要求；

（8）股东各方可能会约定，在一定期间内企业产生的自由现金流优先用于扩大再生产而不是分配。

爪哇 7 号项目同样存在受限资金问题，其限制主要来源于融资协议，例如协议约定，除非满足下列各项条件，否则借款人不得宣派或完成任何分红：

（1）最近的预测显示，预计的偿债备付比率超过 1.30:1，以及任何计算期的最低预计偿债备付比率超过 1.30:1；

（2）首个还款日已经发生并且在首个还款日到期的所有预定的融资成本和融资本金已经全额偿还；

（3）在项目完工日前，境外美元偿债准备金账户的贷方余额相当于或超过届时适用的偿债准备金数额。

由于可能存在资金受限情形，因此在以现金流为基础的财务模型评价指标计算中，应充分体现受限资金对评价指标的影响，以非受限资金作为评价基础。例如，当企业的剩余自由现金流无法通过集团资金池、关联企业间资金借贷、转让定价等方式被投资方有效运用，投资方只能通过股息分配获取利益，则在计算投资方收益评价指标时将企业股息分配现金流作为指标计算基础可能更为合理，而不是使用投资方无法直接受益的企业剩余自由现金流。特别是当投资方作为参股股东，无法对企业剩余自由现金流产生重大影响时，应优先使用股息分配现金流作为其收益的评价指标。

第 11 章　完成模型和
评价指标的构建

在初步完成模型假设参数、收入、成本、投资、融资、折旧摊销、税费等模块的
搭建后，即可在此基础上开始构建利润表、现金流量表、资产负债表三张主要财务报
表了，也称为三张主表。如图 11-1 所示，这三张主表相互勾稽，其不仅仅是会计准则
的运用结果，更构成了对一个项目运营的完整模拟，财务模型各个参数的变化最终也
将反映为这三张主表的变化。

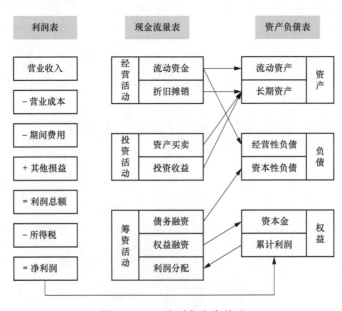

图 11-1　三张财务主表关系

从图 11–1 所示三张主表的勾稽关系可见，三张主表的搭建顺序一般为首先搭建利润表，其次再搭建现金流量表和资产负债表。

11.1　利润表

在会计上，利润表也称为损益表、收益表，是反映企业在一定会计期间内经营成果的报表，也是现金流量表、资产负债表的主要数据来源，可用于衡量企业的盈利能力、偿债能力、投资价值等。利润表一般按照权责发生制原则、收入费用配比原则编制，即在本期发生应从本期收入中获得补偿的费用，不论在本期是否支付，均应作为本期的费用处理；凡在本期发生应归属于本期的收入，不论在本期是否收到，均应作为本期的收入处理。利润表的列报应充分反映企业经营业绩的主要来源和构成，有助于使用者判断利润的质量及其风险，有助于使用者预测利润的可持续性，从而做出正确的决策。2018 年中国财政部按照企业会计准则规范发布了《一般企业财务报表格式》，表 11–1 左侧部分"会计报表——利润表"即为其中利润表的基本格式。

在设计财务模型利润表格式时，应注意"会计"和"财务"的区别，会计角度的利润表应严格遵循企业会计准则和相关披露要求，而财务角度的利润表则更多地是服务于企业内部管理和决策。因此，财务模型中的利润表应根据项目具体情况，以更有利于开展财务分析、估值工作为标准对报表科目和列报顺序进行重构，而不必拘泥于会计准则的规定，例如当投资收益、营业外收支净额不具备可持续性时，为使 EBIT 更具代表性，则应将其从 EBIT 中剔除。表 11–1 右侧部分"财务模型——利润表"展示了常见的财务角度的利润表格式。

表 11–1　　　　　　　　　　　利润表格式示例

序号	会计报表——利润表	序号	财务模型——利润表
1	营业收入（Revenue）	1	营业收入（Revenue）
	– 营业成本		– 变动成本（付现成本）
	– 税金及附加	2	= 总边际贡献（TCM）
	– 销售费用		– 固定运营成本（付现成本）
	– 管理费用	3	= 息税折旧摊销前利润（EBITDA）
	– 财务费用		– 折旧摊销（DA）
	– 研发费用		– 减值损失（DA）
	– 减值损失		+ 投资收益
	+ 投资收益		+ 营业外收支净额

序号	会计报表——利润表	序号	财务模型——利润表
2	＝营业利润	4	＝息税前利润（EBIT）
	＋营业外收支净额		－财务费用
3	＝税前利润／利润总额（EBT）	5	＝税前利润／利润总额（EBT）
	－所得税费用		－所得税费用
4	＝净利润（Net Income）	6	＝净利润（Net Income）

表 11-1 所示通过多步式方法构建的利润表，列示了一些中间性的利润指标，有助于不同项目间、不同利益相关方基于不同目的开展比较分析工作。其中：

（1）总边际贡献。

总边际贡献，简称 TCM，是 Total Contribution Margin 的缩写，是营业收入总额与变动成本总额之差，它反映一定时期一定数量产品对企业盈利的直接贡献。将边际贡献除以营业收入可得到边际贡献率，边际贡献率越高，则说明企业盈利能力越强。

基于变动成本可以计算产品单位边际贡献，以单位边际贡献大于 0 为标准对企业生产、销售、定价进行决策；基于单位边际贡献还可以计算盈亏平衡点，帮助企业制定、调整销售目标。

在电站项目中，边际贡献在制定营销策略时具有重要指导意义，由于其综合反映了电价、燃料成本、能耗水平等影响电站效益的主要指标，所以单位边际贡献大于 0 成为电站项目竞价上网、获取交易电量决策中的核心参考指标。对于市场监管者来说，边际贡献是否大于 0，经常也是用于判断企业是否进行恶性竞争的重要指标。

（2）息税折旧摊销前利润。

息税折旧摊销前利润，简称 EBITDA，是 Earnings Before Interest, Taxes, Depreciation and Amortization 的缩写，即尚未扣除利息、所得税、折旧、摊销的利润，主要衡量企业的产生现金流的能力。

从偿债能力角度，EBITDA 是一个评价公司偿债能力的指标，例如以 EBITDA 为分子的利息保障倍数（EBITDA／利息），可以反映企业的利息支付能力，倍数越大，支付利息的能力越强。在杠杆收购中，通过 EBITDA 可以快速检查被收购公司是否具有短期付息能力。

从估值角度来说，从净利润中移除利息和所得税，可以使投资人用自己的适用税率和新的资本结构对项目进行评估；从净利润中移除折旧和摊销费用，不仅可以消除不同折旧摊销政策的差异，还可以排除项目以前期间沉没成本的影响，使投资人更清晰地发现未来资本支出的影响，特别适用于电站、酒店等前期资本支出巨大、折旧期漫长的行业。正因如此，EV/EBITDA 倍数常被用来比较不同财务杠杆水平、不同所得税率、不同初始资本投入和折旧政策的公司价值。

然而，EBITDA 作为一个利润指标，并未将对现金流有影响的项目进行完整反映，例如减值损失、坏账准备、营运资本变动、资本性支出等，所以为更全面反映企业经营情况，有时从财务分析角度会对 EBITDA 进行必要调整，以完整反映项目现金流情况。

（3）息税前利润。

息税前利润，简称 EBIT，是 Earnings Before Interest and Tax 的缩写，即尚未扣除利息、所得税的利润，主要用来衡量企业主营业务的盈利能力。

与 EBITDA 同理，EBIT 剔除了资本结构和所得税政策的影响，使资本结构不同、所得税率不同的企业可以基于同一水平线上进行比较，因此在分析企业盈利能力时使用 EBIT 比净利润指标更具可比性。

（4）净利润。

净利润是完成向债权人支付利息、向政府缴纳所得税之后留给股东的经营成果。股东可以分配净利润，也可以继续投入到企业之中扩大再生产。

11.2　现金流量表

现金流量表是反映一定时期内现金和现金等价物流入和流出的报表，从编制内容上看，现金流量表可划分为经营活动、投资活动和筹资活动三部分，每类活动项下又可细分明细项目，这些项目从不同角度反映企业业务活动的资金流动。在现代企业中，企业运营是以现金为核心和基础的，资本运动的一般过程表现为"现金 – 原材料 – 产品 – 现金"，以现金为起点和终点的流畅的资本运动是企业生存和发展的基础，因此基于"收付实现制"原则编制的现金流量表，可以弥补以"权责发生制"原则为基础编制的利润表的不足，可以帮助企业监控和分析利润的质量，判断企业经营是否健康，及时发现企业是否存在有利润无现金流等问题。将现金流量表与资产负债表相结合进行分析，还可对企业短期偿债能力进行判断。在以现金流为基础的估值中，现金流量表还是计算估值指标的直接数据来源。

财务模型各个表单中涉及资金流动的数据均应汇集至现金流量表。现金流量表的格式如果仅按照资金流入、流出两大类对数据进行简单汇集罗列显然难以满足分析、监控、管理企业现金收支的要求，而按照会计报表的现金流量表格式进行数据汇集有时也仍然不足以满足估值和分析需求。那么，应如何设计财务模型的现金流量表呢？

按照用途导向分析，财务模型现金流量表在实践应用中可能的用途主要包括：

（1）用于项目估值，基于项目未来现金流计算财务指标，满足不同利益相关者需求。正如上节所述的 EBIT、EBITDA 分析，债权人、股权投资人、战略投资人基于对资本结构、所得税率等因素的不同考虑而对项目的现金流列报口径的需求均不相同，因此，相应的估值指标也被分为融资前、融资后、税前、税后或者项目自由现金流、股权自由现金流等口径。

（2）用于融资规划，基于项目未来现金流评估融资规模、还款能力等，满足债权人要求。例如根据未来可偿债现金流量估算最大可融资规模，根据未来各期间现金流预测短期资金余缺并制定借贷计划等。

（3）用于资金控制，很多项目取得的收入需要在一系列协议约束下进行逐级分配，其中最典型的逐级分配安排就是根据债权人要求所作的现金流瀑布（Waterfall）。现金流瀑布就是资金偿付的优先顺序，资金根据债权人的控制要求有序流转、逐级分流，现金流瀑布上的每一个节点就代表一次分配过程，每个节点均有相应的现金流控制条件。

可见，现金流量表的核心在于现金流分配结构的设计，使现金流分配结构与估值方法、融资安排以及其他相关内外部约束条件相契合。现金流分配结构会因项目的不同而有所差异，即使在同一个项目中也可能会因假设条件、约束条件的变化而变化，例如当债务触发违约条款时，现金流的优先顺序可能会被改变，所有现金流将会优先用于偿还债务，也就是说在财务模型中的现金流分配结构是动态的。表 11-2 展示了常见的财务模型现金流量表格式。

表 11-2　　　　　　　　　　　　　　现金流量表格式示例

序号	现金流分类	现金流科目
1		+ 经营收入
2		− 经营支出
3	经营现金流	+ 净营运资本变动
4		− 缴纳增值税
5		= 经营净现金流小计
6		− 维护性资本支出
7	资本性支出	− 开发性资本支出（静态投资）
8		= 融资前税前现金流

续表

序号	现金流分类	现金流科目
9	所得税	– 缴纳企业所得税
10		= 融资前税后现金流
11	资金筹措	+ 股本投入
12		+ 债务融资
13		= 可供偿债现金流（CFADS）
14	优先债务偿付	– 优先债务融资 – 还本
15		– 优先债务融资 – 付息
16		= 优先债务偿付后税后现金流
17	次级债务偿付	– 次级债务融资 – 还本
18		– 次级债务融资 – 付息
19		= 次级债务偿付后税后现金流
20	剩余现金流分配	– 向股东分配剩余现金流
21		= 期末资金余额

在爪哇 7 号项目中，从投资人角度来说，项目需计算的主要评价指标为全投资内部收益率（税后）和资本金内部收益率（税后）；从贷款人角度来说，其提出的现金流瀑布要求贷款人收到的所有收入（除非要求入账至补偿及保险赔偿金账户）均应转至收入账户，然后从收入账户按照以下流程逐级分配资金：

（1）到期日应支付的特许权使用费和税收；

（2）到期日应支付的工程施工费用；

（3）到期日应支付的运营费用；

（4）按照最高至下一期计划债息额度，转账至还款账户；

（5）向偿债准备账户（DSRA）支付的最高为规定余额的付款；

（6）由于触发不合法性条款而在还款日支付的强制提前还款；

（7）将剩余资金的一部分强制提前还款；

（8）根据是否满足股息分配条件，向股息分配账户转账用于股息分配。

基于上述情况，为爪哇 7 号项目构建的现金流量表如表 11-3 所示，其中部分明细科目受篇幅所限未作详细展示。

表 11-3　　　　　　　　　　爪哇 7 号项目现金流量表示例

序号	A	P	Q	R	S	T	U	V
1	年份	2019	2020	2021	2022	2023	2024	2025
2	运营期	并行期	并行期	1	2	3	4	5
3	+ 经营收入	3084	52691	74537	74790	75051	75417	71368
4	+ 经营账户利息收入	0	5	52	10	10	10	10
5	- 经营支出	1693	29068	40906	41087	41202	41500	42254
12	= 经营净现金流量	1391	23628	33683	33713	33860	33927	29125
15	- 建设资本性支出（静态）	35890	20711	0	0	0	0	0
16	- 维修资本性支出	0	0	50	50	50	50	50
17	- 流动资金支出 / 回收	5373	3887	22	7	14	18	-526
20	= 融资前税前现金流量	-39872	-970	33612	33656	33795	33859	29600
22	- 所得税	0	0	0	0	0	0	0
23	= 融资前税后现金流量	-39872	-970	33612	33656	33795	33859	29600
26	- 建设期 - 融资成本	6241	4573	0	0	0	0	0
31	+ 股本投入	9501	5834	22	7	14	18	-526
32	+ 基建银行借款	29492	17699	0	0	0	0	0
33	+ 基建股东借款	4213	2528	0	0	0	0	0
34	+ 流动资金借款	4299	3109	0	0	0	0	0
37	+ 期初现金流	0	1031	10431	2000	2000	2000	2000
39	= 可供偿债现金流	1391	24659	44064	35663	35810	35877	31075
42	- 运营期 - 利息 - 优先债务	302	4337	5823	5260	4761	4219	3675
43	- 运营期 - 还本 - 优先债务	0	0	8119	11908	11908	11908	10825
47	= 偿付优先债务后现金流	1089	20322	30122	18496	19141	19750	16574
59	= 偿付 DSRA 后现金流	1089	12022	29975	18810	19224	19833	18453
76	= 偿付 MMRA 后现金流	1089	11251	29185	18826	19240	19849	18469
79	- 运营期 - 利息 - 次级债务	58	821	1063	1015	918	820	723
80	- 运营期 - 还本 - 次级债务	0	0	1160	1701	1701	1701	1546
83	= 偿付次级债务后现金流	1031	10431	26962	16110	16621	17328	16199

续表

序号	A	P	Q	R	S	T	U	V
85	+ 当期短期贷款（借为 + 还为 –）	0	0	0	0	0	0	0
86	（*）累计短期贷款	0	0	0	0	0	0	0
88	– 超额现金流	0	0	24962	14110	14621	15328	14199
89	– 超额现金流强制提前还款	0	0	2496	1411	1462	1533	1420
90	可供股东分配自由现金流	0	0	22466	12699	13159	13795	12779
92	– 实际向股东分配现金流	0	0	22466	12699	13159	13795	12779
93	= 期末现金流	1031	10431	2000	2000	2000	2000	2000

现金流量表各个节点的运算基本为简单的加减法，略为复杂的是资金缺口、超额现金流强制提前还款的处理。

（1）对资金缺口的处理方法。

项目的经营过程中一般需要保有合理数量的货币资金用于经营周转，所以在财务模型中会相应假设"最低留存资金"（本例中假设为 2000 万美元），其运作机制为：如果期初现金流 + 当期净现金流小于最低留存资金，则应借入流动资金贷款补足最低留存资金缺口；反之则应将超额资金用于偿还流动资金贷款或进行下一步资金分配。以表 11–3 中 Q85 单元格为例，其公式为：

Q85 = IF［当期资金余额 < 最低留存现金，最低留存现金 – 当期资金余额，–MIN（累计短期借款，当期资金余额 – 最低留存现金）］

= IF［Q83< 留存现金，留存现金 –Q83，–MIN（P86，Q83– 留存现金）］

（2）对超额现金流强制提前还款的处理方法。

在第 9.3.5 节中我们讨论过，当项目公司按照约定的偿债计划还本付息后如果仍有剩余现金流，贷款人可能会要求借款人将部分或全部的剩余现金流用于提前还款。本例中贷款人要求的强制提前还款比例为 10%，以表 11–3 中 Q89 单元格为例，其公式为：

Q89 = MAX［0，MIN（当期按计划还款后的借款余额，超额现金流 × 强制还款比例）］

= MAX［0，MIN（期初借款余额 – 本期计划还本额，Q88× 强制还款比例）］

式中，当期按计划还款后的借款余额如果直接引用自融资模块的期末借款余额可能会引发循环引用，本例中为避免发生循环引用采用了期初借款余额减去本期计划还本额的方式计算得到期末余额。

11.3　资产负债表

资产负债表是根据"资产＝负债＋所有者权益"这一会计恒等式，按照一定的分类标准和次序，将某一特定日期的资产、负债、所有者权益的具体项目予以适当的排列编制而成的，用于反映企业在某一特定日期（如月末、季末、年末）的财务状况，以及评估未来预期现金流的金额、发生时间和不确定性，是体现最综合、最全面财务信息的报表，是企业经营活动的静态体现。

11.3.1　资产负债表的格式

与利润表一样，资产负债表的格式也可以根据项目的具体情况以及财务模型对运营模拟的需求作个性化定制。表 11-4 展示了常见的财务模型中的资产负债表，其在一般企业财务报表格式的基础上，删减了部分财务模型中不常用的资产负债表科目，例如生产性生物资产、油气资产等，并细化了部分在模拟运营中较为重要的科目，例如偿债准备账户、大修基金账户等。

表 11-4　资产负债表格式示例

资产	期末余额	负债和权益	期末余额
流动资产		流动负债	
货币资金		短期借款	
偿债准备金账户		应付账款	
大修基金账户		应交税费	
其他受限资金		应付利息	
应收账款		其他应付款	
存货			
其他应收款		长期负债	
		长期借款	
长期资产		递延收益	
在建工程		递延所得税负债	
固定资产		其他非流动负债	
无形资产		负债合计	
长期待摊费用			
递延所得税资产		实收资本	
其他非流动资产		法定盈余公积	

续表

资产	期末余额	负债和权益	期末余额
		未分配利润	
		股东权益合计	
资产合计		负债和权益合计	

表 11-4 左侧为资产，反映了企业在某一特定日期所拥有或控制的经济资源，包括资产的规模、结构、质量等信息；表右侧为负债和所有者权益，反映了企业在某一特定日期的资本结构，包括可计量的现有义务，所有者对净资产的要求权等信息。

当然，在实际的财务建模中，为便于公式拖拽和查阅数据，并不会将资产负债表按表 11-4 示例以账户式（左右形式）排列，而是会在同一列上将资产、负债、权益作报告式（纵向形式）排列。

11.3.2　资产负债表科目的勾稽关系

企业所有经济活动反映到财务报表中最终都会导致资产、负债、权益的其中两项或多项的变化，财务模型的资产负债表也会与利润表、现金流量表以及折旧、融资等几乎财务模型所有模块发生联系。正因为资产负债表与众多表单存在勾稽关系，以及资产负债表自身蕴含的"资产 = 负债 + 所有者权益"这一恒等式，使得资产负债表成为校验财务模型逻辑准确性的重要工具，如果资产负债表不平衡，则财务模型的逻辑肯定存在问题。反过来说，为了发挥资产负债表对财务模型的校验作用，在建模时应保证资产负债表的所有科目数据均来源于相关模块的计算结果，而不应当在资产负债表内通过倒挤某些科目余额的方法达到平衡。以下为基于本书各个章节的案例的资产负债表主要科目的勾稽关系，勾稽关系可能因项目、建模习惯不同而存在一些差异。

（1）货币资金 = 现金流量表的期末资金余额。

实践中可能因资产负债表中货币资金与短期投资科目间的分类影响而导致上述等式不成立，例如利用货币资金购买短期理财产品后，理财产品在资产负债表中归类于交易性金融资产，但在现金流量表中仍会归类为现金及现金等价物并反映在期末资金余额之中。

（2）偿债准备金账户、大修基金账户 = 现金流量表相应科目的累计额。

资产负债表中的偿债准备金账户、大修基金账户为累计的账户余额，现金流量表中的相应科目为当期变动额。

（3）应收 / 应付账款、存货 = 流动资金模块相应科目的累计额。

与上述准备金账户类似，在资产负债表中建立应收 / 应付账款、存货科目时也需注意科目余额与当期变动额的区别。

（4）在建工程＝基建投资模块的累计资金投入（可形成长期资产部分）。

基建投资分为可形成长期资产的投入和不形成长期资产的投入，前者将与资产负债表在建工程科目匹配，后者将与待摊费用或当期损益匹配。另一方面，上述等式更多的是从经验主义角度做出的总结，如果从严谨的会计角度看，基建工程的资金投入进度与在建工程形成进度并无必然关系，因此如果财务模型存在资金进度与工程进度不匹配的特殊情况，上述等式将不会成立。

（5）固定资产＝折旧模块的资产净值。

计算折旧摊销额时会在折旧摊销表中设有完整的资产原值、当期折旧摊销、累计折旧摊销、资产净值等数据。固定资产原值的主要来源为基建期在建工程完工转固，但在运营期仍会有固定资产更新改造等方面的持续投入。

（6）递延所得税资产／负债＝所得税费用与实缴所得税差额的累计额。

资产负债表中递延所得税资产／负债为累计的账户余额，利润表和现金流量表中的相应科目为当期变动额。从项目全寿命周期来说，如果有足够的利润且没有其他特殊因素影响，则递延所得税资产／负债在项目终结时科目余额应为0，所得税费用总额等于实缴所得税总额。

（7）短期借款＝流动资金借款＋资金缺口借款。

短期借款的形成来源包括为筹措营运资本或流动资金而借入的贷款，以及因项目运营期间发生的暂时性资金缺口而借入的贷款。

（8）长期借款＝融资模块的长期借款余额。

在与项目的历史财务报表衔接时，需注意一年内到期的长期借款会被重分类至流动负债。但在财务建模时，则没必要进行该重分类。

（9）应交税费＝未抵扣增值税＋计提的其他税费。

计提的其他税费主要发生在模型时间维度小于税费缴纳周期的情况下，例如模型时间轴维度为月度，但税费缴纳周期为一年一次的情况。如果项目适用增值税抵扣机制，则基建期发生的大量增值税进项税额应作为未抵扣增值税纳入应交税费口径计算。

（10）应付利息＝基建投资模块和融资模块的累计应付未付利息。

应付未付利息也是主要发生在模型时间维度小于利息支付周期的情况下，而且这种情况还较为普遍存在，例如项目基建期的时间轴维度经常为月度，但贷款付息周期一般为季度、半年度。

（11）递延收益＝递延收益备抵表的余额。

递延收益是指尚待确认的收入或收益，或者说是暂时未确认的收益，例如企业收到的与资产相关的政府补助，或者一次性收取多年的租金，按照权责发生制原则进行摊销。在收到类似收入时，一般应建立递延收益备抵表，计算各期应确认和摊销的递延收益，确认的递延收益计入资产负债表负债端并按期摊销递减，摊销的递延收益计入利润表收入端。

（12）实收资本 = 基建投资模块的累计投入股权资本。

如果存在实物资本的情形，则应在基建投资表或其他表单中单独列示实物资本所对应的资本额，计入实收资本。

（13）资本公积 = 利润表中按照适用比例计提。

按照会计准则和公司法相关规定，各期实现的净利润应按照一定比例计提公积金，直至资本公积余额达到公司法和公司章程要求。

（14）未分配利润 = 未分配利润期初余额 + 利润表的当期净利润 – 提取公积金 – 当期利润分配。

在以现金流为评价基础的财务模型中，当期实际分配的现金由项目当期自由现金流的多寡决定，与会计留存收益无关，此时等式中的"当期利润分配"应替换为当期自由现金流，此时"未分配利润"的含义也相应发生变化。

11.4　评价指标表

开展项目财务评价是财务建模的最终目的，即通过对项目运营的财务模拟来分析评价项目的盈利能力、偿债能力、生存能力，判断项目的财务可接受性，明确项目对各利益相关方的价值贡献，为决策提供依据。

对于绿地项目来说，项目财务评价的主要目标是衡量项目是否能够达到预期收益率，是否具有合理的投资回收期等；对于并购项目来说，还需评估项目的企业价值和股权价值，为并购提供依据。

从评价步骤看，项目财务评价可分为融资前评价和融资后评价两个口径或称两个阶段，即在融资前评价结果达到预期标准的情况下，再行设定融资方案，进行融资后评价。

11.4.1　融资前（无杠杆）的财务评价

融资前财务评价是在不考虑资本结构影响的情况下，从项目总体获利能力的角度评价项目的财务可行性。无杠杆的融资前财务评价不受资本结构的影响，可以更直观展示企业经营方面的价值驱动因素，使估值结果在不同企业间更具有可比性。融资前财务评价结果还可以作为项目初步决策和研究融资方案的依据。融资前财务评价的主要方法和指标包括：

（1）全投资内部收益率。

全投资内部收益率，也称为项目内部收益率、无杠杆内部收益率，是假设所有投资均为投资方自有资金、不考虑借入债务的情况下计算的内部收益率，此处所称债务是包括基建期和运营期在内的全寿命周期债务因素。全投资内部收益率可分为所得税前和所得税后两个口径，其中：

全投资内部收益率（税前）指标不仅排除了资本结构对回报的影响，还排除了所得税率差异的影响，该指标反映了项目对投资人、潜在债权融资人、政府等所有利益相关方的分配能力，可帮助适用不同税率的投资主体开展初步评估工作，计算该指标的数据基础可参照第 11.2 节中表 11-3 所示的"融资前税前现金流"，并运用 Excel 的 IRR 系列函数计算。

全投资内部收益率（税后）指标仅排除了资本结构对回报的影响。由于企业所得税对于投资者来说是实实在在会发生的现金流出科目，因此使用税后指标有时更符合投资者决策需要。在计算全投资内部收益率（税后）指标时，应当以息税前利润（EBIT）为基础计算所得税，而不是使用税前利润（EBT）为基础，因为后者实际上已经包含了负债融资的税盾影响，与全投资内部收益率指标的设计初衷不符，其计算公式为：

= 融资前税前净现金流 – 息税前利润 × 所得税率 　　或者

= 净利润 + 折旧摊销 + 利息 ×（1– 所得税率）– 营运资本变动 – 资本性支出

原则上，进行所得税调整时，息税前利润应该是完全不受融资费用影响的，包括建设期利息对折旧的影响。

（2）项目净现值和项目投资回收期。

计算项目净现值、项目投资回收期所使用的现金流与全投资内部收益率所使用的现金流一致，而且也可分为所得税前和所得税后两个口径，可根据需要选择适用口径。具体计算方法可参照第 2.2 主要估值指标章节。

11.4.2　融资后（有杠杆）的财务评价

在完成融资前财务评价后，如果融资前内部收益率指标高于投资者可获得的债务融资成本时，投资人便可考虑筹划债务融资方案并将债务融资条款纳入财务评价，以获得财务杠杆收益，相应的评价指标也被称为有杠杆收益率。融资后的财务评价纳入了资本结构的影响，而所得税基于资本结构的税盾作用已自然而然被纳入其中，因此融资后的财务评价只有所得税后这一口径。融资后财务评价的主要方法和指标包括：

（1）资本金内部收益率。

资本金内部收益率是融资后的评价指标，用于考察项目在拟定债务融资条件下的盈利能力，反映了投资人整体角度的盈利能力。资本金内部收益率指标考虑了资本结构、所得税等方面影响，以投资人在各个期间可自由支配的现金流为基础计算。以第 11.2 节中表 11-3 为例，第 90 行所示的"可供股东分配自由现金流"即为考虑了所有偿债义务后的现金流，但由于股东的资本注入和建设投资流出在该节点已相互抵消，因此在计算资本金内部收益率时应重新构造一组符合内部收益率计算要求的现金流，即

= – 股东注入资本 + 可供股东分配自由现金流

资本金内部收益率和全投资内部收益率的主要差异在于是否考虑资本结构的影响，也就是是否考虑财务杠杆的作用。因此，我们可以通过财务杠杆原理来推导二者的数学关系。假设全投资内部收益率为 IRR，资本金内部收益率为 IRR_e，融资成本为 r，所得税率为 t，项目全部投资额为 I，资本金为 E，贷款为 D，按照财务杠杆对权益回报的影响方式，从理论分析可得全投资内部收益率和资本金内部收益率的关系：

$$IRR_e = \frac{IRR \times I - D \times r \times (1-t)}{E}$$

整理后可得：

$$IRP_e = IRR + \frac{D}{E} \times [IRR - r \times (1-t)]$$

将 IRR_e 与 IRR 的表达式转换后可得：

$$IRR = \frac{E}{I} \times IRR_e + \frac{D}{I} \times r \times (1-t)$$

由上述公式可见：

1）全投资内部收益率是资本金内部收益率和贷款利率的加权平均值，权数为资本金和贷款占总投资的比例。

2）当全投资内部收益率大于利率时，在资本结构中加入债务融资，即可发挥正向的财务杠杆效应，贷款占比越高杠杆效应越大。但是，这种效应并不能被无限放大，因为债务比例、利率在风险定价机制的作用下是联动的，债务比例升高会带来利率的上升，从而抑制财务杠杆效应。

3）贷款利息产生的企业所得税税盾效应，进一步放大了财务杠杆效应。

以上，在理论层面讨论了各因素对全投资内部收益率和资本金内部收益率影响，在财务模型实际运用中会因现金流分布不均、资产负债率的波动等因素影响二者的关系，直接使用上述公式换算融资前后的内部收益率会存在一些偏差。

（2）投资方内部收益率。

投资方内部收益率是从每一位投资人的角度出发，根据每一位投资人初始投入的对价资金和其他权益性投入，各年实际分得的利息、股息、特许权使用费等其他收入，最后的清算所得等，计算出每一位投资人的各年净现金流量，并据此分别计算出每一位投资人的内部收益率。

投资方内部收益率弥补了在某些交易结构中资本金内部收益率存在的不足。例如项目的某些投资人除了可从项目获取股息外还可以基于与项目的特定关系获取特许权使用费、房屋租赁等收入，则该投资人计算收益率时应基于因该项目所发生的各种现金流入和流出，而不仅仅是资本金投入和股利。再如，项目中没有实际控制权的股东，其仅能从项目获取股息，而无法从项目自由现金流中获益，所以此时该股东使用投资方内部收益率将更准确反映其回报水平，而非使用反映投资人整体回报水平的资本金内部收益率指标。

（3）资本金净利润率。

资本金净利润率（Return on Equity，ROE）表示项目资本金的盈利水平，是项目达到设计生产能力后正常年份的税后净利润或运营期内税后年平均净利润与资本金总额的比值，反映了投资者投入企业资本金的获利能力。

ROE =（正常运营年份的净利润或运营期内年平均净利润）/ 资本金总额

关于资本金内部收益率与资本金净利润率的关系可参见 2.2.2.1 对内部收益率的再认识章节说明。

（4）经济增加值（EVA）。

经济增加值（Economic Value Added，EVA）是指从税后净营业利润中扣除包括股权和债务的全部投入资本成本后的所得，用于评价企业经营者的资本运作效率和为股东创造价值的能力。资本投入是有成本的，企业的盈利只有高于其资本成本时才会为股东创造价值。

EVA = 净利润 + 利息 ×（1- 所得税率）- 总资产 × 资本成本

（5）资本金净现值、投资回收期。

计算资本金净现值、投资回收期所使用的现金流可基于资本金内部收益率所使用的现金流开展。具体计算方法可参照第 2.2 主要估值指标章节。

11.4.3　企业价值和股权价值计算

首先我们再回顾一下本书第 1 章和第 2 章讨论的价值创造过程，对于能够创造现金流的资产而言，其价值取决于资产未来产生的预期现金流，包括该现金流的金额大小、确定性以及持续时间等。而预期现金流又可根据是否考虑资本结构的影响分为无杠杆和有杠杆两种情况，基于这两种情况计算的现金流分别对应企业价值和股权价值。股权价值可以通过企业价值减去付息债务后得到，也可以通过股权自由现金流折现得到。

11.4.3.1　通过企业价值计算股权价值

计算企业价值的基础是企业自由现金流（Free Cash Flow to Firm, FCFF），也称为无杠杆现金流，即不考虑债务的情况下企业所产生的净现金流，其反映了包括股东、债权人在内的所有出资人共同拥有的价值。其计算逻辑为：

FCFF = 股权现金流 + 债权现金流

= 净利润 + 折旧摊销 + 利息 ×（1− 所得税率）− 营运资本变动 − 资本性支出

上述公式中，"净利润"已将企业所得税（如果存在递延所得税影响，此处应调整为实际缴纳的企业所得税）从企业自由现金流中扣除，因为企业所得税是企业的现金流出，缴纳企业所得税将减损企业价值。债务利息作为影响企业所得税的特殊因素，与企业价值具有较为敏感的正相关关系，但是在无杠杆现金流中如何合理考虑潜在的债务总量、贷款利率这些债务利息因素呢？这需要结合估值的具体情况和具体目的来分析评估，如果要计算企业的市场公允价值，则使用市场平均资本结构和贷款利率来计算债务利息可能是合适的；如果企业资产质量可以支持企业达到最优资本结构，则使用最优资本结构及相应企业评级下的贷款利率可能是合适的。总之，在企业自由现金流中计量企业所得税应根据项目具体情况来考虑。

基于企业自由现金流，运用第 2.1.1 节所述的收益法，以及第 2.2.5 节所述的加权平均资本成本为折现率计算出的净现值即为企业价值。

计算企业价值的目的是进一步推导出股权价值。从资产负债表出发，企业价值可以解释为资产负债表中与产生企业自由现金流"相关的资产"（简称"核心资产"）在持续经营过程中所创造的价值，以及溢余资产、非经营性资产等非核心资产根据适当的评估方法计算的价值；其中，货币资金作为一项特殊资产也可分为用于核心资产经营周转的货币资金和未用于核心资产运营的多余货币资金。参与核心资产运营的货币资金数量往往数量有限且其估算和分类也具有较强的主观性，所以在很多情况下会将所有货币资金视作溢余的货币资金，而溢余的货币资金直接构成了企业价值。另一方面，资产负债表中的"负债"和"权益"可以解释为股东和债权人对企业价值的分配关系，也就是说股东价值和债权人可分配价值之和等于全部资产价值。负债可分为非付息的经营性负债和付息的资本性负债，应付账款、应付票据、应付工资等经营性负债作为营运资本的一部分将在经营过程中自然周转、偿付，并反映的企业自由现金流的计算中，而资本性负债不参与企业经营自由现金流的计算。综上，企业价值可以表示为如图 11-1 所示的价值等式。

图 11-1　企业价值等式

基于上述价值等式，我们可以推导出股权价值为：

股权价值 = 核心资产价值 + 非核心资产价值 + 货币资金 – 资本性负债

$\quad\quad\quad\quad$ = 企业价值 + 非核心资产价值 – 净债务

上式中，净债务（Net Debt）为带息的资本性债务与货币资金的差额，因为货币资金具有极强的流动性，可以随时用于偿还债务；纳入净债务考虑的债务加上纳入营运资本考虑的债务，应等于资产负债表中的负债合计数。另外，如果存在可转换债券、认股权证、优先股等项目，可以使用二叉树模型等其他估值方法计算其价值，并对上述等式进行相应调整。

11.4.3.2　通过股权自由现金流计算股权价值

股权自由现金流（Free Cash Flow to Equity，FCFE）是指在企业自由现金流基础上履行偿债义务后的剩余现金流量，一般适用于评估中长期战略投资的股权价值。其计算公式为：

FCFE = 企业自由现金流 – 债权人现金流

$\quad\quad\quad$ = 企业自由现金流 – 利息支出 – 债务本金净变动

$\quad\quad\quad$ = 净利润 + 折旧摊销 – 资本性支出 – 营运资本变动 – 债务本金净变动

将股权自由现金流按照股权资本成本或股东的预期回报率进行折现即可得到股权价值，折现过程遵从第 2.1.1 节所述收益法的相关要求。

从理论基础上来说，通过企业价值推导出的股权价值与通过股权自由现金流直接计算的股权价值应当是一致的，但在实践中二者计算的结果往往会存在差异，其主要原因在于企业价值折现用的加权平均资本成本是根据某一特定资本结构计算的，而体现在股权自由现金流中的资本结构随着还本付息等的变化是持续变化的。

第 12 章

运用价值模型——风险评估与分析

至本章，财务模型已基本搭建完成，接下来将进入财务模型的应用分析阶段。在搭建财务模型时，我们已经尽可能地将影响模型输出结果的变量纳入到了财务模型之中，但这并未能解决这些变量固有的不确定性对输出结果的影响，如果不能合理地评估这些具有不确定性的变量，那么再完美的财务模型也将毫无意义，这也正是现代金融的核心思想围绕着不确定性与收益的关系展开的原因所在。

本章主要内容将就如何认识财务模型评价结果、如何考量不确定因素对评价结果的影响、如何提高评价结果的可靠性等进行讨论，虽然这种讨论可能并不能完全解除我们对于不确定性的担忧，但其仍是投资决策过程中的重要参考。

12.1 风险矩阵分析

风险与两个因素有关，一是不确定性的发生概率，二是这种不确定性的潜在影响。在投资中，风险最终会以投资收益的波动性体现出来，这种波动不仅有负向波动，也有正向波动，亦即风险的概念是中性的。在实践中人们出于谨慎考虑，常常会过分地强调负向波动的可能性，而较少关注正向波动的可能性，导致投资项目被低估，使项目投资决策出现失误。

一个项目面临的风险一般源自两个方面，一是与项目本身有关的不确定性，包括成本控制、技术路线的成熟度或前瞻性、产品品质管控等；二是来自项目外部的不确定性，包括政策、市场、社会环境等。项目面临的风险往往并非孤立地存在，而经常是与其他风险因素相互关联、相互作用，例如一个PPP项目工期延长会导致违约罚款风险还会导致工程造价超支风险，所以风险评估和分析工作是一项系统性工程。因此，我们在开展风险评估时首先要充分了解项目的风险全景，从定性的角度盘点项目各个环节可能面临的风险，然后初步判断这些风险发生的可能性以及这些风险的潜在影响，并提出初步应对措施，为下一步有针对性地深入评估和分析奠定基础，我们可以将这一过程称为描绘风险矩阵。

在描绘风险矩阵时，除了需要了解风险的基本情况外，还需要将其与项目架构、投资人的风险管理能力等结合起来考虑。

项目架构是项目的运作逻辑，包括项目主要利益相关方的关系、盈利模式、管理模式等，项目架构在很大程度上决定了风险表现形式和管理方式。爪哇7号项目是基于PPA协议的"照付不议"BOOT项目，电价、燃料价格、汇率风险、不可抗力风险等主要事项需于项目开发阶段在售电方与购电方间完成风险分配，正是基于PPA良好的风险分配机制，PLN成功吸引了大量私人投资❶。如果投资人无法履行其PPA义务，例如未能按期完成融资关闭、商业运行以及机组可靠性、净上网容量、热耗、频率等性能指标不达标等情况则项目公司需向PLN支付相应的罚款，以补偿PLN寻找替代电力供应的损失，因此为控制工期风险、性能风险对投资决策的影响，投资人须在投标阶段即与EPC承包商达成风险分配初步安排，并在项目中标后进一步细化和落实多方风险分配机制。因此，根据项目特点分析，与完全市场竞争项目相比，爪哇7号项目这类BOOT项目的风险管理工作更应聚焦于项目开发阶段，即在项目开发阶段做好风险的基本管理框架，在项目建设运营阶段做好具体风险事项的防范落实。

投资人的风险管理能力，包括了管理能力和风险两个方面，不同的投资人对风险的管理能力是不同的，即使是对同一个项目的同一项风险的管理能力很可能也是不一样的，与新进入的无经验投资人相比，有经验的投资人经常可以将一项高风险转化为一项低风险。爪哇7号项目投资人基于其在印尼的多个已有同类项目建设、运维的成功经验，其风险管理能力会显著优于新进投资人，例如施工风险、机组可靠性风险对于新进投资人来说可能属于较高等级的风险，但对于国家能源集团来说应是中等水平的风险。基于以上分析，表12-1列示了一个简要的爪哇7号项目风险矩阵。

---

❶　2017之前印尼的PPA范本中PLN分担了相对较多的风险，受到投资人的广泛认同，但2017年印尼矿产和能源部颁布的第10号法令对新IPP项目的风险分担和分配原则进行了重大更改，将不可抗力风险主要由PLN承担改为由PLN和IPP共担，如果不可抗力事件导致长期运营中断则PLN不再按照视同调度结算电费，而是通过延长PPA作为补偿。

表 12-1　　　　　　　　　　　　　爪哇 7 号项目风险矩阵示例

风险大类	风险小类	发生概率	产生影响	应对措施
经济金融类风险	开发成功风险	高	低	精简投入
	造价估算风险	中	高	加大估算深度
	利率风险	高	高	金融对冲
	汇率风险	高	高	金融和自然对冲
	通货膨胀风险	中	低	成本结构自然对冲
	需求风险	高	低	PPA 照付不议机制
	融资关闭风险	低	高	母公司财务能力
政治法律类风险	征收	低	高	政治保险
	汇兑限制	低	高	政治保险
	战争及暴乱	低	高	政治保险
	政府违约	低	高	政治保险
	社会风险	中	中	风险准备金
	法律风险	中	高	风险准备金
	不可抗力	低	高	商业保险
工程建设类风险	设计风险	低	高	EPC 合同
	施工风险	中	中	EPC 合同
	工期风险	中	中	EPC 合同
	性能风险	中	高	EPC 合同
项目运营类风险	财产风险	低	高	商业保险
	运维风险	中	高	运维合同
	本地化风险	中	中	运维合同
	燃料供应风险	低	高	长期供煤合同
	环境风险	低	中	环保设施投资

　　风险矩阵中展示的风险应重点关注发生概率较高且产生影响较大的风险，对不同的风险类型采取不同的风险管理措施。风险管理的总体思路是以双赢原则进行风险分配，由风险管理能力较强的一方承担风险，这也是创造价值的重要方式。公平、合理、

有效的风险分配结果需要投资方的总体筹划和艰苦细致的谈判，否则风险分配的结果很可能导致投资方承担较多风险甚至"多输"的局面，减损项目价值。具体来说，风险管理方式可分为风险规避、风险转移、风险共担、风险自担等，在 BOOT 电站项目中，风险规避更侧重于技术层面，例如通过优化技术方案以规避可能的缺陷；风险转移侧重于金融层面，通过金融保险工具转移政治、财产、人身、利率、汇率等风险；风险共担侧重于相关方博弈，例如在 EPC 承包商、投资方、购电方间开展机组性能风险分配的博弈；风险自担主要是针对难以转移或不必要转移的风险，该类风险可通过计提风险准备金或提高投资风险溢价进行控制。

12.2　敏感性分析

敏感性分析是投资项目决策中最常用的不确定性分析方法之一，它是通过保持其他假设变量不变，调整一个或多个假设变量的取值来计算评价指标的变动情况，敏感性分析根据同时调整的变量数量可分为单因素敏感性分析和多因素敏感性分析。敏感性分析可以直观地展示假设变量与评价指标间的联动关系，并可通过图表展示将这种关系展示得更加形象。

运用好敏感性分析工具远比理解敏感性分析的含义要来得复杂，其复杂性来自两方面，一是如何识别出关键假设变量，二是如何切中要害地展示敏感性分析情景。下面，我们结合爪哇 7 号项目案例，分别使用龙卷风图、模拟运算表、VBA 程序等方法讨论如何开展敏感性分析。

12.2.1　龙卷风图分析

上一节中，我们为项目绘制了风险矩阵，并从定性的角度对风险发生概率和风险的影响进行了初步判断，但这种判断多是建立在经验主义基础之上，常常并不可靠。本节将通过龙卷风图量化展示各个假设变量对内部收益率的敏感性，揭示项目所能承受的上行风险和下行风险，使分析人员明确哪些变量是更为敏感的重要变量，以便对这些变量进一步开展重点分析工作。通过对龙卷风图中各指标的观察和分析，还有助于我们发现财务模型中存在的逻辑问题，例如当利率上升 0.4% 时内部收益率下降了 0.5%，而利率下降 0.4% 时内部收益率却仅上升了 0.1% 时，经验告诉我们利率与内部收益率一般呈较强的线性关系，出现这种非线性关系即表明财务模型的利息计算中很可能存在逻辑错误。

一个财务模型中通常有数十个假设变量，理论上我们可以对所有假设变量都进行单因素敏感性分析，进而绘制出完整的项目龙卷风图。但在实践中这样做不仅繁琐而且也没必要，因为有些假设变量分析人员可根据其丰富的经验直接判断为非重要变量，

有些假设变量虽然很重要但因确定性很高而没有必要作进一步分析，例如企业所得税率。下面，我们从爪哇 7 号项目财务模型中，分析筛选了供电热耗、可用系数、固定成本等 7 个关键假设变量用于绘制各变量对于内部收益率敏感性的龙卷风图，其中每个变量分别假设了可能的下行情景（利空）和上行情景（利好）值，效果如图 12-1 所示。

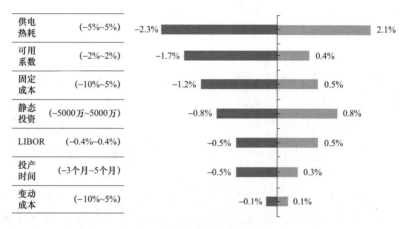

图 12-1　龙卷风图示例

　　绘制的龙卷风图清楚展示了各假设变量在财务模型中的重要性水平，从上至下分别为供电热耗、可用系数、固定成本、静态投资、Libor、投产时间、变动成本。从龙卷风图坐标轴两侧的整体对称关系看，项目的下行风险高于上行风险，此点符合大多数以竞标方式取得的 BOOT 项目的风险分配结果，因为招标人采用竞标模式的目的就是尽可能压缩投资人的上行空间，这也要求投资人在投标时要做实、做细、做好投标方案，在中标后要严格按照投标方案执行，尽量避免发生计划外事项对项目产生负面影响。表 12-2 中，可用系数对下行情景十分敏感，对于上行情景则较不敏感，此点与 A 和 B 部分电价计算规则相符，这意味着投资人需谨慎预测可用系数，避免设立过高的可用系数而发生无法达到时的损失。以此类推，除了绘制内部收益率敏感性的龙卷风图之外，还可以根据需要绘制偿债能力等其他指标敏感性的龙卷风图。

　　下面，我们来说明如何通过模拟运算表绘制龙卷风图。

　　步骤一：明确龙卷风图的数据情景区间。我们所要绘制的龙卷风图是展示各假设变量相对于模型基准情景的敏感性，因此需要根据各假设变量不确定性的波动区间，在财务模型中分别建立下行情景、基准情景、上行情景，以此作为龙卷风图中利好和利空的边界，如表 12-2 所示。

表 12-2　　　　　　　　　　　　　　　情景分析示例

序号	B	C	D	G	H	I	J
	项目	单位	选择情景：2	下行情景1	基准情景2	上行情景3	测试情景4
9	可用系数	%	86.00%	84.00%	86.00%	88.00%	84.00%
15	供电热耗	kcal/kWh	2245	2357	2245	2133	2245
17	原煤单价	美元/t	42.95				
18	原煤发热量	kcal/kg	4300				
27	投产时间	yyyy/mm/dd	2020/3/31	2020/6/30	2020/3/31	2019/12/31	2020/3/31
31	静态投资	万美元	165000	170000	165000	160000	165000
60	Libor	美元	0	3.20%	2.80%	2.40%	2.80%
143	固定成本	万美元/年	5523	6075	5523	5247	5523
157	变动成本	万美元/年	724	796	724	688	724

其中，D 列的"选择情景"为模型计算引用的数据源，D2 单元格是一个代表第 N 个情景的手工输入的整数数值，此处使用了单元格自定义数值格式（"选择情景："0）；D 列其他单元格运用 OFFSET 函数针对所选择的情景从数据源取数，例如 D9 单元格公式为"=OFFSET（G9,0,$D$2-1）"；由于并非所有假设变量都需要进行敏感性计算，为保持过程简洁，我们可以将不参与情景分析的假设变量直接在 D 列中输入，而不通过后面的情景进行选择，例如 D17、D18 单元格。

步骤二：构建龙卷风图的专用测试情景。要绘制龙卷风图，需要在其他因素保持不变的情况下，将上行情景和下行情景的每一个假设变量逐个带入基准情景中，计算得出某一个变量相对于基准情景的单因素敏感性结果，因此如果筛选出的假设变量数量较多则通过手动逐个计算会十分繁琐，例如本例中选用的 7 个关键假设变量包含的上行情景和下行情景共需要进行 14 次计算。要完成 14 次计算，一个简单粗暴的办法是从表 12-3 的 J 列开始往右连续建立 14 个专用测试情景，但这样显然会影响财务模型的美观性和简洁性。为保持模型的简洁美观，我们可以通过搭建中间表进行模拟运算表计算的方式完成上述工作，即在中间表中搭建 14 个情景，然后将中间表与表 12-3 中的 J 列"测试情景 4"进行关联，即将中间表得出的每一个假设情景逐一反馈至"测试情景 4"。中间表如表 12-3 所示。

其中：

第 16~18 行是对表 12-3 中相应情景的数据引用；

第 21~34 行的灰色单元格是将下行情景和上行情景中的假设变量逐个带入基准情景形成新的情景；

第 20 行是对 21~34 行情景的选择，其中 Q20 单元格是代表第 N 个情景的手工输入的整数数值，第 20 行所选择的假设变量构成了表 12-3 中的 J 列"测试情景 4"的数据源，从而完成了中间表与表 12-3 主表的衔接。

表 12-3　　　　　　　　　　　　　　情景分析的中间表示例

序号	Q	R 可用系数（%）	S 供电热耗	T 静态投资	U Libor（%）	V 固定成本	W 变动成本	X 投产时间
15		可用系数（%）	供电热耗	静态投资	Libor（%）	固定成本	变动成本	投产时间
16	下行情景	84	2357	170000	3.20	6075.3	796.4	2020/6/30
17	基准情景	86	2245	165000	2.80	5523	724	2020/3/31
18	上行情景	88	2133	160000	2.40	5246.85	687.8	2019/12/31
19								
20	选择情景 :1	84	2245	165000	2.80	5523	724	2020/3/31
21	下行情景 1	84	2245	165000	2.80	5523	724	2020/3/31
22	下行情景 2	86	2357	165000	2.80	5523	724	2020/3/31
23	下行情景 3	86	2245	170000	2.80	5523	724	2020/3/31
24	下行情景 4	86	2245	165000	3.20	5523	724	2020/3/31
25	下行情景 5	86	2245	165000	2.80	6075	724	2020/3/31
26	下行情景 6	86	2245	165000	2.80	5523	796	2020/3/31
27	下行情景 7	86	2245	165000	2.80	5523	724	2020/6/30
28	上行情景 1	88	2245	165000	2.80	5523	724	2020/3/31
29	上行情景 2	86	2133	165000	2.80	5523	724	2020/3/31
30	上行情景 3	86	2245	160000	2.80	5523	724	2020/3/31
31	上行情景 4	86	2245	165000	2.40	5523	724	2020/3/31
32	上行情景 5	86	2245	165000	2.80	5246.85	724	2020/3/31
33	上行情景 6	86	2245	165000	2.80	5523	687.8	2020/3/31
34	上行情景 7	86	2245	165000	2.80	5523	724	2019/12/31

R20 单元格引用相应情景的公式为"=OFFSET（R21，$Q$20-1，0）"，以此向右类推。

步骤三：建立模拟运算表。如表 12-4 所示，以 Z 列中 1~14 的情景序号为变量，以 AA20 单元格引用的资本金内部收益率值为运算目标，通过 Excel 模拟运算表功能完成各个情景下的资本金内部收益率计算。关于模拟运算表的具体应用方法，可参见第 12.2.3 节相关内容。

表 12-4　　　　　　　　　　　绘制龙卷风图中的模拟运算表示例

序号	Z	AA
19	模拟运算表	
20		15.44%
21	1	13.72%
22	2	13.15%
23	3	14.67%
24	4	14.92%
25	5	14.25%
26	6	15.31%
27	7	14.98%
28	8	15.83%
29	9	17.57%
30	10	16.19%
31	11	15.96%
32	12	15.90%
33	13	15.50%
34	14	15.79%

步骤四：绘制龙卷风图。将模拟运算表计算得到的 14 个测试情景下的资本金内部收益率，分别与基准情景下的资本金内部收益率进行比较，得出每个测试情景相对于基准情景的敏感性数据，对数据进行表 12-5 所示格式的整理，将下行影响和上行影响的数据由小到大分两列列示，然后利用 Excel 的"堆积条形图"图表格式完成龙卷风的绘制。

表 12-5　　　　　　　　　　　绘制龙卷风图中的数据表示例

序号	C	D	E	F
1				
2	变动成本	{-10% ~ 5%}	-0.13%	0.06%
3	投产时间	{-3 个月 ~ 3 个月 }	-0.46%	0.35%
4	Libor	{-0.4% ~ 0.4%}	-0.52%	0.52%

续表

序号	C	D	E	F
5	静态投资	{−5000 万 ~ 5000 万 }	−0.77%	0.75%
6	固定成本	{−10% ~ 5%}	−1.19%	0.46%
7	可用系数	{−2% ~ 2%}	−1.72%	0.39%
8	供电热耗	{−5% ~ 5%}	−2.29%	2.13%

12.2.2　手动敏感性分析

爪哇 7 号项目作为 BOOT 性质的项目，影响项目收益的主要因素是资本使用效率和设备维护水平，例如静态投资控制、实际可用系数、融资利率等。在电价等假设参数不变的情况下，静态投资、可用系数、利率这三个主要敏感因素相对于资本金内部收益率和债务备付率的敏感性计算如表 12-6 所示，假设三个敏感因素在极端不利的情况下同时发生负面影响，此时爪哇 7 号项目仍具备较强的盈利能力和偿债能力，这种情况是投资方和债权人均乐见的。

表 12-6　　　　　　　　　　手动敏感性分析示例

序号	A	B	C	D	E	F
106	敏感性分析因素					分析结果
107	敏感性因素	敏感性项目		增减值	增减后值	资本金内部收益率
108	静态投资增减	◀	▶	5000	170000	11.95%
109	可用系数增减	◀	▶	−2.00%	84.00%	债务备付率（DSCR）
110	利率增减	◀	▶	0.50%	3.35%	1.20

为更加便捷地对敏感性参数进行手动调整操作，可以调用【开发工具】选项卡中的表单控件或 ActiveX 控件中的滚动条或数值调整钮。表单控件和 ActiveX 控件功能相似，但 ActiveX 控件功能更为强大和灵活。在本例中，由于表单控件属性设置中数值范围最大下限为 0，无法设置负值，因此使用了更为灵活的 ActiveX 滚动条控件。本例中所使用的三个滚动条，其属性设置和相应 VBA 代码如图 12-2 所示，其中由于控件步长最小允许值为 1，案例中通过对步长除以 100 或 1000 进行缩放以实现更小的步长控制。

```
Private Sub ScrollBar1_Change()
' 控件属性中Max设为50000，Min设为-50000，步长SmallChange设为1000
Range("D108") = ScrollBar1.Value
End Sub

Private Sub ScrollBar2_Change()
' 控件属性中Max设为100，Min设为-100，步长SmallChange设为1
Range("D109") = ScrollBar2.Value / 100
End Sub

Private Sub ScrollBar3_Change()
' 控件属性中Max设为100，Min设为-100，步长SmallChange设为1
Range("D110") = ScrollBar3.Value / 1000
End Sub
```

图 12-2　滚动条控件 VBA 代码

　　在表 12-6 案例中，根据过往项目经验对敏感性假设参数进行了手动调整，调整后的分析结果表明，在三个参数同时发生一定负面影响的情况下，爪哇 7 号项目仍具备较强的盈利能力和偿债能力。图 12-3 中，通过将项目运营期各年的偿债现金流、可供股东分配现金流进行图形化展示，更清晰地反映了爪哇 7 号项目运营期内盈利能力和偿债能力的变化趋势，以及债权人和投资人的利益分配关系。由图 12-3 可见，偿债期内项目拥有较为充裕的"可供股东分配自由现金流"，债务风险可控；如果三个敏感因素继续朝不利方向变化，则项目首先将在 2026 年左右出现偿债能力警报，此时投资方可与债权人协商调整还款计划，适当降低 2026 年的还款额。

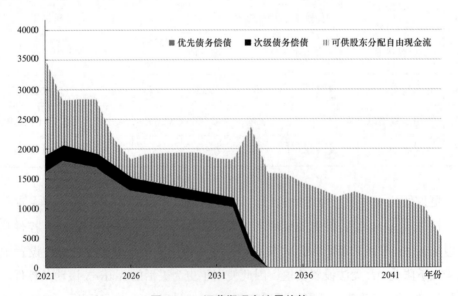

图 12-3　运营期现金流量趋势

12.2.3　模拟运算表分析

如果想知道一个或两个假设变量分别取不同值时财务模型的计算结果，则可以使用模拟运算表，模拟运算表根据假设变量数量可分为单变量模拟运算表和双变量模拟运算表。其中，单变量模拟运算表只允许设置一个假设变量，但可以同时设置多个输出结果指标；双变量模拟运算表允许设置两个假设变量，但只能有一个输出结果。

爪哇 7 号项目在投标阶段取得的融资条件系贷款银行的非约束性报价，从贷款银行提出非约束性报价到项目完成融资关闭间隔了约 1 年时间，此期间贷款利率可能会随着金融市场行情变化而变化。因此，需要就利率对项目盈利能力和偿债能力的影响进行敏感性分析，如表 12-7 案例所示，对 [-0.30%，0.30%] 的利率区间进行敏感性分析，并返回不同利率敏感性下的资本金内部收益率和债务备付率。

表 12-7　　　　　　　　　　单变量模拟运算表

序号	A	B	C	D	E	F	G	H
117	利率变动值	0.00%						
118		B120= 评价指标表						
119	利率增减	↓	–0.30%	–0.20%	–0.10%	0.10%	0.20%	0.30%
120	资本金内部收益率	15.04%						
121	债务备付率（DSCR）	1.38						

下面我们通过模拟运算表来完成计算工作。

步骤一：构建模拟运算表框架。本例中将利率敏感性区间数据置于工作表的行位置，并确保处于模拟运算表的第一行，将要计算的资本金内部收益率和债务备付率置于工作表的列位置，其中 B120 和 B121 单元格的值分别引用自财务模型相应的指标计算表。

步骤二：选中模拟运算表。即案例中【 B119：H121】单元格区域。

步骤三：设置模拟运算表参数。打开【数据】选项卡中的【模拟分析】，选择【模拟运算表】，由于利率敏感性区间数据在工作表的行中，所以在弹出的对话框的"输入引用行的单元格"中输入"$B$117"单元格（该单元格的数值将带入到模型的利率参数中，参与模型运算），"输入引用列的单元格"为空，如图 12-4 所示。需要注意的是，"输入引用行的单元格"需要与模拟运算表在同一张工作表中，否则无法使用模拟运算表。

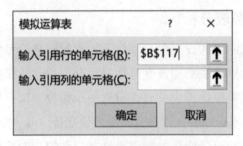

图 12-4　模拟运算表对话框

完成模拟运算表对话框设置后，运算结果如表 12-8 所示，此时【C120：H121】单元格区域为数组公式"{=TABLE（B117,）}"。从运算结果可见，利率与资本金内部收益率和债务备付率呈现线性相关，而且虽然利率对资本金内部收益率和债务备付率有较为显著的影响，但如果利率变动幅度在温和变化范围内，则本项目的盈利能力仍然是较为可观的。

表 12-8　　　　　　　　　　单变量模拟运算表结果

序号	A	B	C	D	E	F	G	H
117	利率变动值	0.00%						
118								
119	利率增减		−0.30%	−0.20%	−0.10%	0.10%	0.20%	0.30%
120	资本金内部收益率	15.04%	15.42%	15.30%	15.17%	14.91%	14.78%	14.65%
121	债务备付率（DACR）	1.38	1.41	1.40	1.39	1.37	1.36	1.35

如果除了利率之外还需要同时对静态投资的变动进行敏感性分析，则可以使用双变量模拟运算表。其操作步骤与上述单变量模拟预算表基本一致，区别在于需将要计算的评价指标 IRR 的引用放置于 B124 单元格位置，并以 IRR 指标为交叉点分别在行和列方向设置利率和静态投资敏感性变动值，然后在模拟运算表对话框中同时完成输入行和输入列的设置，计算结果如表 12-9 所示。

表 12-9　　　　　　　　　　双变量模拟运算表结果

序号	A	B	C	D	E	F	G	H
123	静态投资增减	IRR	利率增减					
124		15.04%	−0.30%	−0.20%	−0.10%	0.10%	0.20%	0.30%
125		−9000	16.77%	16.65%	16.53%	16.29%	16.17%	16.04%
126		−6000	16.32%	16.20%	16.07%	15.83%	15.71%	15.58%
127		−3000	15.87%	15.75%	15.62%	15.37%	15.24%	15.12%

续表

序号	A	B	C	D	E	F	G	H
128	静态投资增减	3000	14.97%	14.84%	14.71%	14.44%	14.31%	14.18%
129		6000	14.51%	14.38%	14.24%	13.97%	13.84%	13.71%
130		9000	14.06%	13.93%	13.79%	13.52%	13.38%	13.25%

通过模拟运算表进行敏感性分析，可以快速一次性获得敏感性区间内的所有分析结果而无须逐个手动计算，并且计算结果会随着模型其他参数的调整而实时更新，是开展敏感性分析的一大利器。但是模拟运算表在带来便捷的同时，也存在一些不足，即：

（1）模拟运算表会影响财务模型整体运算效率。如果要使模拟运算表自动运算，须在【文件】选项卡的【Excel 选项】中，将【公式】栏的【计算选项】定义为"自动重算"，此时财务模型的任何数据变化或对财务模型执行保存操作，模拟运算表都将自动重算，这将显著影响财务模型的运算效率，特别是在财务模型设计复杂且数据量较大的情况下使用模拟运算表可能会得不偿失。

（2）引用变量必须与模拟运算表位于同一张工作表中。这会造成财务模型输入数据的分散，增加模型发生错误的概率。

（3）模拟运算表无法与宏程序结合使用。例如当财务模型使用 VBA 程序破解利息计算循环引用时，对利率进行敏感性分析时，模拟运算表无法为每次利率变化执行 VBA 程序。

12.2.4　使用 VBA 程序进行敏感性分析

鉴于手动调整参数以及使用模拟运算表进行敏感性分析中存在的不足，我们可以在敏感性分析中使用 VBA 程序这一十分灵活的工具，以满足各种个性化的分析需求。下面以 IRR 对电价的敏感性分析为例，求取不同 IRR 目标下的电价，如表 12-10 所示。

表 12-10　　　　　　　　　IRR 对电价敏感性分析示例

序号	A	B	C	D	E	F	G
13	IRR 对电价的敏感性分析						
14	目标 IRR	10%	11%	12%	13%	14%	15%
15	电价						

敏感性分析的 VBA 代码如图 12-5 所示。

```
Sub 敏感性分析()
    Application.ScreenUpdating = False        ' 关闭屏幕自动刷新
    Dim i As Integer, irr As Single

    For i = 2 To 7 Step 1
        Range("IRR公式").GoalSeek Goal:= Cells(14, i).Value, ChangingCell:=Range("电价")
        ' Range("IRR公式")为引用的IRR计算公式，Range("电价")为引用的电价假设参数
        Cells(15, i).Value = Range("电价")
        ' 将单变量求解计算得到的敏感性电价进行纪录、写入表中
    Next i

    Application.ScreenUpdating = True         ' 打开屏幕自动刷新
End Sub
```

图 12–5　IRR 对电价的敏感性分析 VBA 示例

上例中，使用了 For…Next 循环将敏感性分析中的目标 IRR 值逐个带入模型进行单变量敏感性求解。如果要同时对多个参数进行敏感性分析，可以通过将多个 For…Next 循环嵌套使用的方法来完成。多变量敏感性如表 12–11 所示。

表 12–11　　　　　　　　　　　　　　　多变量敏感性

序号	A	B	C	D	E	F	G	H	I	J
133			利率增减							
134			−0.30%	−0.20%	−0.10%	0.10%	0.20%	0.30%		
135	静态投资增减	−9000							−3.00%	可用系数增减
136		−6000							−2.00%	
137		−3000		资本金内部收益率?					−1.00%	
138		3000							1.00%	
139		6000							2.00%	
140		9000							3.00%	

12.3　盈亏平衡分析

盈亏平衡分析是以一定的"平衡"标准对项目收益和成本、流入和流出关系进行的分析，它可以对项目的风险情况及项目的不确定因素变化的承受能力进行大致判断，相对于其他统计、数学方面的不确定性分析方法，盈亏平衡分析方法显得更为直观、易懂。使用盈亏平衡分析工具时需要注意的是，盈亏平衡分析是一种静态分析，无法考虑资金的时间价值，而且对项目期内利润波动的处理也显得力不从心。

12.3.1　本量利角度的盈亏平衡分析

从财务会计角度来说，盈亏平衡分析又称本量利分析、保本点分析，即根据产品的销量、售价、成本、利润之间的相互关系来分析收益与成本平衡关系的一种方法。当收入和成本呈线性关系，即单位变动成本、固定成本总额、销售单价在生产期内保持不变，与销售量的高低无关，此时其盈亏平衡等式如下：

销售单价 × 销售量 = 固定成本总额 + 单位变动成本 × 销售量

将上述等式进行变形，可得盈亏平衡点的计算公式：

$$销售单价的盈亏平衡点 = \frac{固定成本总额}{销售量} + 单位变动成本$$

$$固定成本的盈亏平衡点 = （销售单价 - 单位变动成本）× 销售量$$

$$单位变动成本的盈亏平衡点 = \frac{销售单价 × 销售量 - 固定成本总额}{销售量}$$

安全边际 = 销售量 - 盈亏平衡点销售量

$$安全边际率 = \frac{安全边际}{销售量}$$

盈亏平衡点越低或安全边际、安全边际率越高，则项目发生亏损的可能性就越小，说明项目的经营也就越安全。例如某电站项目预测销售量折合利用小时为 5000 h，盈亏平衡销售量为 3500 h，电站所在区域历史最低利用小时为 4000 h，则说明该电站具有较高的安全边际率（30%），即使与历史最差情况相比该电站发生亏损的可能性也较小。

但在实践中，收入和成本呈完全线性关系的情况并不常见，更多的是呈现非线性关系，例如销售量超过市场饱和水平后销售单价会下降，单位变动成本超过设备经济运行状态后会上升，产量超过一定阈值后固定成本总额也将随之增加。在非线性关系中，收入和成本会以高阶函数方式表达，例如：

$$收入\ y_1 = 100 + 200x + 300\ x^2$$
$$收入\ y_2 = 300 - 200x - 100\ x^2$$

非线性关系的盈亏平衡分析原理与线性关系下的盈亏平衡分析原理一致，当 $y_1 = y_2$ 时实现盈亏平衡，求解该方程组可得盈亏平衡解。如果要求解利润最大化的解，通过对利润 y（$y = y_1 - y_2$）函数进行求导即可得到。

此外，安全边际的思想也可以应用于估值结果和交易中。财务模型的估值结果是基于一系列具有不确定性的假设条件计算得出的，估值结果不可能精确反映企业价值，所以投资人在考量不确定因素导致的估值结果高估或低估的风险时，可以在估值结果与拟交易价格间设置安全边际。例如当爪哇 7 号项目投资人期望收益率要求为 12% 时，为降低期望收益率的实现风险，可在期望收益率基础上增加 1~2 个百分点作为安全边际；再如当财务模型计算的被收购企业股权价值估值结果为 1 亿美元时，收购方可设置譬如 30% 的安全边际，即将最高收购价设定为 7000 万美元，则此时即使估值出现高估的情况，收购方仍可以实现预期收益，即收购方为交易风险设立了安全区间。

12.3.2 债务融资角度的盈亏平衡分析

在财务模型中，盈亏平衡分析思想还可以作进一步的扩展应用，一是"盈亏平衡"标准的扩展，除了利润等于零的标准外还可以定义出其他标准，例如 EVA 大于零，内部收益率大于基准收益率，债务备付率大于 1 等；二是分析对象的扩展，除了本量利分析还可以对债务、收益率等进行分析。本节，我们将从债务融资角度讨论如何进行盈亏平衡分析。

一个项目想要成功获取债务融资并避免因债务违约而发生破产风险，就需要向贷款人证明该项目未来可获取足够的现金流并按计划还本付息，而且贷款人也会对项目可偿债现金流进行测试，要求在贷款期限内基准预测情形下的债务备付率（DSCR）大于某个值（例如 1.5），下行预测情形下的债务备付率（DSCR）大于某个值（例如 1.1），也就是说贷款人希望项目按计划还本付息的同时还应该留有一定的安全边际或风险缓冲区。以图 12-2 中的数据作为下行情景，运营期各年可供偿债现金流与债务偿付义务如图 12-6 所示。

由图 12-6 可见，即使在下行情景，爪哇 7 号项目在贷款期内各年均有足够的现金流偿还所有债务融资，并保有较高数量的安全边际，对于贷款人来说贷款的安全性较高，对于投资人来说该项项目具有可融资性，并可测试是否可能进一步提高财务杠杆。

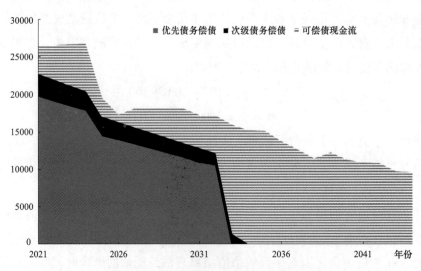

图 12-6　下行情景下的偿债现金流分布图

如果进一步往不利方向调整模型参数，可供偿债现金流与偿债义务将趋于平衡。本例中，如果将风险相对较大的可用系数预测值进一步调减至 78%，则贷款期内的平均可偿债现金流将约等于偿债义务，即达到债务融资角度的盈亏平衡，如图 12-7 所示。

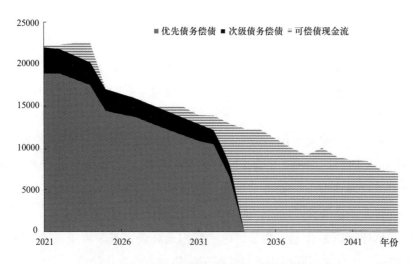

图 12-7　盈亏平衡情形下的偿债现金流分布图

图 12-7 显示的债务现金流盈亏平衡情况，也可以用更精确的数据化方法进行测算和展示。

首先，进一步明确何谓有能力履行偿债义务。我们可以分三种情况来讨论这个问题，第一种情况，贷款期内所有年份借款人均能履行偿债义务；第二种情况，贷款期内可能存在某一年或几年由于设备故障等不利因素影响，致使这些年份借款人无法获取足够现金流用于履行当期偿债义务，但从整个贷款期来看仍有足够能力履行偿债义务；第三种情况，贷款期内借款人无法将债务全部清偿，但借款人可通过再融资在项目寿命期内将债务偿还完毕。由于偿债义务可通过调整偿债计划、再融资等方式进行优化调整，所以这三种情况均可以从不同角度被认为项目有能力履行偿债义务，只是履行偿债义务的能力强弱、方式方法有所差异而已。

其次，选择合适的指标衡量履行偿债义务的能力。我们在前面多次提到的债务备付率（DSCR）指标正是用于衡量借款人偿债能力的，即如果债务备付率大于等于 1 则说明项目在总体上具备履行偿债义务的能力，债务备付率等于 1 时的模型参数即为债务现金流的盈亏平衡点。其计算方式如下：

$$贷款期内 DSCR = \frac{NPV(贷款利率，贷款期内可供偿债现金流)}{贷款总额}$$

$$项目期内 DSCR = \frac{NPV(贷款利率，项目期内可供偿债现金流)}{贷款总额}$$

以前述案例中较为不利的下行情景为例进行计算，爪哇 7 号项目贷款期内 DSCR 为 1.22，项目期内 DSCR 为 1.49，债务融资有较好的安全边际，从另一角度也反映了借款人基于当前状况对贷款人具有较强吸引力。此时，我们还可以通过进一步提高债务融资规模使贷款期内或项目期内的 DSCR 逼近于 1，即在不考虑其他因素影响的情况下，当 DSCR 等于 1 时的债务规模即为本项目理论上可承受的最大债务规模。当然，随着债务规模的扩大，债务风险也会提高，反过来会对债务规模的扩大起到抑制作用。

以前述案例中进一步将可用系数下调至 78% 为例进行计算，爪哇 7 号项目贷款期内 DSCR 为 1.00，项目期内 DSCR 为 1.22，此时财务模型的相关参数达到债务现金流的盈亏平衡点。这种情况下，如果实现相关参数的可能性经评估仍有较大的风险，那么无论是从贷款人还是借款人角度，此时都应寻求降低债务融资规模。

此外，我们还可以结合上一小节讨论的模拟运算表，基于可用系数等敏感性参数计算 DSCR 指标，以反映不同可用系数情况下偿债能力的变化趋势。

12.4　财务指标分析

基于财务模型的三张主表计算财务指标，开展项目盈利能力、偿债能力、营运能力分析，评估项目财务可行性是估值分析的重要内容。在上述三类指标中，营运能力实际上是盈利能力的重要组成部分，所以也可以将其归为盈利能力之列。

12.4.1　盈利能力指标分析

在本书第 2.2 主要估值指标章节我们对衡量价值的主要财务指标进行了重点讨论，这些指标既可以用于衡量价值也可以用于分析价值的质量及隐含风险。本节我们将继续讨论其他盈利能力评价和分析指标，本节所讨论的指标多为静态指标，无法反映时间价值的影响以及项目各个发展阶段的特征，因此在使用时需注意指标在不同企业和不同期间的可比性。

（1）净资产收益率。

$$净资产收益率 = \frac{净利润}{平均所有者权益}$$

净资产收益率（Return on Equity，ROE）是税后净利润与平均所有者权益的比率。该指标是股东评价盈利能力的核心指标之一，反映了权益资本的利用效率，指标值越高说明资本利用效率越高，反之较低的净资产收益率表明权益资本利用效率不高或资产估值过高。从净资产收益率的公式可见，要提高净资产收益率可通过增加净利润或减少所有者权益实现，例如通过股份回购减少所有者权益。

在财务杠杆效应为正时，增加负债会提升净资产收益率。因此，在评估净资产收益率时应考虑财务杠杆水平、财务杠杆的稳定性以及折旧摊销政策、所得税政策的影响，特别是在不同公司或不同期间进行指标比较时。但同时也需要注意，如果较高的净资产收益率是通过高负债或其他高风险方式实现的，那么考虑风险因素后会发现这种净资产收益率的质量是较差的，其内在价值含量是较低的。

如图 12-8 所示，爪哇 7 号项目在 2020~2025 年由于电价较高，净资产收益率达到 20%~25%，处于较高水平；2026 年以后随着电价降低，利润水平和净资产收益率也随之降低，但项目后期随着贷款偿还完毕后向股东分配现金流的力度开始加强，所有者权益持续下降，在净利润并未增长的情况下净资产收益率稳步增长。

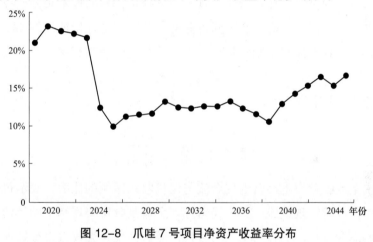

图 12-8 爪哇 7 号项目净资产收益率分布

（2）总资产报酬率。

$$总资产报酬率 = \frac{净利润 + 利息支出 + 所得税}{平均资产总额}$$

总资产报酬率（Return on Assets，ROA）是息税前利润与平均资产总额的比率。该指标是评价企业全部资产运营效率的重要指标，反映企业运用全部资产的总体获利能力。与净资产收益率相比，总资产报酬率不受资本结构影响，体现了债权人、债务人、政府等所有利益相关者的回报。从总资产报酬率的公式可见，要提高总资产报酬率可通过增加经营利润、提高资产周转效率实现。

在财务杠杆效应为正时，总资产报酬率一般小于净资产收益率。所以，如果总资产报酬率大于市场利率，则企业可以考虑利用财务杠杆，进行负债经营，获取杠杆收益。

　　此外，还需注意折旧摊销对总资产报酬率的影响。例如爪哇 7 号项目作为电站项目的技术特性决定了其主要资产的使用寿命涵盖了整个运营期间，所以运营期内不会进行大面积的设备更新改造，随着折旧摊销的计提，资产总额也将逐步下降，此时总资产报酬率将有所上升。

　　（3）净利润率。

$$净利润率 = \frac{净利润}{销售收入}$$

　　净利润率是净利润与销售收入的比率，表示每一元的销售收入能为企业创造多少利润，该指标综合反映一个企业的经营效率。

　　较高的净利润率反映了企业的市场定价能力较强或产品附加值较高或成本较低，因此净利润率较高的企业往往在行业中具有领导地位，例如技术领先或技术垄断型企业。使用净利润率指标时，应注意不同行业的净利润率指标特征，例如零售行业的净利润率普遍较低，具有薄利多销的特点，而科技行业的净利润率一般较高，产品附加值较大。

　　（4）经营性现金流收益率。

$$经营性现金流收益率 = \frac{经营性现金流}{净销售收入}$$

　　经营性现金流收益率是经营性现金流与销售收入净额的比率，表示每一元的收入中实现了多少的经营性现金流，其中经营性现金流是收付实现制下的经营利润以及营运资本变动的总和。在"现金为王"的时代，经营性现金流收益率很好地弥补了净利润率存在的不足，将非现金损益科目、营运资本变化都反映在了指标之中，更客观、全面展现了企业经营效率。

　　从公式可见，经营性现金流收益率的提升可来源于利润率的提高、成本的降低、营运资本的减少等方面，例如通过改进管理缩短应收账款回收周期，可以降低营运资本提升经营性现金流收益率。

　　（5）息税前利润率和息税折旧摊销前利润率。

$$息税前利润率 = \frac{息税前利润\,(EBIT)}{销售收入}$$

　　息税前利润率是息税前利润与销售收入的比率，反映了每一元的销售收入可以产生多少息税前利润。该指标可用于不同资本结构、不同所得税率的同行业企业盈利能力的比较，剔除资本结构和所得税影响后可以反映资产本身的盈利能力。

$$息税折旧摊销前利润率 = \frac{息税折旧摊销前利润 (EBITDA)}{销售收入}$$

息税折旧摊销前利润率在息税前利润率的基础上进一步剔除了不同折旧摊销政策对利润率的影响，而且还近似且便捷地反映了企业现金流层面的盈利能力，类似于经营性现金流收益率。

（6）总资产周转率。

$$总资产周转率 = \frac{销售收入}{平均资产总额}$$

总资产周转率是一定时期内的销售收入（或销售收入净额）与平均资产总额的比率，是衡量资产投入规模与销售水平之间配比情况的指标，揭示了全部资产的管理质量和利用效率。总资产周转率越高，说明全部资产从投入到产出的回收速度越快，或相同营业规模所需的资金投入越少，通过提高总资产周转率可以提高投资的收益率水平。

总投资周转率指标适合于在同行业间进行分析比较，不同行业间存在较大差异，例如重资产行业和轻资产行业其商业模式存在的显著差异决定了其资产周转方式和周转效率也会存在显著差异。另一方面，总资产周转率指标的分子为销售收入，所以分母中的资产应该是与其口径一致的经营性资产，产生投资收益的投资性资产不应包括在内。

如果将总资产周转率公式的分母替换为某资产组或单项资产，则可计算出相应资产的周转率，例如流动资产周转率、固定资产周转率、应收账款周转率、存货周转率等。通过计算单项资产周转率，有助于更精准定位资产管理中存在的不足之处，发现闲置资产或低效无效资产，例如销售合同约定的收款账期为 30 天（即一年周转 12 次），而计算出的应收账款周转率为 10 次，则说明企业可能在结算或催款环节存在管理问题。

12.4.2　偿债能力指标分析

良好的盈利能力是企业发展的保障，稳健的偿债能力是企业生存的基础。尤其是在当今经济全球化、金融化的背景下，激进的债务政策可能会给企业生存发展带来巨大风险，在金融危机期间一些发展前景良好的公司由于资金链断裂、债务违约而导致破产的事件并不鲜见。

（1）资产负债率。

$$资产负债率 = \frac{负债总额}{资产总额}$$

资产负债率是各期期末负债总额与资产总额的比率，是体现项目偿债能力的重要综合性指标，反映了项目的长期偿债能力、资本结构、财务杠杆利用程度等。适度的资产负债率表明企业经营安全、稳健，具有较强的筹资能力，企业和债权人面临的债务违约风险较小。从债权人角度来说，资产负债率不宜过高，过高的资产负债率难以保障债权人利益，意味着企业经营风险将更多地转移至债权人。而从债务人角度看，只要举债不致引起偿债困难，一般希望债务越多越好，债务人可以以此获取财务杠杆收益。

对项目资产负债率指标的分析，应结合宏观经济状况、行业特点、企业所处竞争环境等具体情况来判定，例如垄断行业即使存在较高的资产负债率仍不影响其财务状况的稳健性，但同样的资产负债率水平如果应用于竞争性行业则可能代表较高的债务风险。资产负债率的分析还应该结合债务性质进行，例如爪哇 7 号项目虽然规划的资产负债率为 80%，但其中占总资产 10% 的股东贷款实际上是为了取得税盾收益而设计的具有权益性质的负债，因此从偿债能力角度可以认为爪哇 7 号项目实际资产负债率仅为 70%，在电力行业中处于较为稳健的水平；再如近年来在国内兴起的永续债，不同的会计核算方法可能计算出不同的资产负债率，此时资产负债率的内在含义需要结合永续债的具体商业条款来解读。

（2）净债务 / 息税折旧摊销前利润比率。

$$指标 = \frac{净债务}{息税折旧摊销前利润（EBITDA）}$$

净债务 / 息税折旧摊销前利润比率是净债务与息税折旧摊销前利润的比率，其中净债务是带息负债减去货币资金后的余额。实际上从另一个角度也可以认为，资产负债率是以静态方式基于账面价值反映的企业财务杠杆水平，而净债务 / 息税折旧摊销前利润比率是以动态方式基于实际或预期经营状况反映的企业财务杠杆水平，特别是在当前 EBITDA 具有代表性时，该比率就可以更完美地展现未来期间真实的财务杠杆。据统计，标普 500 成分股中该比率的平均值为 1.4，其中约 80% 的公司该比率小于 3，也就是说对于大多数公司而言，当该比率高于 3 时，就需要对偿债能力风险进行重点关注了。

（3）流动比率和速动比率。

$$流动比率 = \frac{流动资产}{流动负债}$$

流动比率是流动资产和流动负债的比率，反映了企业资金的流动性，可用于判断短期债务到期前流动资产可转化为现金用于偿还流动负债的能力。该指标越高说明偿还流动负债的能力越强，但该指标过高的话则说明资金利用效率偏低。一般认为较为合适的流动比率为 200% 左右，但行业间的合理流动比率差异很大，例如生产周期较长的企业，其流动比率也应该相应较高。

$$速动比率 = \frac{流动资产 - 存货}{流动负债}$$

速动比率是在流动比率基础上，剔除流动资产中变现能力较差的资产后计算的反映流动负债偿还能力的指标，所谓变现能力较差资产的定义应结合项目具体情况进行分析，并不局限于存货，一个极端情况是将现金和现金等价物之外的流动资产均定义为变现能力较差的资产，此时得出的速动比率也称为现金比率，所以在不同企业间进行比较时应注意速动比率计算口径的差异。例如对于生产企业来说，基于积压的大量存货可以表现为很高的流动比率，但该流动比率显然会误导使用者，此时使用速动比率可以更客观、合理地反映企业的短期偿债能力。

（4）利息备付率和偿债备付率。

$$利息备付率 = \frac{息税前利润}{应付利息}$$

利息备付率（Interest Coverage Ratio，ICR）又称已获利息倍数，是借款偿还期内当期可用于支付利息的息税前利润与当期应付利息的比率。利息备付率越大说明付息能力越强，当利息备付率小于 1 时则说明企业可能没有足够的付息能力。

$$债务备付率 = \frac{息税折旧摊销前利润 - 所得税}{应付本息}$$

债务备付率（Debt Service Coverage Ratio，DSCR）又称偿债覆盖率，是借款偿还期当期可用于还本付息的资金与当期应还本付息金额的比率，是债务融资及偿债能力风险控制中十分重要的指标，其既可以按还本付息周期计算也可以按整个贷款期计算，而为更准确地计算债务备付率，在财务模型中会直接使用融资前税后的可偿债现金流作为分子，以便将营运资本变动、持续性资本性支出等因素考虑在内。债务备付率的应用在前面章节已做了多次深入讨论，例如用于确定债务规模、用于控制贷款风险、用于从债务角度评估盈亏平衡情况等，在此不再赘述。

12.5　蒙特卡罗模拟分析

蒙特卡洛（Monte Carlo，MC）方法是用计算机模拟随机事件，以概率论和统计方法为基础，通过不断产生随机数并求出概率来解决问题的随机模拟技术，是用于项目定量风险分析的一种统计方法。蒙特卡洛方法起源于二战期间的原子弹研制项目，为了模拟裂变物质的中子随机扩散现象，由美国数学家冯·诺伊曼和乌拉姆等发明，而蒙特卡洛这一名称取自摩纳哥的一个著名赌城，因为赌博的本质是计算概率，而蒙特卡洛模拟正是以概率为基础的一种方法，所以用赌城的名字为这种方法命名。

蒙特卡罗模拟方法看似十分高深，但其原理其实非常简单。我们以用蒙特卡罗模拟方法计算 π 值为例，对该方法进行介绍。我们知道一个半径为 1 的圆的面积为 π，1/4 个圆的面积为 π/4，那么以一个边长为 1 的正方形的中心点画一个半径为 1 的圆，然后随机在正方形内产生随机点，如图 12-9 所示，则随机点落在圆中的概率为：

落在 1/4 圆内的概率 =（1/4 圆面积）/ 正方形面积 = π / 4

进一步推导 π 为：

π = 4 ×（1/4 圆内的随机点数）/ 点的总数

我们可以通过 Excel 的 RAND 函数生成 [0，1] 之间的随机数，分别模拟随机点的 x 坐标和 y 坐标。而根据圆的标准方程式，当圆心坐标点为（0，0）时，$x^2+y^2=1$ 即代表半径为 1 的圆，当（x^2+y^2）<1 时的坐标点即在圆内。按照该逻辑建立如表 12-12 所示计算表，本案例中当模拟的随机点为 30 个时，得出的 π 值为 3.0476，当随机点进一步加大时计算出的 π 值将更精确。

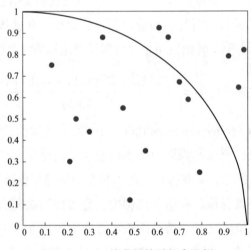

图 12-9　π 值求解的随机点示例

表 12-12　　　　　　　　　　　　π 值求解数据表示例

序号	A	B	C	D
1	随机点总数		21	=COUNT(A:A)
2	落在圆内的随机点数		16	=COUNTIF(D:D，1)
3	π 值		3.04761905	=4 × C2/C1

续表

序号	A	B	C	D
4				
5		x 坐标	y 坐标	是否在圆内
6		0.4269	0.6298	1
7		0.7435	0.0980	1
8		0.6739	0.2191	1
9		0.9166	0.5732	0
10		0.7041	0.0419	1
11		0.9192	0.4144	0
12		0.3904	0.4598	1
13		0.4006	0.9137	1
14		0.4236	0.8101	1
15		0.9711	0.0586	1
16		0.6243	0.1950	1
17		0.9454	0.5383	0
18		0.3542	0.1789	1
19		0.0541	0.9805	1
20		0.7560	0.0125	1
21		0.3563	0.2732	1
22		0.1749	0.5320	1
23		0.3285	0.7644	1
24		0.4631	0.8930	0
25		0.6288	0.9946	0
26		0.2695	0.5582	1
27		=RAND( )	=RAND( )	=IF〔(B26^2+C26^2 ≤ 1),1,0〕

我们也可以通过 VBA 程序快速完成大量数据点的蒙特卡罗模拟，仍以 π 值求解为例，VBA 程序如图 12-10 所示。

```
Sub MC()
 n = Range("数据点模拟量")
 p = 0

 For i = 1 To n
  If Rnd ^ 2 + Rnd ^ 2 < 1 Then
   p = p + 1
  End If
 Next
 Range("pi") = 4 × p / n
End Sub
```

图 12-10   蒙特卡洛方法求 π 值的 VBA 示例

当 VBA 程序中数据点的模拟量设为 100 万个时程序得出的 π 值为 3.141772，当模拟量设为 1 亿个时程序得出的 π 值为 3.14155736。

由求解 π 值的简单案例可见，蒙特卡罗方法的应用情景是当所要求解的问题是某种事件出现的概率，或者是某个随机变量的期望值时，通过数学方法来加以模拟得到这种事件出现的频率作为问题的近似解。蒙特卡罗方法的具体解题思路可分为三个步骤，即：

步骤一：构造或描述概率过程。

较为常见的数据概率分布描述方法是通过统计历史数据的分布频次来判断其分布规律，即以历史数据的最大值和最小值为区间，然后将该区间进一步等分为若干个小区间，并分别统计历史数据落在各个小区间内的数量，最后将统计结果绘制成图形以观察其分布规律（可使用 FREQUENCY 函数统计频次）。图 12-11 展示了某竞争性电力市场的历史出清电价的频次分布规律，从图 12-11 可见，该分布近似正态分布或卡方分布。

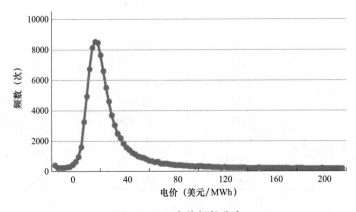

图 12-11　电价频数分布

步骤二：从已知概率分布抽样。

确定历史数据的分布规律后，接下来可以通过 Excel 函数或水晶球等软件模拟该分布，并生成抽样数据。例如当对象为均匀分布时可以使用 RAND 随机函数进行模拟抽样，当对象为卡方分布时可以使用 CHIINV 函数获取抽样数据。

步骤三：运用抽样结果。

将获取的抽样数据带入模型中运算，获取基于随机抽样的计算结果。

12.6　分段报价策略分析

在 BOOT 项目开发权竞标中，招标方为吸引投资者，经常会允许投资人将整个

BOOT 期间分为若干个时间段，并分别提出各个时间段的报价。例如，在某电站项目中招标方曾提出了如下分段报价建议方案，见表 12-13。

表 12-13　　　　　　　　　　　　　　分段报价示例

方案	阶段 1	阶段 2	阶段 3	阶段 4	阶段 5
方案 1	1~5 年	6~10	11~15	16~20	21~25
方案 2	1~6 年	7~12	13~25		
方案 3	1~8 年	9~16	17~25		
方案 4	1~9 年	10~18	19~25		

在爪哇 7 号项目中，招标方在招标文件中对 A 部分投资回收电价（简称 CCR，回收内容包含了贷款利息、贷款本金，以及股权资本、股本收益）在 25 年运营期内的分段报价也做了明确要求，即：

投标人必须提供三个阶段的 CCR：

第 1 阶段：合同第一年到 [投标人填写] 年必须相同的 CCR

第 2 阶段：合同第 [投标人填写] 年到 [投标人填写] 年必须相同的 CCR

第 3 阶段：合同第 [投标人填写] 年到 [投标人填写] 年必须相同的 CCR

第 1 阶段到期和第 2 阶段开始时，以及第 2 阶段到期和第 3 阶段开始时，投标人可选择合同年。第 3 阶段指定的 CCR：（ⅰ）必须小于或等于第 2 阶段指定的 CCR，以及（ⅱ）不得小于第 1 阶段 CCR 的百分之六十（60%）。

那么，如何设置分段报价才能最符合投标人利益呢？

第一，必须是有利于加快投资回收速度的分段方法。风险与项目期限往往成正比，加快投资回收速度不仅可以降低债权人的放贷风险，也有利于投资人易于获取债务融资，并降低股权资本的风险。所以，一般情况下分段报价应以加快投资回收为目标，按照前高后低的策略报价。在本例中，由于招标文件要求第 2、3 阶段的报价不得小于第 1 阶段的 60%，也就是说投资人在受债务融资、财务杠杆等影响的同时，招标文件的规定限制了提高第 1 阶段报价、缩短第 1 阶段期限的空间，在一定程度上保证了 3 个阶段报价相对平滑。这种情况下，如果要保持较高的财务杠杆，必然要延长贷款期限，所以为满足债权人和投资人不同的利益诉求，最佳的方法是将债务偿还期与偿清贷款后的净权益期间区分为前后两个阶段，并将前一个阶段的报价尽量提高。

第二，必须是有利于评标获胜的分段办法。爪哇 7 号项目采用的是评标办法为平准化电价（Levelized Tariff Price，LTP）最低者胜出，即各投标人以一个统一的评标折现率（10%），将运营期内分阶段设置的 A 电价收入和相应的售电量进行折现，然后将折现后收入除以折现后的售电量得出每度电的平准化电价，这与近年来新能源项目中非常流行的平准化度电成本（Levelized Cost of Energy，LCOE）概念类似。从数学意义上来说，平准化过程也可以解释为将运营期内各年电价进行折现，然后对电价的折现值进行年金化处理。下面以一个简单的计算实验进行说明，即假设期初投资 100，运营期 25 年，按照 15% 的内部收益率反算各年度应取得的回报，项目回报分为两个阶段，第 2 阶段回报不高于第 1 个阶段的 60%，计算不同阶段划分情形下的平准化回报。将所有可能的分段情形依次带入模型计算或运用我们在敏感性分析、盈亏平衡分析等章节的类似案例中多次使用过的模拟运算表或 VBA 程序来计算，可得表 12-14 中 D8:D17 单元格区域的结果。

表 12-14　　　　　　　　　　　不同分段标准下的平准化电价示例 1

序号	A	B	C	D
1	分段标准	10		
2	第 1 阶段回报	19.92	单变量求解反算得出	
3	第 2 阶段回报	11.95	=B2×0.6	
4	内部收益率	15.00%		
5				
6	期间	投资／回报		各分段标准下的平准化回报
7		−100		
8	1	19.92	=IF(A8>$B$1,$B$3,$B$2)	19.26
9	2	19.92		19.12
10	3	19.92		19.06
11	4	19.92		19.06
12	5	19.92		19.10
13	6	19.92		19.17
14	7	19.92		19.25
15	8	19.92		19.35
16	9	19.92		19.45
17	10	19.92		19.56

我们进一步将 D8:D17 单元格区域进行图形化展示，在保持 15% 的预期收益率不变的情况下，各分段标准下的平准化回报如图 12-12 所示呈 U 形趋势（该曲线也可称为是内部收益率的无差异曲线），可见分段报价中存在一个在既定内部收益率下平准化电价最低的最优解，即将图中第 3 年或第 4 年作为分段报价标准。

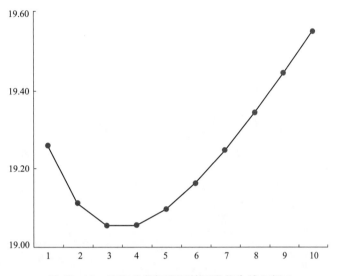

图 12-12　不同分段标准下的平准化电价示例 2

在财务模型中，要得出这个最优解会比上述案例复杂得多，需考虑项目各方面的约束条件，比如分段还需满足债务融资条件、财务杠杆的要求等。在多种因素的综合影响下，我们仍以在财务模型进行实证计算的方式来观察不同分段报价方法在评标时对平准化电价的影响，以爪哇 7 号项目为例，当预期投资回报率高于评标折现率时，不同分段标准下的评标平准化电价如图 12-13 所示，图 12-11 中曲线表明将第 5~13 年中的某年作为两个阶段的分段标准能使评标中的平准化电价处于相对较低水平。

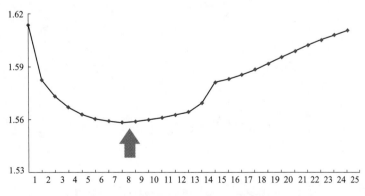

图 12-13　不同分段标准下的平准化电价示例 3

　　最终，爪哇 7 号项目结合贷款期限（13 年还贷期）、还款计划以及模拟出的分段标准曲线，将 A 部分电价分为三个阶段，其中第 1 阶段（第 1~5 年）和第 2 阶段（第 6~13 年，为第 1 阶段的 70%）为还贷期，第 3 阶段（第 14~25 年，为第 1 阶段的 60%）。

第三篇
价值创造的成果与思考

　　截至本书定稿，爪哇 7 号项目已实现商业运营近两年。本篇主要是通过跟踪爪哇 7 号项目实际的建设、经营情况来验证第二篇所做的假设和模型，并对爪哇 7 项目的开发经验、价值模型的构建经验进行总结。

第 13 章 项目建设和经营情况概览

爪哇 7 号项目于 2015 年 12 月中标后即严格按照预定的里程碑节点开展融资关闭和建设工作，于 2016 年 4 月 PPA 合同生效，2016 年 10 月完成融资关闭，2017 年 6 月正式开工，2019 年 12 月一号机组实现商业运行，2020 年 9 月二号机组投产（受新冠疫情影响，整个项目的商业运行推迟至 2021 年 7 月）。

13.1 项目商业结构

13.1.1 成立项目公司

爪哇 7 号项目中标后，根据招标文件要求，中标人应与 PLN 子公司 PJB 公司以 70%∶30% 的股权比例成立了项目公司以及项目运维公司，负责爪哇 7 号项目的投资、建设、运营。据此，中国神华与 PJB 的全资子公司 PIBI 以 70%∶30% 的股权比例成立了项目公司，负责项目的开发、建设、运营；中国神华子公司国能粤电台山发电有限公司（台山电厂）与 PJBI 以 70%∶30% 的股权比例成立了项目运维公司，以承包商身份负责爪哇 7 号项目的运行、维护。爪哇 7 号项目公司股权结构如图 13–1 所示。

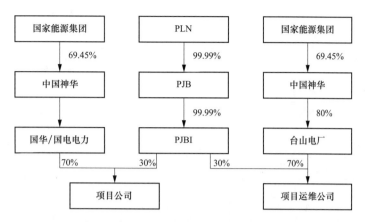

图 13-1　爪哇 7 号项目公司股权结构

2016 年 1 月 13 日，爪哇 7 号项目办理取得"投资准字、临时电力准字、公司成立司法人权部批文、税务登记号、公司注册登记证、外国人员雇佣计划批文、工作签证、进口准证号、海关登记号"等 9 项公司注册成立的基本证照，PT SHENHUA GUOHUA PEMBANGKITAN JAWA BALI[神华国华（印尼）爪哇发电有限公司][1] 在印尼正式注册成立。爪哇 7 号项目是印尼投资协调委员会推出"3 h 投资证照申请通道"后第一个注册成功的项目，具有积极的示范意义。

爪哇 7 号项目是中国 – 印尼两国间特大型央企的合作项目，从中标以来一直备受两国关注。项目公司严格按照法人治理结构和合同约定框架履行职责，印尼方参与公司日常管理，向项目派驻高级管理层、中层、运维人员组成的精干本土专业管理团队，中印尼方各自发挥其资源、能力优势，实现强强联合、相互学习、优势互补。

13.1.2　项目商业结构

按照招标文件规定，项目公司负责爪哇 7 号项目的投资、建设、运营，并由中标人主导确定 EPC 承包商、融资方、煤炭供应商 [2] 等。同时，根据项目公司股东协议约定，PJB 将参与到重要承包商的选取工作中。

根据投标阶段与拟定的 EPC 承包商"利益共享、风险自担"的合作模式，爪哇 7 号项目中标后，项目公司选定了浙江火电建设有限公司与山东电力工程咨询院有限公司组成的联合体作为 EPC 总承包商负责项目的设计、采购、施工、试验、调试等工作，EPC 之外的工作例如土地租赁、工程监理、生产准备等由项目公司组织实施。除 EPC 总承包商以外的其他承包商，在项目融资关闭前陆续选定。爪哇 7 号项目商业结构如图 13-2 所示。

---

❶ 首字母 PT 为印尼语"Perseroan Terbatas"的缩写，意为"有限公司"。

❷ 后续按照印尼国家电力公司要求，煤炭供应改由其负责。

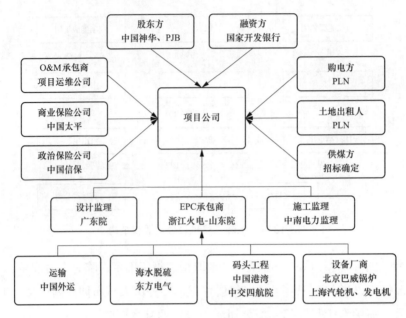

图 13-2　爪哇 7 号项目商业结构

2016 年 7 月，项目公司与 EPC 总承包商签订了 EPC 合同，该合同采用固定总价方式，主要装备、技术、人员均由中国输出。

2016 年 10 月，项目公司与国家开发银行签署融资协议，完成融资关闭，该项目也是印尼电力项目史上第一个 6 个月内完成融资关闭的项目。

13.2　工程建设情况

爪哇 7 号项目作为中国投资、设计、制造、建设的全产业链走出去项目，集合了中国乃至当今世界最先进的燃煤发电技术，机组效率水平领先，自动化水平、环保指标以及国产化水平均达到行业领先，中国 – 印尼两个特大型央企合作的典范项目，受到了包括印尼总统在内的中印尼各界的广泛关注。爪哇 7 号项目作为中国出口海外的首台百万机组以及印尼目前单机容量最大的机组，从工程建设策划之初就确立了将"获得工程设计一等奖、EPC 总承包金钥匙奖、中国国家优质工程金奖和国际电力工程建设最高奖"作为建设目标，将"建设成各参建方所在集团公司的示范工程、中国企业在国际电力建设中的样板工程、中国电力建设和管理水平的形象工程以及中国企业在印尼 IPP 项目中的最优工程"作为项目公司全体员工和各参建单位的一致使命。

项目建设过程中，按照采纳中国标准、展开中国设计、采购中国装备、运用中国管理的行动路线，在标准方面，除消防（美国 NFPA）、环保（印尼标准）和压力容器（美国 ASME）等当地有特殊要求的外，爪哇 7 号项目设计、制造和建设全面采用中国

（GB）标准；在设备选型方面，除个别必须进口的设备（如高温高压管道和阀门）之外，均最大限度选择国产设备，国家能源集团旗下的国能智深 DCS 控制系统为本项目的"中国芯"，呈现了中国质量。

爪哇 7 号项目建设内容除发电机组外，还包括卸煤码头、海水淡化、海水脱硫、送出线路等设施，建设难度较大，其中 PPA 约定的项目工期为融资关闭后 48 个月（即自 2016 年 10 月至 2020 年 10 月），该工期短于同期招标的小型机组施工周期；厂址位于印尼爪哇海沿海沼泽之中，工程地质条件复杂，涉及滩涂和软基处理、海水流动性极差、周边环境复杂等；同塔双回送出，无备用电源，要求保安电源更可靠，系统配置更完备；海边腐蚀和强紫外线，要求设备和设施有很好的防腐和抗紫外线能力等。

为确保工程质量，爪哇 7 在开工准备阶段完成了 26 万 m^2 的地基预处理，排水板累计使用 7500 km，使用灌注桩达 10443 根，方桩 3997 根，混凝土约 48 万 m^3，钢筋使用约 3.9 万 t，实现了"鱼塘布满桩，淤泥固如钢，道路织成网，栈桥千米长"，项目现场从荒草丛生的小渔村蜕变成一个不断成长的电力巨人。图 13-3 为项目厂址原貌。

图 13-3　爪哇 7 号项目厂址原始地貌（2015 年 12 月）

2017 年 6 月 30 日，爪哇 7 号项目主厂房第一罐混凝土顺利浇注，项目较考核工期提前两个月正式全面展开工程建设，这也是自 2017 年 1 月 16 日桩基工程正式施工后又一个具有纪念意义的里程碑事件。自项目中标以来，项目公司与 EPC 总承包商克服了地质条件极为复杂、天气情况变化莫测、异国他乡资源不足、外部环境阻力重重等困难和不利因素，相继完成了融资关闭、地基处理、桩基施工、许可文件办理等重点工作，在开工审查中得到 91 分，达到了高标准开工和高水平连续安全文明施工条件。

2017 年 7 月 31 日，重件码头完工。项目施工现场航拍如图 13-4 所示。

图 13-4　爪哇 7 号项目施工现场航拍图（2017 年 9 月）

2017 年 9 月 27 日，1 号锅炉钢结构正式吊装。

2017 年 12 月 6 日，2 号锅炉首根钢结构开始吊装，1 号机组锅炉水冷壁地面首道焊口开始焊接。

2017 年 12 月 26 日，1 号主厂房钢结构开始吊装。

2017 年 12 月 31 日，煤码头引堤与煤码头引桥合拢。

2018 年 1 月 30 日，煤码头引桥第一榀 T 梁海上安装成功。

爪哇 7 号项目施工现场航拍图（2018 年 3 月）如图 13-5 所示。

图 13-5　爪哇 7 号项目施工现场航拍图（2018 年 3 月）

2018 年 3 月 13 日，1 号机组锅炉大板梁顺利吊装。

2018 年 5 月 20 日，1 号机组低压加热器吊装就位，汽机房框架结构到顶。

2018 年 5 月 26 日，码头及取排水设施工程土建工程混凝土项目正式开工。

2018 年 6 月 5 日，码头及取排水设施工程引桥工程 T 梁安装完成，项目输煤海工程全线贯通。爪哇 7 号项目施工现场航拍图（2018 年 8 月）如图 13-6 所示。

图 13-6　爪哇 7 号项目施工现场航拍图（2018 年 8 月）

2018 年 9 月 11 日，1 号机组 1、2、3 号高压加热器顺利吊装就位。

2018 年 9 月 22 日，210 m 钢筋混凝土烟囱外筒封顶。

2018 年 10 月 15 日，1 号机组发电机定子顺利吊装就位。

2018 年 11 月 21 日，1 号机组主变压器就位。

2018 年 12 月 22 日，2 号机组 1、2、3 号高压加热器吊装就位。

2019 年 1 月 9 日，2 号机组发电机定子吊装就位。

2019 年 1 月 14 日，2 号机组主变压器就位。

2019 年 2 月 2 日，1 号机组锅炉水压试验一次成功。

2019 年 3 月 8 日，1 号机组厂用电受电一次成功。

2019 年 4 月 25 日，公用系统启动锅炉点火成功。

2019 年 5 月 25 日，海水淡化装置实现满出力运行。

2019 年 8 月 2 日，1 号机组锅炉首次点火一次成功。

2019 年 9 月 6 日，1 号机组首次并网成功，顺利并入印尼爪哇巴厘电网。爪哇 7 号项目施工现场航拍图（2019 年 9 月）如图 13-7 所示。

图 13-7　爪哇 7 号项目施工现场航拍图（2019 年 9 月）

2019 年 12 月 13 日，1 号机组签署商业运营日证书及移交生产交接书。

2020 年 8 月 5 日，2 号机组整套启动阶段锅炉首次点火一次成功。

2020 年 8 月 20 日，2 号机组首次并网成功，顺利并入印尼爪哇巴厘电网。

2020 年 9 月 23 日，2 号机组顺利通过 168 h 试运。

从 2017 年 6 月 30 日浇筑第一罐混凝土到 2019 年 12 月 13 日 1 号机组签署商业运营日证书，历时 30 个月，较 PPA 约定工期提前 4 个月，是印尼首台并网成功的百万级超超临界燃煤发电机组，标志着印尼电力建设史上单机容量最大、参数最高、技术最先进、指标最优的高效环保型电站正式投产。2020 年 10 月 8 日，1 号机组投产后连续安全运行 300 天后停机检修，创下印尼乃至中国同类型机组投产后连续运行最佳纪录。爪哇 7 号项目 1 号机组并网如图 13-8 所示。

2020 年 9 月 23 日，2 号机组顺利通过 168 h 试运，厂用受电、气机冲转、并网发电、RB 实验、甩负荷试验和 168 h 满负荷试运均一次成功。2 号机投产后，项目全厂净热耗（TMCR）2197.7 kcal/kWh，供电煤耗 288.64 g/kWh，烟尘排放浓度 18 mg/m^3，SO_2 排放浓度 100 mg/m^3，NO_x 排放浓度 150 mg/m^3，各项经济指标均优于设计值，主要环保指标达到印尼最优，并获得印尼工业部授予的"印尼最佳中资企业投资奖"。2 号机组整套启动调试正值全球新冠疫情形势非常严峻的时期，在恢复通航后，项目公司先后组织了 20 个批次 202 名中方人员奔赴疫区返岗复工，确保 2 号机组顺利完工，最终在 PPA 原定工期（2020 年 10 月）内实现了工程整体竣工，实现从沼泽滩涂到现代化工厂的华丽蜕变。

图 13-8　爪哇 7 号项目 1 号机组并网（2019 年 12 月）

13.3　投资控制情况

爪哇 7 号项目按照 EPC 固定总价承包模式投资建设，以人民币计价，汇率风险由业主承担。截至项目竣工，爪哇 7 号项目总投资较批准概算即投标报价数千万美元，累计缴纳税费超过 1 亿美元（含承包商），直接吸纳当地人员就业逾 3000 人，创造了较好的经济和社会效益。

从项目的实际投资完成情况看，静态投资控制在投标预期范围内，由业主自行管理的汇率、利率风险预备费等动态费用贡献了项目投资结余的大部分。爪哇 7 号项目的建设过程涉及人民币、美元、印尼盾三个币种，在资金流入端项目建设期所有的资本金和债务融资来源均为美元，在资金流出端建设期主要支出采用人民币计价，因此项目建设期存在较大的汇率风险敞口。

汇率风险方面，由于 EPC 承包商对于采用 EPC 美元固定合同价格锁定汇率风险的报价较高业主与 EPC 双方分歧较大，所以业主方决定对汇率风险采用风险自留策略，通过借助金融市场相关金融掉期产品的市场报价进行估算和规避风险，即采用远期产品市场报价估算风险但不必然实际购买远期产品。在 2015 年 9 月的投标阶段，人民币兑美元即期汇率为 6.37，虽然当时 3 年远期汇率已达到 6.70 水平，但由于市场对汇率走势的看法存在较大分歧，而且投标人对投标报价的成本竞争力具有较强信心，因此在商务报价计算中并未使用远期汇率而是仍保守采用了 6.37 的即期水平，为自留的汇率风险储备了充足的风险准备金，也为投资收益增长预留了空间。

从项目中标后的汇率走势看，实际的人民币兑美元汇率基本维持在 6.37 水平以上，2019 年 8 月达到 7.13 的历史高点，整个建设期资金支出的平均汇率约 6.59，控制在风险管理范围内，累计实现汇兑收益数千万美元，如图 13-9 所示。

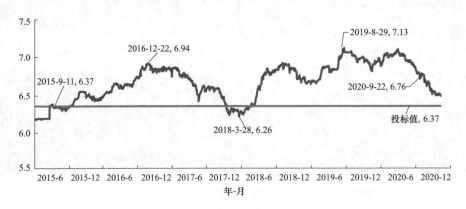

图 13-9　建设期汇率走势

利率风险方面，风险的来源为 Libor 浮动利率美元贷款，其管理策略与汇率风险类似，也是通过相关金融掉期产品的市场报价进行估算和规避风险。在 2015 年 9 月投标阶段，Libor 的即期水平为 0.53%，掉期水平为 2.70%，投标商务报价按照 2.70% 的掉期水平为利率风险预留准备金。

从中标后的利率走势看，虽然在美联储加息周期中掉期利率曾一度突破 2.70% 的投标预估值，但总的来说各个时期 Libor 的即期水平和远期水平基本仍控制在投标预估水平之下，如图 13-10 所示，建设期实现的利率收益数千万美元。

图 13-10　建设期 Libor 利率走势

13.4　经营效益展望

爪哇 7 号项目投产后，从企业效益看，项目投资、运维成本、机组主要技术经济指标均实现达到或优于投标值，而且在项目建设期间取得了印尼 "15+2" 年的企业所得税优惠政策，新增经济效益十分可观；从社会效益看，爪哇 7 号运营期直接提供近 900 人的就业机会，间接提供就业机会超过 2000 人，项目的低成本电价成功地打破了西方国家在印尼电力市场的垄断，按项目装机容量占电网总装机容量的比例估算可降低印尼爪哇－巴厘电网平均电价约 2%，为印尼后续电力项目开发树立了标杆，积极助力 "一带一路" 发展中国家的经济发展。

13.4.1　项目运维成本实现投标策划水平

2022 年是该项目第一个完整运营年，从经营成果看，项目公司在运行维护的策划和落实方面较好地实现了投标策划，特别是灰渣副产品实现了与附件水泥厂间的低成本处置，运维成本基本控制在投标预计水平。虽然在新冠疫情后，人工成本等略高于预计水平，并且发生了较大的防疫费用等计划外支出，但大部分仍通过其他成本费用项目的节约予以消化。该项目运维成本电价在所有竞标对手中处于中等偏优水平，经实践证明，运维成本的前期策划是符合企业实际管理能力的，运维成本的实际控制达到了预期目标。

13.4.2　取得企业所得税优惠政策

为促进先驱行业的直接投资，鼓励经济发展，2018 年印尼财政部和投资协调委员会❶分别发布了《企业所得税减免优惠》（35/PMK.010/2018）和《使适用企业所得税

---

❶　2021 年 4 月，印尼投资协调委员会（BKPM）更名为印尼投资部。

减免优惠的先驱行业说明》（2018 年第 5 号）❶，对于投资额在 5000 亿印尼盾（约 3500 万美元）以上的符合先驱行业条件的企业给予 5~20 年的减免企业所得税优惠（Tax Holiday）。

按照免税政策，爪哇 7 号项目作为生产电力的经济基础设施，于 2018 年 10 月获得印尼财政部关于减免企业所得税的批复，同意 100% 减免项目投产后前 15 年的企业所得税，以及 50% 减免随后 2 年的企业所得税，这是印尼颁布该免税政策后第一家通过印尼投资协调委员会资质审核并最终取得财政部批复的公司。

该项所得税减免的优惠政策，预计将为项目公司运营期间节省超过 3 亿美元的所得税支出，股东方内部收益率预计提高 2.5 个百分点，大幅提高了项目的盈利能力，保障股东的投资回报，为项目长期稳定运营打下坚实的基础。

13.4.3　贷款利率实现进一步调降

2020 年，在项目已竣工投产、完工风险解除，且利率市场下行的有利时期，爪哇 7 项目与贷款银行进一步协商下调 Margin 利率 0.45 个百分点，预计整个贷款期增利数千万美元。

13.4.4　金融准则下的会计核算

根据印尼会计准则，如果项目满足以下三个条件，则应适用金融准则，采用服务特许权方式进行会计核算：

（1）项目属于公共服务类项目；

（2）项目授予人（即 PLN）根据"协议"对项目拥有实际控制权；

（3）项目授予人实际控制项目终止后的剩余重大利益。

PLN 作为从事电力供应的公共服务企业，根据 PPA 对爪哇 7 号项目的电力销售拥有实际控制权，且项目 25 年期满终止后移交 PLN，因此爪哇项目应适用金融准则，在会计上认定电厂为 PLN 的资产，即项目公司与 PLN 之间实际上是一种金融借贷关系，项目公司向 PLN 提供了电厂的建设服务和融资服务。

金融准则下的营业收入、利润仅在会计层面产生影响，对利润分配、贷款偿还、税费缴纳均无重大影响，金融准则下的项目实际现金流与固定资产准则下的现金流基本一致，金融准则对项目经济效益不会产生重大影响。

从"己欲立而立人，己欲达而达人""义利相兼，以义为先"的中国传统哲学思想出发，爪哇 7 号项目从投标报价、到项目建设、再到合作经营，坚持摒弃零和博弈思

---

❶ 上述法规后续经多次修订，目前原始文件已废止，现行有效的分别为财政部 130/PMK.010/2020 文件和投资协调委员会 2020 第 7 号文件，新文件对先驱行业的范围、免税优惠的申请流程等进行了修订。

想，为合作者多想一步、多做一步，在成就对方中成就自己，形成以"共商共建共享"为原则、以"命运共同体"为核心的共生发展关系，促进企业走向可持续、高质量发展的广阔空间。

第 14 章　项目开发的经验总结

价值创造源自现金流的改善和风险的降低。BOOT 电站项目的风险分担特点决定了其价值创造的实现基础主要是开发阶段对成本和风险管理的精准策划，在购电方承担了主要市场风险的情况下，影响项目成败的重要环节——商务报价决策的核心策略应该是基于技术方案优化、组织架构优化、风险分担优化的低成本战略，并在低成本战略基础上评估具有竞争力的期望收益率。

爪哇 7 号项目开标后，经对比分析各投标人的价格，结果表明虽然中标人的中标价格为最低价，但处于合理水平，后续的项目建设和经营过程也进一步验证了这一判断。爪哇 7 号项目的成功以及其相对于其他投标人的竞争优势主要体现在以下几方面：

14.1　合理的内部收益率预期

确定投标报价的过程是一个自我博弈以及与竞标者博弈的过程，其中评估设定项目的合理期望收益率是投资决策的重点和难点之一，特别是在公开竞标的投资机会中，在其他信息相对透明的情况下，最终竞争往往是期望收益率的竞争。从专业技术角度来说，投资的期望收益率可在资本资产定价模型的基础上进行修正估算：

$$R_e = R_f + \beta \times (R_m - R_f) + CRP + SCP + SFR$$

其中，R_e 为期望的权益内部收益率，R_f 为无风险收益率，β 为风险敏感度，CRP 为国别风险溢价，SCP 为比较优势溢价，SFR 为战略符合性溢价。

但是，期望收益率的评估和决策并不仅仅是技术工作，很大程度上还依赖于企业决策层的投资经验、决策艺术。投标人基于印尼电力市场情况，秉持与招标方"互利共赢"的策略在投标阶段设定了 13.50% 的期望资本金内部收益率，高于招标方 12.00% 的标准线和本企业最低内部收益率要求，并在随后的开标中表明该水平介于所有投标人的中游（6 个投标人的期望内部收益率介于 12%~15.7% 之间），既实现了较好的收益，又保证了较强的竞争力。

开标结果也表明，中国神华能源公司投标报价低于第二名投标人的主要原因就是设定的期望内部收益率略低于第二名投标人，如果将双方期望内部收益率设为同一水平，则双方的投标报价也将十分接近，这也反映出第一名、第二名投标人关于项目投资、运营成本预测的合理性。

项目建设过程中，印尼政府推出了基础先驱战略行业所得税优惠政策，爪哇 7 号项目于 2018 年 10 月申请获得投产后前 15 年免征企业所得税，第 16~17 年减半征收企业所得税的税收优惠。加上工程造价的节约、融资成本的降低，爪哇 7 号项目资本金内部收益率预计可在 13.5% 的基础上又有了进一步较大提升。

14.2 相对准确的投资估算

投资估算是决定投资回收电价（A 电价）报价的最重要参数之一，对项目商务报价具有举足轻重的影响，投资总额每偏差 5% 即影响内部收益率约 1%。开标后据了解，中国神华在投标阶段提出的造价水平在所有投标人中处于控制较好的第一梯队，与排序前三名的投标人大致相当。中国神华能源公司的造价优势主要来源于其现有多个印尼项目的集约化管理、印尼南苏项目（包括 2×150 MW 火力发电机组和一个年产 230 万 t 的配套煤矿，于 2008 年开工、2011 年投产，是印尼第一个较 PPA 合同提前投产的 IPP 电厂，创造了印尼中国机组连续运行最长周期纪录）的建设经验、印尼中爪哇 2×1000 MW 电站项目积累的投标经验（2011 年参加投标）、设备询价中强大的议价能力、投标准备阶段开展了大量调研勘测和分析优化工作、经印尼其他项目检验有效的投资估算方法，以及投标阶段与 EPC 承包商采用的"利益共享、风险共担"合作模式激励承包商充分调动资源等。

2020 年 9 月爪哇 7 号项目工程 2 号机通过 168 h 试运。在项目建设过程中，虽然也出现了一些预期之外的工程技术难题，并且在建设期又遭受了新冠疫情的影响，但总的来说爪哇 7 号项目受益于工程准备阶段的精心谋划、优良的设备和施工资源、业主深度参与的 EPC 管控模式、成效显著的工程设计优化、向好的汇率走势等有利因素，最终实现工程建设和投资进度与预期基本一致，工程静态投资略与投标阶段的估算基本持平，汇率、利率等动态部分费用在预期范围内大幅节约，总投资较投标阶段提出的造价水平节约数千万美元。

14.3　有竞争力的融资成本

在国际项目中，融资成本的竞争经常是招标项目的主要竞争方向之一，特别是在以财务投资人为主的竞标中。从宏观情况看，中国由于外汇管制、外汇资金来源成本和主权机构担保成本较高、在国际金融市场缺乏融资经验等原因，中国企业获取外汇资金的成本往往较欧美企业更高，在竞标中处于不利地位。基于自身财务能力积极挖掘比较优势，充分运用了中国神华拥有顶级的国内信用评级和主权级的国际信用评级这一优势，在投标阶段中国神华战略合作伙伴 —— 国家开发银行为爪哇7号项目量身定制了融资方案，据了解中国神华为融资成本最低的投标人之一。

项目中标后，在有利的利率市场环境下，爪哇7号项目公司与国家开发银行进一步议价谈判，在2016年10月签署的贷款协议中实现基础利率（Margin）较投标阶段下降了0.35个百分点，仅此一项即节约财务成本约400万美元/年。

14.4　成功的低成本战略策划

长期的低成本战略实践，使售电单位固定成本多年来稳居中国各发电集团最优水平。爪哇7号项目成功应用了国内发电项目和印尼南苏项目成本管控经验，通过成本解构对商务报价涉及的成本参数根据其特点从总体目标向下层层细化分解，进而形成众多相互交叉而又相对独立的决策单元，由上级决策单元统筹下级决策单元，并落实每个决策单元的责任主体，做实做细每一项成本费用策划和优化工作，特别是依托中国国内强大的技术能力和人才资源在中国设立印尼籍员工培训中心的策略，大力开展本地化策划，将中国派遣员工比例控制在总员工的8%左右，在保证机组运行质量的同时大幅降低人工成本，最终运维成本报价达到国际一流水平，略优于排序前4位的投标人。

但在实际的经营准备过程中，仍有一些成本策划方案的落实难度超出了预期。例如发电副产品粉煤灰的处置问题，原预计爪哇岛经济发达对粉煤灰需求旺盛，因此策划按照零成本处置，但实践中粉煤灰作为印尼法定的B3类废弃物❶其处置、再利用有严格的法律规范，要实现再利用其取证、审批较为复杂，因此粉煤灰最终仅实现了低成本处置，未能完全实现零成本。

总的来说，从项目投产前的生产准备和投产后的运维成本数据看，爪哇7号项目基本实现了投标阶段确定的运维成本预算和成本管控方案，B和D电价对应的运维成本基本控制在投标阶段策划的水平。

---

❶ 2021年6月印尼政府将粉煤灰移出了B3类废弃物范围，预计未来其处置、再利用等的难度将大幅降低。

14.5　有效的风险控制策略

对于爪哇 7 号项目这样的 BOOT 项目来说，融资关闭风险、建设工期风险、机组性能风险、造价及运维成本超支风险、利率风险、汇率风险、政治风险等是项目建设运营过程中将会面临的主要风险，而传统的市场需求风险在此类项目中的重要程度并不显著。

从招标方设计的投资和收益架构方面看，PLN 除了不提供政府担保、不承担融资的被追索责任外，电价机制、汇率调整机制、项目终止机制等条款设计均较为合理，而且综合近年来 PLN 的财务能力和中国出口信用保险公司的海外投资政治险产品后，综合分析 PLN 为爪哇 7 号项目搭建的投资框架总体投资风险可控。

从项目公司所承担的风险角度看，融资关闭风险是众多海外项目面临的重要风险，爪哇 7 号项目拥有强大的股东背景及其为本项目提供的工程建设完工担保，因此在该种融资模式下的融资关闭风险处于可控范围；投资所面临的建设工期风险、机组性能风险、造价及超支风险，例如在征地、地基预处理、桩基处理、海域使用、特殊气候、主机建造、劳工、资金到位等环节的工期延误导致巨额延期罚款、成本上升以及声誉损失，该类风险已通过 EPC 合同并配套 EPC 承包商母公司担保，在项目公司和 EPC 承包商之间进行了较为合理的风险分配；运维成本超支风险虽然在具有相同股权结构的项目公司与运维承包商之间通过长期运维协议完成了形式上的风险分配，但实质上运维成本超支风险的控制主要还是基于印尼南苏项目中多年生产经营实践经验，通过做好成本策划来降低超支的风险；利率风险和汇率风险主要借助金融市场相关金融掉期产品的市场报价，以及设计合理的电价结构和收支币种结构（针对汇率风险）进行估算和规避，其中汇率风险方面，投标阶段人民币兑美元即期汇率为 6.37，虽然当时 3 年远期汇率已达到 6.70 水平，但由于市场对后市看法存在较大分歧且我方对其他各项的投标竞争力具有较强信心，因此在商务报价计算中并未采用远期汇率水平而是仍采用 6.37 的即期保守水平，为自留的汇率风险储备了充足的风险准备金。

当然，风险控制并不是仅仅依赖于一系列协议所做的风险分配安排，在国际项目中拥有完善风险分配体系但最终仍失败的案例并不鲜见，例如印度大博（Dabhol）电厂的失败案例。除了风险分配协议安排外，爪哇 7 号项目风险控制的另一个重要基础是自身的实力，也就是投资人强大的财务能力，在境内外积累的大量的建设和运营经验，以及作为中国国内大型发电集团在中国电力行业的资源调度和整合能力。例如，针对建设工期风险，爪哇 7 项目采取了适合印尼气候特点的结构形式和施工组织安排，施工尽量提高机械化程度，以从本质上控制气候、人员组织带来的工期风险；通过采取增加国内技术工人的配置、增加工期奖惩力度等辅助手段，增强风险预控效果，协调好资源配置接口环节，实现工期的可控受控。

在 2020 年初爪哇 7 号项目建设接近尾声时，全球爆发的新冠疫情严重影响了 2 号机组的调试工作进展，导致项目工期后延（原计划可提前 3~6 个月投产，实际提前不足 1 个月），且 PLN 由于疫情导致财务压力增加从而要求 2 号机推迟 9 个月商业运营，疫情风险对项目收益造成了一定的负面影响。

总的来说，爪哇 7 号项目实际的基建预备费（计列的基本预备费以及汇率风险超过远期水平的裕度）比例超过 7%，具备较强的风险消化空间。从实践看，建设和运营过程中的各项风险均处于预期水平之内，并成功消化了新冠疫情等突发风险，其中工期、利率、汇率风险水平较预期缩小就节约了数千万美元投资。

14.6　投资人的品牌效应

2006 年 7 月，印尼国家电力公司启动了"快速通道项目"，拟用"交钥匙工程"建设 40 座燃煤电站。一些企业以短工期、低报价拿下首批项目 90% 的份额，但由于种种原因导致投产的机组质量与工期出现问题，带来一些负面影响。

其后，国家能源集团在印尼投资建设的南苏项目在融资关闭效率、建设工期、机组可靠性等方面所取得的成绩获得印尼矿能部、司法部、PLN 等部门以及同行的广泛赞誉，印尼能源委员会将南苏项目列为示范工程，并向中国大使馆提出以中国神华为标准推荐进入印尼的电力队伍，因此在投标阶段 PLN 就对中国神华参与本次爪哇 7 号项目投标予以高度关注和期待。这与 2009~2011 年 PLN 开展的中爪哇 2×1000 MW 煤电招标项目形成了鲜明对比，当时招标方基于部分中资企业在印尼 EPC 总承包失败案例、中国还缺乏百万机组的 3 年以上的运行经验、中国电力设备和标准在印尼还未大量使用等原因，对中资企业参与中爪哇项目投标表现出了很大顾虑，这种顾虑最终影响到了项目的评标。

在项目建设过程中，印尼总统、多位政府部长、PLN 总裁以及中国国家能源局局长、国企监事会主席、中国驻印尼大使等多次莅临爪哇 7 号项目建设现场参观指导，并于 2020 年将爪哇 7 号项目列入了印尼"国家重点项目❶"，在提高建设队伍士气、获取政府支持等方面产生了十分积极的作用。

14.7　高标准执行项目开发方案

从宏伟蓝图到成功实践，考验的是一个企业的项目管理能力、资源调配能力、团

---

❶ 国家重点项目具备的优势包括能源及矿产领域的国家重点项目将在印尼能矿部备案，印尼国家警察总署统领国家重点项目的安全防卫工作，国家武装力量将协助国家重点项目的安全防卫工作，国家重点项目的安防将按照印尼警察总署标准体系进行贯标取证等。

队综合素质。爪哇 7 号项目公司成立后即确立了"获得工程设计一等奖、EPC 总承包金钥匙奖、中国国家优质工程金奖和国际电力工程建设最高奖"作为建设目标，将"建设成各参建方所在集团公司的示范工程、中国企业在国际电力建设中的样板工程、中国电力建设和管理水平的形象工程以及中国企业在印尼 IPP 项目中的最优工程"作为项目公司全体员工和各参建单位的一致使命，严格按照投标阶段策划组织项目的融资、设计、采购、施工、生产运行等各项工作，高标准、高质量实现了项目开发、工程建设、生产运营的一致性。

第 15 章　关于价值模型的一些思考

《财务管理》《技术经济学》等教科书中，对价值管理和财务建模的基本原理和方法作了系统而抽象的论述，为我们奠定了价值建模的理论基础，但由于实践的复杂性，这些理论储备尚无法帮助我们在工作中建立一个完整的财务模型，要从一张空白工作表开始建立一个令人满意的模型需要我们进行大量艰苦训练和长期经验积累。在多年的价值管理、财务建模和估值实践中，本章从价值模型的"形"和"神"两方面总结了如何完成一个令人满意的建模和估值过程，供读者参考和批评指正。

15.1　价值模型的"形"

价值模型的"形"，也就是如何建立一个形态完整、功能健全、简洁高效的财务模型。财务模型是承载价值管理理念和实践的工具，完善的财务模型可以从功能上和准确性上更好地协助价值创造工作。

首先，财务模型是多门学科知识的集成。财务建模及其应用中可能会用到的知识包括会计、财务管理、税务、公司法、金融、统计、Excel 函数、VBA 编程等众多科目，只有对各个相关学科有了基本的掌握和理解，才能在财务建模过程中略感游刃有余。在财务建模的知识体系中，Excel 技能的学习可能是最令人头疼的，我们不得不耗费无数个小时去学习成百上千的 Excel 函数以及这些函数的组合运用技巧，例如为了更巧妙地设计公式和计算逻辑以避免在计算建设期利息时发生循环引用，可能就需要在其间花费几天时间。

其次，财务建模是一个长期的经验积累过程。例如刚刚提到的 Excel 技能的学习就绝非一朝一夕可以实现，用好 Excel 函数并不仅仅在于我们记住了多少个函数，更在于函数的灵活运用，因此要真正掌握一个函数需要经历一个长期的学习、实践、再学习、再实践的过程。再如投资并购中的交易结构、融资结构等虽然其基本逻辑、典型架构可以快速从书本中学习，但其细节在实践中并无一定之规，需要从大量投资并购实践中不断积累经验。此外，建立一个好的财务模型还不仅仅是基于某个模块的经验积累，最终还要将各个模块无缝衔接成一个完整的财务模型，积累建模经验的一个捷径是广泛阅读各行各业各类财务模型，从这些模型中总结出一些好的方法，并将其融入我们自己创建的模型中去。

再次，财务建模是一个需要细心、耐心、静心的过程。如果仅从宏观上对财务建模的方法或过程做一个概述并不算困难，我们在建模过程中耗费大量时间精力的原因在于有大量细节需要妥善处理，"魔鬼存在于细节之中"，细节的成败很可能是影响项目成败的关键。假设我们有 10 个参数且每个参数的误差率均小于 5%，如果这 10 个参数在模型的某个情景中不幸都呈现同一方向的偏差，则 10 个参数叠加起来的误差率可能将达到 40%。我们虽然无法消除财务模型中很多假设变量固有的不确定性，但是可以尽量完善财务模型的技术细节，尽可能地消除由于建模技术缺陷所导致的计算偏差。

15.2 价值模型的"神"

价值模型的"神"，也就是如何建立一个具备价值衡量功能、蕴含价值创造理念的财务模型。掌握了财务模型的"形"也就是建模的基本知识和技巧，仅代表我们取得了财务建模的合格证书，要从合格迈向卓越则需要在财务模型的"神"上下功夫。"神"蕴含于数据之中，当"数据会说话"时财务模型也便有了灵魂，这里所说的"数据"并不仅仅是指计算机大数据挖掘，例如中国比基尼销量最大的省份是新疆，数据分布往往不符合本福特定律（即自然数据源生成的数字中，约有 30% 的数字的首位数是 1，18% 的数字的首位数为 2，顺序递减，直到首位数为 9 的数字少于 5%），[HF4] 而主要是指将业务、行业背景知识和经验融入财务模型之中。这些听起来似乎有些抽象，我们从以下几方面作详细讨论。

首先，建立对业务的结构化思维能力。这里的业务是指项目开发、投资、建设、经营的运作流程，结构化思维能力是指将业务运作流程从粗到细、从宏观到微观的抽丝剥茧能力。财务建模所需数据往往来源于各个不同的部门和渠道，我们需要根据经验将各种数据描绘成一幅具有经济意义的完整业务工艺图、流程图、逻辑图，只有对项目从宏观到微观、从前景到背景有较为完整的把握时，我们才能将这项严谨细致的工作落到实处，不至于遗漏重要信息或发生重大误判。建立对业务的结构化思维能力需要行业内长期实践经验的积累，通过阅读与业务计划相结合的预算报表是快速提升这一能力的捷径。我们以火力发电站中的配套烟气脱硫环保设施为例，为脱硫设施的运营过程描绘逻辑结构图，如图 15-1 描绘了从原料投入到副产品产出的脱硫设施完整运行过程，据此我们可以在财务模型中为脱硫设施运行建立石灰石及其他材料消耗的量价关系、副产品的销售或处置机制以及脱硫设施未能脱除而向大气排放的二氧化硫排污费等，并进而组织采购部门问询原料采购价格参数，组织技术部门论证原材料单耗参数，组织市场部门调研副产品市场需求，组织环保部门落实最终污染物排放量和排放费用等，从而实现该项工作的系统性开展。

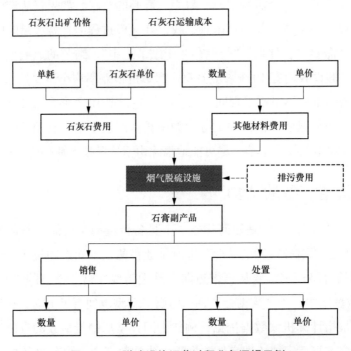

图 15-1 脱硫设施运营过程业务逻辑示例

其次，建立对数据可靠性的判断能力。用数据说话之前要先审核数据的真实性、可靠性，错误数据肯定得不出正确的结论，如果数据质量有问题再精美的财务模型也将沦为错误的帮凶。由于未充分沟通、技术性错误或者数据性质本身具有不确定性等原因，我们在估值收资过程中不可避免地会受到带有误导性、不可靠甚至完全错误的数据信息。例如上例新建电站脱硫设施投资评价中的石灰石单价，我们取得的数据是 10 个已建成电站的平均采购价格 100 元/t，这样的数据来源似乎已具有较强的代表性并可以放心使用了，但当我们进一步了解到石灰石单价的组成一般为出矿价格（30~50 元/t）和运输成本 [0.5~0.8 元/（km·t）] 后，会发现影响石灰石单价的主要因素为运输距离，假设距离该电站最近的石灰石矿山为 500 km，则石灰石单价预计将达 400 元 /t，这对于一个年用量近 10 万 t 石灰石的电站投资项目而言将产生重大甚至颠覆性的影响。在财务模型的应用中这样的例子比比皆是，虽然其中绝大部分风险点能够被轻易发现，但即使只有一两个漏网之鱼也可能对估值结果产生致命影响，所以只有多听、多看、多问为什么、多借助专业人士的力量，再加上如履薄冰的心态以及实践经验积累才能帮助我们增强对数据可靠性的判断能力。

再次，建立对数据的分析运用能力。合理可靠的数据就一定能得出正确的结论吗？其实未必，数据的意义在于有效运用。数据本身不会说话，如果数据不结合具体的行业、业务知识，数据就只是一堆冷冰冰数字，所谓量化分析、科学决策都是空的，辛苦建立的财务模型也就没有了价值可言。所以财务建模和估值工作最重要的目的之一就是通过估值人员的经验和建构的模型数据因果关系，识别出影响项目收益的关键因素，挖掘出需要决策层关注的数据，例如在模型中设立合理的变量驱动逻辑，识别变量的重要性水平，构建有意义的数据敏感性关系等。

最后，也是最重要的，建模和估值人员要有不偏不倚的心态。价值评估是一种定量分析，具有一定的科学性和客观性，但另一方面它又会使用许多主观估计的数据和判断，带有一定的主观估计性质。建模和估值中大到重要参数的评估，小到各种细节问题的处理、非重要信息的取舍等经常取决于我们的主观判断，虽然一个小细节可能并不会对估值结果有显著影响，但千里之堤毁于蚁穴，积少成多的后果不容忽视。当建模人员将大量时间精力投入到某个项目估值工作中时，就容易不自觉地对项目产生好恶情绪，希望项目成功、失败或无所谓的情绪都会体现在我们的主观判断之中，进而影响估值结果。所以我们在建模和估值工作中既要有做好每一个细节的"一腔热血"的激情，也要有为取得可靠结果而必备的"冷眼旁观"的心态，保持不偏不倚、客观公正。

名 词 解 释

一、涉及的专有名词

国家能源集团	国家能源投资集团有限责任公司
中国神华	中国神华能源股份有限公司，为国家能源集团子公司
国电电力	国电电力发展股份有限公司，为国家能源集团子公司
国华电力公司	中国神华能源股份有限公司国华电力分公司
BOOT	Build-Own-Operate-Transfer，建设－拥有－运营－移交
DSCR	Debt Service Coverage Ratio，偿债备付率
DSRA	Debt Service Reserve Account，偿债准备金账户
EAF	Equivalent Available Factor，等效可用系数
EPC	Engineering Procurement Construction，设计采购施工总承包
FCFF	Free cash flow for the firm，公司自由现金流
FCM	Financial Maturity Model，财务成熟度模型
IFC	International Finance Corporation，国际金融公司
IPP	Independent Power Producer，独立发电商
IRR	Internal rate of return，内部收益率
MMRA	Major Maintenance Reserve Account，大修基金账户
NPV	Net Present Value，净现值
PLN	PT Perusahaan Listrik Negara（Persero），印尼国家电力公司
PJB	PT Pembangkitan Jawa Bali，爪哇巴厘电力公司
PJBI	PT Pembangkitan Jawa Bali Investasi，爪哇巴厘电力投资公司
PPA	Power Purchase Agreement，购电协议
WACC	Weighted Average Cost of Capital，加权平均资本成本

二、涉及的 Excel 函数

ABS	绝对值函数
AND	逻辑与函数（所有条件均为真时返回真）
CHOOSE	基于索引号的选择函数
COUNTA	非空单元格计数函数
DAY	日期函数（返回以序列号表示的天数）
DATEDIF	日期函数（返回两个日期间的间隔天数、月数、年数）
DDB	双倍余额减法折旧函数
EDATE	日期函数（返回某个月的相同日期）
EOMONTH	日期函数（返回某个月的最后一天）
FORMULATEXT	以字符串显示公式的函数
FV	终值函数（基于固定利率和等额分期付款方式的投资）
HLOOKUP	横向查找函数（按行查找）
IF	单判断函数
IFS	多条件判断函数
IFERROR	错误处理函数（如果公式计算错误则返回指定值）
IPMT	等额本息下的利息函数（基于固定利率返回本金偿付额）
IRR	内部收益率函数（基于一组定期发生的现金流）
LINEST	线性拟合函数
MAX	最大值查找函数
MIN	最小值查找函数
MIRR	内部收益率函数（修正考虑了收益再投资的收益率）
MOD	余数函数（返回两数相除的余数）
MONTH	日期函数（返回以序列号表示的月数）
NPV	净现值函数（基于一组定期发生的现金流）
NOT	逻辑非函数（条件为真时返回假）
OFFSET	偏移引用函数（基于指定引用，通过给定偏移量得到新引用）
OR	逻辑或函数（任一条件均为真时返回真）
PV	现值函数（基于一组定期发生的现金流）
PMT	等额本息下的本息函数（基于固定利率返回本息合计额）
PPMT	等额本息下的本金函数（基于固定利率返回本金偿付额）
RAND	随机数函数（返回 0 和 1 之间的均匀分布随机数）

 名词解释

SUM	求和函数
SUMIFS	多条件求和函数
SUMPRODUCT	乘积求和函数（数组间对应的元素相乘）
SLN	直线法折旧函数
SYD	年限总和法折旧函数
VDB	可变余额递减法折旧函数
VLOOKUP	纵向查找函数（按列查找）
XIRR	内部收益率函数（基于一组不一定定期发生的现金流）
XNPV	净现值函数（基于一组不一定定期发生的现金流）
YEAR	日期函数（返回以序列号表示的年数）

参考文献

[1] Valuation: Measuring and Managing the Value of Companies[M]. John Wiley & Sons Inc. Tim Koller，Marc Goedhart，David Wessels，6th edition（2015）.

[2] Financial Modeling[M]. MIT Press. Simon Benninga，3rd edition（2008）.

[3] 爱德华 . 博德默 . 财务模型：公司估值、兼并与收购、项目融资 [M]. 北京：机械工业出版社，2018 .

[4] 约翰 S. 提亚著，张鲁晶，刘振山译 . 财务建模：设计构建及应用的完整指南 [M]. 北京：机械工业出版社，2015 .

[5] 国家发展改革委建设部 . 建设项目经济评价方法与参数（第三版）[M]. 北京：中国计划出版社，2006 .

[6] 基思 A. 奥尔曼 . 现金流建模边学边练 [M]. 北京：机械工业出版社，2015 .

[7] 尼古拉斯·斯密德林 . 估值的艺术：110 个解读案例 [M]. 北京：机械工业出版社，2015 .

[8] 保罗·皮格纳塔罗 . 财务模型与估值：投资银行和私募股权实践指南 [M]. 北京：机械工业出版社，2014 .

[9] 虞晓芬，龚建立，张化尧 . 技术经济学概论（第五版）[M]. 北京：高等教育出版社，2018 .

[10] 杨丽荣 . 公司金融学（第四版）[M]. 北京：科学出版社，2018 .

[11] 刘胜军 . 国际财务管理（第二版）[M]. 北京：科学出版社，2018 .

[12] Excel Home. Excel 2016 函数与公式应用大全 [M]. 北京：北京大学出版社，2018 .

[13] 孙建平 . 利益相关者视角下企业价值增值的形成和分享 [J]. 经济研究导刊，2010（15）.

[14] 刘吉成，付晓旭，何丹丹，王刚 . 基于解释结构模型的风电产业价值驱动因素分析 [J]. 科学管理研究，2018：38（04）.

[15] 林清泉，李锦涵．基于债权久期思想对投资回收期法的改进 [J]. 中南民族大学学报，2011：30（2）.

[16] 潘敦为，易文豪，等．投资决策中现金流折现理论对企业估值的偏差—— 基于行为金融学视角的研究 [J]. 湖北经济学院学报，2018：8（15）.

[17] 崔蕾．公司财务杠杆对股权估价的影响研究 [D]. 山东大学，2010.

[18] 刘博．国华印尼南苏项目投资风险管理研究 [D]. 华北电力大学，2013.

[19] 邢文飞．EPC 模式下印尼南苏 1 号燃煤发电项目执行阶段的风险管理研究 [D]. 山东大学，2021.

[20] 赵忠明，宫俊亭，翟忠振，范明波，赵婧彤．印尼爪哇 7 号项目总承包的风险管控 [J]. 电力勘测设计，2020：（02）.

[21] 王树民．财务能力模型——FCM 评价标准体系 [M]. 北京：经济科学出版社，2004.

[22] 宋畅．印尼煤电项目建设与运营 [M]. 北京：中国电力出版社，2021.

[23] 宋明霞，陈宏．走共生共赢的国际化之路——国家能源集团国华电力"一带一路"实践观察 [J]. 国资报告，2020：（09）.